长安与丝路文化传播学科创新引智基地资助项目

陕西省司马迁研究会／编
张新科　王长顺　张鹏／主编

司马迁与《史记》论集

陕西省司马迁研究会2016年年会论文集

第十辑

陕西新华出版传媒集团
陕西人民出版社

图书在版编目(CIP)数据

司马迁与史记论集. 第十辑, 陕西省司马迁研究会2016年年会论文集 / 张新科, 王长顺, 张鹏主编. — 西安: 陕西人民出版社, 2023.2
ISBN 978-7-224-14806-0

Ⅰ. ①司… Ⅱ. ①张… ②王… ③张… Ⅲ. ①司马迁(约前145或前135—?)—人物研究—文集 ②《史记》—文集 Ⅳ. ①K825.81-53 ②K204.2-53

中国国家版本馆CIP数据核字(2023)第007204号

责任编辑: 王 凌 武晓雨
封面设计: 杨亚强

司马迁与《史记》论集(第十辑)
SIMA QIAN YU SHIJI LUNJI
——陕西省司马迁研究会2016年年会论文集

编　　者	陕西省司马迁研究会
主　　编	张新科 王长顺 张 鹏
出版发行	陕西新华出版传媒集团 陕西人民出版社 (西安市北大街147号 邮编:710003)
印　　刷	中煤地西安地图制印有限公司
开　　本	787毫米×1092毫米 1/16
印　　张	19.5
字　　数	300千字
版　　次	2023年2月第1版
印　　次	2023年2月第1次印刷
书　　号	ISBN 978-7-224-14806-0
定　　价	69.00元

司马迁与《史记》论集（第十辑）

编委会

目　录

◎《史记》文学艺术研究

◎《史记》思想文化研究

◎《史记》文献研究

◎《史记》接受研究

◎ 司马迁及汉代文化研究

《史记》文学艺术研究

一部经典著作因其内在价值而具有永恒的魅力和生命力，而历代读者对经典的阅读与消费、传播与研究，使其生命力得到进一步延伸和扩展。司马迁的《史记》就是这样的典范。

经典著作生命力的延伸与扩展①

——以 20 世纪以来《史记》研究为例

张新科　靳　希

一部经典著作因其内在价值而具有永恒的魅力和生命力，而历代读者对经典的阅读与消费、传播与研究，使其生命力得到进一步延伸和扩展。司马迁的《史记》就是这样的典范。

《史记》是中国文化史上的一座丰碑，也是世界文化宝库中一颗璀璨的明珠。清人李景星《史记评议·自序》说："由《史记》以上，为经为传，诸子百家，流传虽多，要皆于《史记》括之；由《史记》以下，无论官私记载，其体例之常变，文法之正奇，千变万化，难以悉述，要皆于《史记》启之。"②可见它在中国文化史上起着承前启后的重要作用。由于《史记》本身具有巨大的文化价值，所以，具有永久的生命力。也正因此，两千年来研究不断，逐渐形成了一门学问——"史记学"。可以说，"史记学"的形成过程，也就是《史记》生命力不断延伸和扩展的过程。本文以 20 世纪以来的《史记》研究为例，对此问题进行探讨。

一、研究内涵的不断提升

一部著作之所以能成为经典，并且具有强大的生命力，关键在于它内容的丰富性和思想的深刻性，作品中隐藏着有意义、有价值的"密码"。从读者研究的角度看，只有深入挖掘经典的内在"密码"，才能使其内涵得以呈现，生命力得

① 本文为国家社科基金重大项目"中外《史记》文学研究资料整理与研究"（项目编号 13&ZD111）阶段性成果；国家社科基金项目"《史记》文学经典的建构过程及其意义"（13BZW040）阶段性成果。本文刊于《思想战线》2016 年第 3 期。

② 李景星：《史记评议·自序》，引自《四史评议》，长沙：岳麓书社 1986 年版，第 1 页。

以延伸和扩展。20 世纪以来《史记》研究的内涵不断提升，并且由“史料学”向“史记学”发展。《史记》是史学著作，所以，历代研究首先从史料、史学入手，探讨其真实性及其历史价值。20 世纪以来中国史学最为显著的一大特征，是打破了旧史学两千多年的传统循环史观，接受了从现代西方传来的各种进化史观、发展史观，旧史学向进化史观乃至唯物史观的史学转变。在此文化背景下，《史记》研究也由“史料学”向“史记学”转化。传统的《史记》研究，重在搜集史料，考证史料和文字，从“三家注”开始大都如此，尤其是清代乾嘉学派对《史记》的人名、地名、官爵、人物、史实、文字音韵、文献来源等的考证，使《史记》史料学研究达到顶峰。这种细致的考证研究，是最基础的，也是必不可少的研究，对于澄清历史史实、认识《史记》的史料价值具有重要意义。传统的“史料学”研究，也有学者在考证中提出一些理论问题，如“史公三失”班马异同、司马迁“爱奇”、司马迁寓论断于叙事之中、司马迁运用互见法等问题。但是，这些问题只是提出来了，还没有很好地、系统地论述和解决，有些还只停留在表面，有待于深入探究。20 世纪以来，“史料学”研究仍然是《史记》研究的重要内容之一，如王国维对司马迁的生卒年的考证，李长之、顾颉刚对司马谈作史篇目的考证，余嘉锡对《史记》十篇亡缺问题的考释，崔适对《史记》的疑古与考辨，朱东润对《史记》的断限以及“三家注”的考释，等等。20 世纪 50 年代，郭沫若、王达津、程金造、郑鹤声等对司马迁生卒年的考证，都具有代表性。此后的研究，仍然在史料研究上有较大的成绩，尤其是对《史记》的许多疑案研究。《史记》断限问题、《史记》缺补问题、《史记》倒书问题等，一直是研究的热点问题，金德建、贺次君、施丁、李人鉴、安平秋、曲英杰、张大可、袁传璋、赵生群、张玉春等，在司马迁行年、《史记》文字校勘、《史记》疑案、《史记》版本等考证方面取得成就。而且 20 世纪以来在传统考证基础上，又能把出土文献与书面文献结合起来考证《史记》史实，如王国维、陈直等人取得的丰硕成果。应该肯定，这是研究《史记》最重要的方法之一，即使今天，仍不可缺少。

但是，《史记》不是一般的史料汇编，司马迁要“究天人之际，通古今之变，成一家之言”，这是《史记》之魂。正如梁启超在《要籍解题及其读法》中所说：“迁著书最大目的乃在发表司马氏一家之言，与荀况著《荀子》、董生著《春秋繁露》性质正同，不过其一家之言乃借史的形式以发表耳，故仅以近代史的观念读《史记》，非能知《史记》者也。”如果仅在史料考释上辨析史实，还不能深入探究《史记》内在的价值。从史料的整理和挖掘中分析司马迁思想，通过具体材料探讨《史记》丰富的思想内涵及其价值，上升到“史记学”的理论高度，这是《史记》研究的必经之路。只有这样，才能从繁杂的史料中走出，真正把《史记》作为史学著作而不是作为史料的堆积去研究。既然是“史学”，就是要探讨司马迁对历史规律的总结、对历史的认识、对社会发展的认识。传统的《史记》研究也已开始注意这方面的问题，但大都比较零散不成系统。20 世纪初期已显示出理论的探讨，如梁启超、蔡尚思、徐浩、杨启高、李长之等对《史记》纪传体体例、《史记》的成因以及《史记》文章风格等进行了较为深入的探讨。这种系统性的、规律性的探讨，自现代以来有了较大发展，尤其是新时期以来，随着思想的解放运动，随着中外文化交流的日益广泛，这种研究取得了突破性进展。仅以专题著作来说，如白寿彝的《史记新论》第一次从理论上系统地论述了司马迁“究天人之际，通古今之变，成一家之言”的创作主旨；郭双成的《史记人物传记论稿》第一次从传记文学的角度系统地研究司马迁人物传记的巨大成就；张大可《司马迁一家言》从结构、核心思想、表述形式等方面系统论述了司马迁“一家之言”的实质；宋嗣廉《史记艺术美研究》首次引入“艺术辩证法”概念，分析《史记》中实录与想象、多样与统一、共性与个性等关系问题；韩兆琦《史记评议赏析》运用悲剧理论，分析《史记》的悲剧特征及其价值；吴汝煜《史记论稿》深入探讨了司马迁与公羊学的关系问题；周一平《司马迁史学批评及其理论》系统论述了司马迁的史学批评理论及其价值；李少雍《司马迁传记文学成就论稿》重点探讨了《史记》与中国古典小说的关系问题；可永雪《史记文学成就论稿》系统抉发《史记》写人艺术和语言成就；陈桐生《中国史官文化与史记》从史官文化的角度探讨了《史记》在中国文化史上的地位以及司马迁的天道观、王道观、士道观等，他的另一著作《史记与今古文经学》系统论述了《史记》与“六经”的关系问题；张强《司马迁与宗教神话》《司马迁学术思想探源》系统论述了司马迁与原始宗教神话的关系以及司马迁的学术思想渊源；徐兴海《司马迁的创造思维》从创造心理学角度探讨了司马迁的思维特征及其知识结构；池万兴《司马迁民族思想阐释》系统论述了司马迁的民族思想及其价值；韦苇《司马迁经济思想研究》系统论述了司马迁的经济思想以及在当代的现实意义；李志慧《史记文学论稿》、张新科《史记与中国文学》、俞樟华《史记新探》《史记艺术论》等从不同的角度论述了《史记》的文学源流、成就及其在中国文学史上的地位；杨燕起《史记的学术成就》系统论述了司马迁的哲学思想、政治思想、历史思想等；王子今《史记的文化发掘》将《史记》及其有关的社会文化现象放置在人类文化的总格局中加以探讨，破译司马迁以前的若干文化密码，从而发现中国早期史学若干文化人类学的基因，在此基础上探讨《史记》的文化涵括；徐日晖《史记八书与中国文化研究》以"八书"为核心，系统探讨《史记》的文化价值；陈雪良《司马迁人格论》、程世和《司马迁精神人格论》分别探讨司马迁的精神、人格及其意义；如此等等。这种大规模地系统性地研究是20世纪以来的一大亮点。其中所探讨的问题，深入到《史记》的灵魂深处，挖掘《史记》的史学价值、思想价值。这种专题研究有几个明显的特点：一是突出问题意识，以问题为导向，层层深入；二是以理论为统率，系统性强；三是以资料为依据，不空发议论；四是视野开阔，纵横开拓。这种理论研究，还表现在数量众多的学术论文（包括硕士、博士学位论文），《史记》研究的最新成果往往首先从这些论文中体现出来，它们也是"史记学"向纵深发展的重要标志。据初步统计，1905—1998年，各类《史记》研究论文达2269篇；[①] 2001年以来，仅中国史记研究会主办的《史记论丛》1—12集刊发的论文就多达897篇，《渭南师范学院学报》"司马迁与《史记》研究"栏目1989—2015年刊发《史记》论文380篇。[②]可见20世纪以来《史记》研究论文的数量日益剧增。总之，大量著作和论文，对《史记》进行理论性、规律性的研究提升了《史记》研究的内涵，为"史记学"体系的建立打下坚实的基础。随着研究的不断深入，对《史记》研究之研究也已展开，如张新科、俞樟华《史记研究史略》、杨海峥《汉唐史记研究论稿》等，或系统勾勒《史记》研究史，或选取某一阶段的《史记》研究进行研究。在此基础上，建构

① 张大可主编：《史记教程》，华文出版社2002年版，第9页。

② 张大可：《中国史记研究会十五年》，载张大可等主编《史记论丛》第六集，中国文史出版社2015年版，第191、385页。

“史记学”体系的著作应运而生，张新科《史记学概论》一书对“史记学”的范畴、性质、价值等问题进行了较全面的论述，①进一步上升到了学科体系。全面系统的理论探讨为深入挖掘《史记》的文化价值起了重要作用。当然，理论建设并没有结束。我们需要在总结中外《史记》研究史的基础上，进一步提升我们的理论水平。

史料学研究与《史记》理论研究，这是《史记》研究的两翼，缺一不可。没有史料学的坚实基础，“史记学”的理论就无法支撑起来。如果没有理论的不断提升，“史记学”的学科就无法建立。两者互相补充，促进《史记》研究不断向纵深发展。无论是史料的挖掘还是理论的提升，都说明《史记》始终被无数的读者所关注，具有不朽的魅力和永久的生命力。

二、研究向多样化发展

多样化研究也是经典著作生命力延伸与扩展的体现之一。如果说，对于经典的研究只局限于某一方面或某一种形式，就无法真正透视经典的丰富内涵。《史记》记载上下三千年历史，时间跨度长，空间维度广，内涵丰富，思想独特。20世纪以来，《史记》在传统研究的基础上逐步向多样化发展。

“多样化”首先是指研究领域的多样化。传统的《史记》研究，主要是史学、文学两大领域，这是《史记》研究的两大支柱，当然其他领域的研究也有涉及。20世纪以来，《史记》研究在此基础上向其他领域不断拓展，如对司马迁的天文学思想、学术思想、民族思想、法律思想、医学思想、地理思想、人才观、价值观、生死观、荣辱观、战争观等进行探讨，其外还从人口学、卫生学、养生学、档案学等角度研究《史记》，可以说从政治到经济，从文学艺术到人学，从历史到地理，从社会科学到自然科学，学者们都在努力进行全新的探讨，开创《史记》研究的新局面。陕西省司马迁研究会1995年组织出版《司马迁与华夏文化丛书》，目前共出版23种，除了史学、文学研究之外，其他如《司马迁教育思想述略》《司马迁兵学纵横》《司马迁与中国地理》《史记与中国农业》《史记与中

① 张新科：《史记学概论》，商务印书馆2003年版。

国古代建筑文化》《司马迁与中国天学》《司马迁与地学文化》等，从各个领域对《史记》展开研究。还有学者的著作如《司马迁〈史记〉与档案》《〈史记〉与新闻学》《〈史记〉民俗学探索与发现》等都开辟了研究的新领域。有些成果还富有浓厚的乡土气息，如《司马迁的传说》《司马迁与太史祠》《司马迁祠碑石录》《司马迁与韩城民俗》等。从不同的领域对《史记》展开大规模的全面研究，这是20世纪以来《史记》研究的一大变化。领域的扩大，意味着《史记》多方面的价值正在被逐渐认识和挖掘。而且，由《史记》研究引发到"史记三家注"研究，如程金造《〈史记〉索隐引书考实》、张衍田《史记正义佚文辑校》、应三玉《史记三家注研究》等，也引发到对"三家注"之外《史记》研究著作的研究，如对明代凌稚隆《史记评林》、清代吴见思《史记论文》、清代牛运震《史记评注》等著作的研究，这是与《史记》密切相关的研究领域。

其次是研究方法多样化。随着时代变化和学术研究的不断发展，研究方法和手段也在不断更新。传统的考证方法仍然是20世纪以来《史记》研究的重要方法，尤其是把文献与考古结合进行资料考证，这是最见功力的学术方法。此外如利用纵横比较法，把《史记》与先秦史学进行对比，与《史记》以后的史学作对比，把司马迁与古希腊史学家、传记家进行比较等，提高了对《史记》价值的认识。还有《史记》本身篇目的比较研究，与文学著作如《离骚》《三国演义》《儒林外史》以及唐传奇、诗歌、戏曲比较等。前后对比、纵横对比，无疑扩大了《史记》研究的视野，如覃启勋《史记与日本文化》、王成军《中西古典史学的对话——司马迁与普鲁塔克传记史学观念之比较》、张桂萍《〈史记〉与中国史学传统》、陈曦《〈史记〉与周汉文化探源》、陈桐生《史记与诗经》、王长顺《先秦士人与司马迁》等。国外新方法的借鉴和运用也是研究方法的一大变化，系统论、符号学、价值论、叙事学、接受美学等国外新理论、新方法引入《史记》研究，给《史记》研究注入了全新的活力，许多观点给人以耳目一新之感。如齐效斌《〈史记〉文化符号论》、刘宁《〈史记〉叙事学研究》、俞樟华《唐宋史记接受史》以及博士学位论文如王齐《明代史记接受研究》、陈莹《唐前史记接受研究》、樊婧《元代史记研究与接受》等，都是借鉴新理论新方法的代表。20世纪后半期，随着科学技术的发展，利用现代化的数字网络技术，建立起不同形式的信息资料库，既有纸质的资料查阅，也有数字化的检索系统，还有专门的网站如中国史记研究网、司马迁研究网等，满足不同研究者的需求。网络时代新媒体也发挥着重要作用。新媒体又叫数字化新媒体，是利用数字、网络技术，以手机、电脑、数字电视为终端的新兴媒体。未来《史记》的研究与普及传播，与新媒体密不可分。比如，研究者可以将《史记》符号化，《史记》的文化符号相对精简，灵活性强，便于渗透到新媒体传播的各个平台。再如，研究者可以打破《史记》文本的时间与空间限制，从《史记》中提取出短小精悍的片段，呈现于手机 App 界面或大型网站平台。如何利用好新媒体为《史记》研究助力，是研究者在未来需要面对的问题

再次是成果形式的多样化。传统的《史记》研究成果，以札记、短评、序跋、书信、点评、注释、论文等形式为主。20 世纪以来，在这些形式基础上又有较大发展。有白话翻译、鉴赏、人物故事、连环画等，有辞典、索引、研究年鉴等。研究类成果形式最多的论文和专题著作，体现《史记》研究的主体方向。尤其是专题著作，比传统的《史记》研究著作更加富有理论性和系统性，是成果形式的一大发展。当然，根据《史记》改编的电影、电视剧等，也是一种特殊的成果形式。

研究领域的多样、研究方法的多样、成果形式的多样，意味着《史记》研究队伍在不断扩大，接受《史记》的群体在不断扩大，司马迁与《史记》的影响在不断扩大。多样化也意味着 20 世纪以来学术氛围逐渐浓厚，学术研究在不断进步。尤其是新时期以来，随着中外文化交流的发展，研究者的视野、观念也在发生新的变化，学术创新成为研究者共同追求的目标，这就促进了学术的繁荣发展。这种变化，也使《史记》的生命力不断延伸和扩展。

三、集体攻关结硕果

经典著作由于内容丰富、思想深刻，所以，需要研究者形成团队，凝聚力量，集体攻关。尤其是一些最能体现经典著作生命力的大型研究课题，更离不开团结协作。《史记》研究的历程显示，20 世纪以前，由于时代和文化背景的不同，大都是单个个体的研究，这也是 20 世纪以前的基本特点。当然，也有一些观点和方法上的学术争论和探讨，但不是集体交流和协作。也有一些文人家族

成员，对《史记》进行不同程度的研究，如汉代的班彪、班固父子，宋代的苏洵、苏轼、苏辙父子，明代的凌约言、凌稚隆父子等。或者一些文学派别，有共同的文学主张，如明代唐宋派归有光、茅坤等都评点《史记》，清代桐城派方苞、刘大櫆等评论《史记》，一脉相承，但不是集体协作。又如明代凌稚隆《史记评林》刊印之后，李光缙又进行增补，使其更加完善。或如明代徐孚远、陈子龙《史记测议》，是二人合作；或如清代编纂的《古文渊鉴》，由清圣祖玄烨选，徐乾学等人奉旨编注，其中选取了《史记》作品 14 篇；或如清代吴楚材、吴调侯选编《古文观止》，其中有《史记》作品 15 篇。虽有一定的合作，但规模很小，还不能说是真正意义上的集体协作。进入 20 世纪后，这种局面逐渐开始改变，有组织、有计划地开展《史记》研究。最有代表性的是 20 世纪 50 年代中华书局《史记》点校本的出现。1956 年，时任文化部副部长的郑振铎首次提出了整理出版“中华人民共和国版二十四史”的建议。在中华书局的组织下，由顾颉刚、聂崇岐、齐思和、宋云彬等先生参与制订了《二十四史整理计划》。1959 年，在毛泽东、周恩来等国家领导人的指示下，由顾颉刚领衔，贺次君、宋云彬、聂崇岐等学者集体完成的《史记》点校本由中华书局出版，这是点校本二十四史系列中最先出版的一种，成为半个世纪以来最为通行的《史记》整理本，是中国历史典籍整理标志性成果。时隔 50 年后，随着学术的发展，国家启动了点校本二十四史及《清史稿》修订工程，以南京师范大学赵生群为代表的团队从 2005 年开始就《史记》点校本再次进行修订工作，历时 8 年，新增校勘记 3400 多条，并改动标点 6000 余处，于 2013 年由中华书局重新出版。另外如台湾 60 位教授翻译的《白话史记》、王利器主编的《史记注译》、霍松林和赵望秦主编的《宋本史记注译》、张大可等主编的《史记研究集成》、仓修良主编的《史记辞典》等工程的完成，都是靠集体的力量，群策群力，体现出协作的优势。目前正在进行的集体项目如张大可主编的《史记疏证》、陕西省司马迁研究会主编的《史记研究集成·十二本纪》以及张新科主持的国家社科基金重大项目《中外史记文学研究资料整理与研究》等，也都采取集体协作的方式，组合团队，集体攻关。

举办各种《史记》学术会议，也是有组织的集体协作的体现。20 世纪 80 年代以后，随着国家文化事业的繁荣，学术交流日益频繁。仅中国史记研究会 2001 年成立以来至今已举办了 14 届年会，每次参会人数在百人左右，会议举办地涉及大江南北，无锡、重庆、北京、西安、韩城、荥阳、上海、淮安、长春、广州、苏州、杭州、商丘、红河、渭南等地都举办过《史记》学术会议。韩城市司马迁学会自1985年成立以来每年举行一次《史记》学术交流会。陕西省司马迁研究会从20世纪80年代以来，举办国际、国内大型学术研讨会10多次。学术会议的举办，加强了《史记》研究的组织性、协作性。同时，广泛的学术交流也促进了研究队伍的不断壮大。尤其是学术会议的举办，对于推动当代文化发展具有积极意义。如中国史记研究会2001年举办“泰伯奔吴”研讨会，启动了吴文化研究，如今已成为无锡市常年举办的吴文化艺术节的主题内容，等等。

《史记》研究机构的建立，是集体协作的又一重要体现。目前已形成从地方到全国的《史记》学术机构，如中国史记研究会、陕西省司马迁研究会、北京史记研究会、韩城市司马迁学会、陕西师范大学史记研究中心、渭南师范学院史记研究院等。研究机构的成立，可以发挥集团优势，组织各方力量，集中解决一些学术难题，快出成果。与此同时，由于研究机构的成立，形成老中青结合的《史记》研究队伍，易于为《史记》研究培养后继人才。有了研究机构，研究就会有组织，有规划。既有眼前规划，还有中长期规划。通过集体活动，易于出成果、出人才。如陕西省司马迁研究会组织的《司马迁与华夏文化》丛书（23种）和主编的《司马迁与史记研究论文集》（9集），渭南师范学院组织编写的《司马迁与〈史记〉研究年鉴》《史记选本丛书》，中国史记研究会组织的《史记研究论著集成》（20册）、《史记通解》（9册）、《史记论丛》（12集）等，陕西师范大学史记研究中心组织的《史记文学研究典籍丛刊》等，都是有计划的集体攻关的成果。另外有组织地编写多种层次的《史记》教材，如《史记教程》《史记导读》等，在大学的中文、历史等专业开设《史记》研究课程，培养大批《史记》研究人才等。由于《史记》具有百科全书的特点，因此，研究队伍中有各种人才，有多种形式的合作，形成合力。目前，全国各类《史记》研究机构对于推动《史记》研究起了重要作用。事实证明，要进行大的工程项目，就必须有组织有计划地进行，避免盲目性和资源浪费，共同推进《史记》研究深入发展。

有组织的集体攻关、学术研讨、学术规划，都显示出《史记》生命力的延续与扩展。《史记》研究已有两千多年历史，时代发展到今天，应该进行集大成的总结工作，为今后的研究提供丰富的资料，提供借鉴的依据，这项巨大工程必须依靠集体协作来完成。这也是《史记》生命力延伸和扩展的基础性工作。当然，集体协作进行学术研究，并不意味着个体研究的缺失。每个研究者都有自己的研究领域、研究兴趣、研究方法、研究计划。从某种程度来说，个体的研究是非常重要的，没有个体的深入研究，就很难形成集体的合作。而且从 20 世纪《史记》研究成果来看，大量的成果还是个体的研究。因此，我们既需要集体协作进行大型项目的研究，也需要个体精心钻研而形成的一家之言。

四、学术研究与现实结合

学术总是要在现实生活中找寻到某一契合点，才会真正的生根和繁兴，才会更有生命力。《史记》的产生本身就与汉代的社会现实息息相关，是当时大一统社会的需要，同时也是当时社会的真实反映。研究《史记》也不能脱离研究者所处的社会现实。传统的《史记》研究，既注重史料考据这些纯学术领域，同时也注重历史的借鉴作用、教化作用和文学的审美作用、感染作用，达到经世致用的目的。20 世纪开端到 1949 年之前，西学东渐为学术研究输入新观念。西学东渐思潮的主题包括了解世界、求强求富、救亡图存、民族革命、科学启蒙，这些先进思想直接影响了学术研究，如潘吟阁《史记货殖传新诠》用资产阶级新思想和新术语重新解读《史记・货殖列传》，为现实经济发展提供借鉴。尤其是 20 世纪 70 年代后期中国社会进入改革开放的新时期，人们探讨司马迁精神，探讨《史记》中的大一统思想、治国思想、经济思想、人口思想、人才思想、军事思想，探讨《史记》中的爱国精神、积极进取精神、求实创新精神、勇于革新精神、团结协作精神、不屈不挠顽强奋斗精神，等等，就很富有启发意义和现实意义。《史记》研究与现实的充分结合，正是《史记》研究焕发强大生命力的重要原因之一。学术研究与现实结合，使研究更具生命力，这也是学术研究的目的所在。这种结合，最主要的有三方面：一是把《史记》研究与当前的文化建设、精神文明建设结合，挖掘《史记》的民族精神、道德价值等，从弘扬民族优秀文化的高度认识司马迁与《史记》，为当代文化建设找到根、溯到源、寻到魂；二是运用不同的媒体广泛宣传《史记》，让《史记》走进千家万户，走进人们的心里，如电视讲座、学术报告等，为当代文化建设服务；三是把学术研究与现实的文化产业结合，如把《史记》的人物故事改编成电影、电视。尤其是《史记》所记载的大量历史事件，历史人物遗留下来的名胜古迹、名人故里，如黄帝陵、炎帝陵、秦始皇陵、韩信故里、张良庙、鸿门宴遗址、司马迁祠等，经过学者的考察和论证，建立博物馆、纪念馆等，促进当代文化建设。有些已在当地文化发展中发挥重要的作用，有些还有待进一步开发。学术研究与现实的结合，从接受美学的角度看，接受经典的途径扩大了，接受经典的群体扩大了，无疑使经典著作的影响力和生命力得以扩大和延伸。

学术研究与现实结合，也意味着学术研究接地气。河南荥阳市文化局陈万卿先生，负责当地的文物保护工作。前些年，由于黄河之水的冲刷，有两千年历史的古迹汉王城面临随时坍塌的危险，他奔走呼号，为汉王城的保护费尽心血。《南方周末》2004 年 2 月 19 日以大版篇幅报道此事，在全国引起反响，汉霸二王城得以保护。再如中国史记研究会 2006 年 8 月在荥阳召开学术研讨会，与会学者为保护荥阳成皋古城遗址出谋划策，62 位专家学者联名发出保护成皋城的倡议。后来在当地政府的支持下，各方努力，遗址得以保护。①

当然，学术研究与现实结合，并不是简单地看产生多少经济效益。《史记》的普及与研究，目的在于以史为鉴、以史资政，提升人的品格，陶冶人的情操，这是一种巨大的无形的社会效益。而且普及与研究《史记》，这是一项长期的艰巨任务，非一朝一夕之事。《史记》能在当代社会发挥它的重要作用，对提升全民文化素质产生积极作用，这是《史记》生命力的再次延伸与扩大。

五、与世界对话

经典著作生命力的延伸与扩展还在于传播空间的不断扩大。《史记》作为中国文化的经典著作，在世界范围内传播和研究，这是它生命力延伸和扩展的又一重要方面。据史书记载，《史记》在魏晋南北朝时期传播到了朝鲜半岛。《北史·高丽传》记载，唐以前“三史”传到高丽。《旧唐书·高丽传》说高丽“俗

---

① 陈万卿：《责任与担当——中国史记研究会第五届年会保护成皋城之倡议》，载张大可等主编《史记论丛》第八集，中国文史出版社 2011 年版，第 23 页。

爱书籍”，“其书有《五经》，及《史记》、《汉书》、范晔《后汉书》、《三国志》、孙盛《晋阳秋》、《玉篇》、《字统》、《字林》，又有《文选》，尤爱重之”。《史记》传入日本已有一千多年的历史。据覃启勋考证，“《史记》是在公元 600 年至 604 年之间由第一批遣隋史始传日本的”，明清之际，是《史记》东传日本的黄金时代。[①]在日本，各种形式的《史记》抄本、刻本，或选本，或全本，数量在百种以上。《史记》在 18 世纪传到俄国，美国自 19 世纪 40 年代开始关注《史记》。1956 年司马迁被列为世界文化名人后，《史记》被更多的汉学家所关注。目前在欧美国家，全本的俄语版、法语版《史记》已经问世，全本的英语版《史记》也即将完成。世界范围的《史记》研究也愈来愈深入，显示出《史记》永久的魅力和生命力。[②]

传统的《史记》研究绝少与世界对话，虽然我们的一些研究成果传到海外，尤其是日本，但缺乏彼此的交流与对话。学术界《史记》研究成果的互相交流，也是从 20 世纪开始。如日本学者泷川资言《史记会注考证》在 20 世纪 30 年代完成后，被誉为《史记》研究史上的里程碑。我国学者鲁实先撰写《史记会注考证驳议》，从体例未精、校刊未善、采辑未备等 7 个方面进行辩驳。此书传到日本，泷川资言看了也心悦诚服，并专门致书称善。对话，意味着我们的研究成果走出去，海外的成果走进来。就走出去而言，确实明清以后的《史记》研究成果被介绍到日本等地，但由于各种条件限制，介绍出去的还很少。进来而言，20 世纪之前及 20 世纪初期也很少。新时期以来，随着文化的发展和中外学术交流的开展，《史记》研究逐步走向国际化，彼此互相学习、互相交流，打破了自我封闭的局面。1991 年 4 月在北京师范大学举行的全国《史记》研讨会，已有日本学者参加。1995 年 8 月，陕西师范大学在西安举行了“纪念司马迁诞辰 2140 周年国际学术讨论会”，首次开创了《史记》研究中外学术交流的先例，美国、日本、韩国等学者亮相大会，与国内学者面对面交流。此次会议前，陕西

---

① 覃启勋：《史记在日本》，《文史知识》1988 年第 12 期。

② 详参张新科、李红：《史记在国外的传播与研究》，《博览群书》2015 年第 12 期。

③《司马迁与史记论集》共收录中日学者《史记》研究论文 37 篇，其中日本学者 6 篇。参见徐兴海、今鹰真、尚永亮主编：《司马迁与史记论集》，陕西人民出版社 1995 年版。

省司马迁研究会还与日本名古屋大学合作出版了《史记》研究论文集。[③]此后，国内的《史记》学术会议每次都有海外学者参与。中国台湾、香港的学者也在不同的学术会议上与大陆学者交流《史记》研究成果。1985 年台湾崧高书社出版张维岳主编《司马迁与史记新探》论文集，收文 18 篇，其中 16 篇的作者是大陆学者。1992 年台湾复文图书出版社出版张高评主编《史记研究粹编》（两册），收文 33 篇，全部是大陆学者。中国史记研究会主编的《史记论丛》12 辑，每辑都有台湾学者的论文。据统计，2001—2014 年间，台湾有 70 多人次参加中国史记研究会学术会议，仅台湾大学李伟泰教授参加《史记》会议就达 12 次。[①]台湾学者阮芝生教授还于 1993 年在陕西师范大学设立《史记》研究奖学金，鼓励在校学生研究《史记》。[②]另外，日本学者池田英雄《史记学 50 年——日中〈史记〉研究的动向（1945—1995 年）》一书评价 1945 年至 1995 年日中《史记》研究成果及其特点，中国文学出版社出版韩国学者朴宰雨《〈史记〉〈汉书〉比较研究》，都说明《史记》研究与世界对话愈来愈活跃。尤其是 2000 年、2005 年、2015 年在西安、韩城、渭南举办的《史记》国际学术研讨会，海外学者广泛参与，推动了《史记》研究的国际化。又如 2008 年 5 月 27 日至 29 日，由中国台湾佛光大学历史学系主办、新加坡国立大学中文系合办的“第一届世界汉学中的《史记学》国际学术研讨会”在佛光大学召开，不仅有大陆和台湾地区的学者，还有德国、法国、捷克、日本、韩国、新加坡、美国等国家的汉学专家。[③]除《史记》专题学术会议外，其他类型的国际学术研讨会，如日本东亚汉学会、韩国的东亚人文学会、中国人文学会以及国内外举办的各类史学研讨会、秦汉史研讨会、中国古代文学研讨会、汉代文化研讨会、中国古代散文研讨会，等等，都有中外学者交流《史记》研究成果。

在《史记》研究中，国际之间有效的学术交流十分必要，如此可以进一步提高《史记》在世界范围内的传播与研究。世界化的目标不仅需要学习借鉴国外

---

① 李伟泰：《中国史记研究会在推动海峡两岸〈史记〉学者交流的贡献》，出自张大可主编：《中国史记研究会十五年》，中国文史出版社 2015 年版，第 124 页。

② 陕西省司马迁研究会秘书处编：《陕西省司马迁研究会通讯》第 3、4 期（合刊），1993 年。

③ 陈金城：《第一届世界汉学中的史记学国际学术研讨会纪实》，《佛大电子报》第 8 期，2008 年 6 月 25 日。

的研究成果，更重要的是主动将国内的研究成果传播出去，将中国传统文化传播出去。通过《史记》研究，加强国际学术交流，让世界通过《史记》了解中国。《史记》走向世界，《史记》研究走向世界，说明《史记》的生命力也愈来愈强大。

六、对《史记》研究一些问题的思考

《史记》是文史结合的经典著作，在海内外产生广泛的影响，司马迁也因此成为世界文化名人。对于《史记》的研究也已有两千多年的历史①，每个时代的研究都有其独特的成就和贡献。这种持续不断的研究，使《史记》更加深入人心。20 世纪以来的《史记》研究形成了自己的一些特点，主要有：注重系统化的研究，改变感悟式的散评，使问题研究逐步深化；注重开拓新领域，使研究的问题更为广泛，《史记》百科全书的特点逐步被认识；注重新资料的挖掘，尤其是考古资料的不断出现，为《史记》研究提供了新的依据、新的思路；注重研究方法的更新，在传统的考证、比较等方法基础上，不断探索新的研究方法，并能以积极的态度，借鉴西方的学术研究方法，使研究不断出新；注重普及工作，使《史记》的传播更为广泛，司马迁精神被更多的人所理解。这些特点和优势，对于促进《史记》研究的深入发展起了积极的作用。

20 世纪以来国内《史记》研究发生如此巨大变化，既有《史记》本身的内在原因，也有外在因素的影响。《史记》展现了中华民族三千年历史进程，具有百科全书的特点，涵括各种文化形态，体现出主体史学精神，开明的政治思想、经济思想、民族统一思想等。《史记》所体现的中华民族积极进取精神、自强不息精神、爱国主义精神、勇于探索的创新精神对后世的文化价值观、人生价值观、道德价值观、社会开放观、大一统的政治思想等各个方面产生了深远影响。这也促使一代又一代人传播、接受、研究《史记》，形成文化链条，使《史记》的生命力不断延伸。

《史记》作为经典不是自封的，而是历代读者对它的认可、研究而确立的。

---

① 详见张新科、俞樟华：《史记研究史略》，三秦出版社 1990 年版。

20 世纪以来不同读者通过不同的途径传播《史记》，研究《史记》，使《史记》的经典地位不断巩固。研究热潮的兴起与成果的丰富多样，有许多外在因素不可忽视。归纳起来，主要有以下几方面。第一，新中国的成立，社会性质发生了重大变化，这是历史的转折点，《史记》研究也随之发生了质的变化，进入研究的新时代。第二，马克思主义的唯物辩证法与历史唯物主义理论为《史记》研究建立起一个完善的、科学的理论体系，这是 20 世纪《史记》研究的又一个重大转折点，为《史记》研究打开了新的局面。第三，20 世纪 80 年代以来，改革开放促进了思想的解放，学术研究走上健康道路。同时改革开放打开了中国大门，使中国认识世界，也使世界了解中国。国内的研究者可以面向世界，了解更多国外研究的新理论、新视角、新方法，与国外研究者交流切磋。第四，国家文化大发展，尤其是近年来专门制订繁荣哲学社会科学计划，为学术研究创造了良好氛围，许多高校及研究机构中有一大批专家学者进行《史记》的专项研究。宽松的学术政策使得《史记》研究呈现出百花齐放的学术盛况。第五，国家经济水平的不断提高，为学术研究提供了必要的基础条件，也给《史记》研究提供了技术、资金等方面的支持。每年国家及各省、地方设立各类研究课题，其中《史记》研究课题也受到普遍重视，并予以立项支持。第六，教育水平提高，科研人员数量增加。全民受教育水平的普遍提高，各大高校为《史记》研究培养出一大批新的科研人员，为《史记》研究队伍注入新的活力。第七，印刷技术的发展。20 世纪以来的印刷技术不断发展，尤其是汉字激光照排技术的应用使《史记》及其研究成果的出版印刷质量和效率大大提高，为传播《史记》、研究《史记》起了积极作用。第八，网络信息技术的发展以及电子产品如电脑、电子书阅读器的普及，使《史记》研究的信息资料检索与传播更加便捷，推动《史记》研究的普及与深入。

但是，20 世纪以来的《史记》研究，也存在一些问题。20 世纪 50 年代出现了过分拔高、美化的倾向，有人认为司马迁的著作“充满了人民性，处处从人民立场上来评价历史人物和历史事件”，有人认为司马迁是“人民的歌手”等，用今人的思想改造司马迁。20 世纪 60 年代，受政治环境影响，许多人机械地给司马迁及《史记》人物贴上标签。有些文章以今人的思想苛求司马迁，从而贬低甚至否定司马迁及其创作的《史记》。20 世纪 80 年代以来，又存在着过分美化、拔高司马迁的倾向，为尊者讳。有些《史记》研究课题重复与老化，理论深度欠缺。[①]这些问题有的在 20 世纪《史记》研究历程中已得到一定程度的反驳和解决，有些问题则有待于深入发展和不懈努力。同时我们也应该看到，《史记》研究与现实的结合、与国际之间的交流仍然有许多不足，我们国内的研究在某些方面还赶不上海外，研究方法还存在一定的问题。有些研究还流于大而化之的空谈，缺少细致深入的分析。这些问题的存在，有些是客观造成的，有些是我们研究者的主观造成的，这都需要我们进行深入的反思。只有清醒地认识到我们的不足，才能进行针对性的改进。学术研究只有在不断地自我总结、反省中，才能健康地向前发展。

20 世纪以来的《史记》研究，与古代两千多年的研究相比，确实是发生了质的变化，而且硕果累累，远远超过了古代的《史记》研究。但是，我们也应充分认识到，古代两千多年的研究，为 20 世纪以来的研究奠定了坚实的基础，不仅在史实考订、文字校勘、艺术分析等方面取得了较大成绩，而且在许多方面提出了有价值的问题，甚至有些问题至今仍然是《史记》研究绕不开的问题，今天的研究就是在古代研究基础上的进一步深入和拓展。因此，今天的《史记》研究，需要对两千多年的研究史进行系统的总结和梳理，以便提出新问题、解决新问题。

经典著作的生命力是无限的，是不朽的。因此，《史记》仍将是今后学术研究的热点领域。随着《史记》普及程度的提高和《史记》研究的世界化，《史记》的生命力将不断延伸和扩展。

（张新科，陕西省司马迁研究会会长，陕西师范大学教授、博士生导师；靳希，陕西师范大学文学院在读博士。）

① 详参张新科：《史记研究应走出误区》，《学术月刊》1998 年第 3 期。

芈八子：千古太后第一人

刘宏伟

伟大的史学家、思想家、文学家司马迁穷毕生精力著成的纪传体通史《史记》，上溯黄帝，下论汉武，熔三千年中华历史于一炉，成为十分宝贵的文化遗产。同时，《史记》也是纪传文学的典范之作，全书记载的历史人物多达4000多个，有许多人物形象已经家喻户晓，妇孺皆知，成为世代传诵的典型人物，深刻地烙印在中华民族的集体记忆中。其中，芈八子宣太后就是一个很有代表性的东方女性典型人物，被誉为“千古太后第一人”。

一、《史记》中关于芈八子的文字记载

太史公撰写《史记》，“互见法”可谓是一大创造。有关芈八子的记载，就分散在“本纪”“列传”等多个篇章中。

《史记·秦本纪第五》载：“武王有力好戏，力士任鄙、乌获、孟说皆至大官。王与孟说举鼎，绝膑。八月，武王死。族孟说。武王取魏女为后，无子。立异母弟，是为昭襄王。昭襄母楚人，姓芈氏，号宣太后。武王死时，昭襄王为质于燕，燕人送归，得立。”①

在《史记·秦本纪第五》中，还明确记载了芈八子宣太后的去世时间和埋葬地点：“四十二年，安国君为太子。十月，宣太后薨，葬芷阳郦山。九月，穰侯出之陶。”②

① 司马迁：《史记》，中华书局1982年版，第209页。

② 司马迁：《史记》，中华书局1982年版，第213页。

《史记·樗里子甘茂列传第十一》载："武王竟至周，而卒于周。其弟立，为昭王。王母宣太后，楚女也。楚怀王怨前秦败楚于丹阳而韩不救，乃以兵围韩雍氏。韩使公仲侈告急于秦。秦昭王新立，太后楚人，不肯救……乃下师于鄗以救韩。楚兵去。秦使向寿平宜阳，而使樗里子、甘茂伐魏皮氏。向寿者，宣太后外族也，而与昭王少相长，故任用。向寿如楚，楚闻秦之贵向寿，而厚事向寿。"①

《史记·穰侯列传第十二》对芈八子宣太后的治国才能有直接的记述："穰侯魏冄（同冉，下同）者，秦昭王母宣太后弟也。其先楚人，姓芈氏。秦武王卒，无子，立其弟为昭王。昭王母故号为芈八子，及昭王即位，芈八子号为宣太后。宣太后非武王母。武王母号曰惠文后，先武王死。宣太后二弟：其异父长弟曰穰侯，姓魏氏，名冉；同父弟曰芈戎，为华阳君。而昭王同母弟曰高陵君、泾阳君。而魏冉最贤，自惠王、武王时任职用事。武王卒，诸弟争立，唯魏冉力为能立昭王。昭王即位，以冉为将军，卫咸阳。诛季君之乱，而逐武王后出之魏，昭王诸兄弟不善者皆灭之，威振秦国。昭王少，宣太后自治，任魏冉为政。"②

《史记·穰侯列传第十二》还记载："昭王三十六年，相国穰侯言客卿灶，欲伐齐取刚、寿，以广其陶邑。於是魏人范睢自谓张禄先生，讥穰侯之伐齐，乃越三晋以攻齐也，以此时奸说秦昭王。昭王於是用范睢。范睢言宣太后专制，穰侯擅权於诸侯，泾阳君、高陵君之属太侈，富於王室。於是秦昭王悟，乃免相国，令泾阳之属皆出关，就封邑。穰侯出关，辎车千乘有馀。穰侯卒於陶，而因葬焉。秦复收陶为郡。"③

《史记·范睢蔡泽列传第十九》："穰侯，华阳君，昭王母宣太后之弟也；而泾阳君、高陵君皆昭王同母弟也。穰侯相，三人者更将，有封邑，以太后故，私家富重於王室。及穰侯为秦将，且欲越韩、魏而伐齐纲寿，欲以广其陶封。"④

《史记·范睢蔡泽列传第十九》："於是范睢乃得见於离宫，详为不知永巷而

---

① 司马迁：《史记》，中华书局 1982 年版，第 2313 页。

② 司马迁：《史记》，中华书局 1982 年版，第 2323 页。

③ 司马迁：《史记》，中华书局 1982 年版，第 2329 页。

④ 司马迁：《史记》，中华书局 1982 年版，第 2404 页。

入其中。王来而宦者怒，逐之，曰：‘王至！’范雎缪为曰：‘秦安得王？秦独有太后、穰侯耳。’欲以感怒昭王。昭王至，闻其与宦者争言，遂延迎，谢曰：‘寡人宜以身受命久矣，会义渠之事急，寡人旦暮自请太后；今义渠之事已，寡人乃得受命。窃闵然不敏，敬执宾主之礼。’”①

“范雎日益亲，复说用数年矣，因请间说曰：‘臣居山东时，闻齐之有田文，不闻其有王也；闻秦之有太后、穰侯、华阳、高陵、泾阳，不闻其有王也……今臣闻秦太后、穰侯用事，高陵、华阳、泾阳佐之，卒无秦王，此亦淖齿、李兑之类也’……昭王闻之大惧，曰：‘善。’于是废太后，逐穰侯、高陵、华阳、泾阳君于关外。”②

《史记·匈奴列传第五十》：“秦昭王时，义渠戎王与宣太后乱，有二子。宣太后诈而杀义渠戎王於甘泉，遂起兵伐残义渠。於是秦有陇西、北地、上郡，筑长城以拒胡。而赵武灵王亦变俗胡服，习骑射，北破林胡、楼烦。筑长城，自代并阴山下，至高阙为塞。而置云中、雁门、代郡。”③

二、芈八子的主要人物关系分析

从上述《史记》所记载的文字可以看出，与芈八子宣太后生平关系较为密切的历史人物主要有：

秦惠文王。嬴姓，名驷，秦孝公之子，战国时期秦国国君，公元前356—前311年在位。芈八子是其姬妾。秦惠文王年十九即位，以宗室多怨，诛杀卫鞅。公元前325年改“公”称“王”，并改元为更元元年，成为秦国第一王。秦惠文王当政期间，北扫义渠，西平巴蜀，东出函谷，南下商於，打败楚国，扩大疆域，为秦统一中国打下了坚实基础。更主要的是，他慧眼识珠、任贤用能、不拘一格、甄拔人才，重用外籍能臣，支持张仪采取连横之策，各个击破，破解了东方诸国合纵攻秦的策略，终于打退了六国的进攻，取得了政治外交上的胜

① 司马迁：《史记》，中华书局1982年版，第2406页。

② 司马迁：《史记》，中华书局1982年版，第2411—2412页。

③ 司马迁：《史记》，中华书局1982年版，第2885页。

利，为后来秦王嬴政扫灭六国创造了有利条件。

秦昭襄王。秦惠文王与芈八子的儿子。嬴姓，名则，又名稷，秦武王异母弟，战国时期秦国国君。秦武王在位时间很短，死时由于膝下无子，公元前306年，由早年在燕国做人质的异母弟嬴稷继位，史称秦昭襄王或秦昭王。秦昭襄王公元前251年去世，终年75岁，共在位56年，是中国历史上在位时间最长的国君之一。秦昭襄王在位初期，年纪幼小，由他的母亲宣太后掌握秦国大权，宣太后异父弟魏冉担任将军辅政；后来，秦昭襄王拜范睢为宰相，先夺了宣太后、魏冉等人的权力，又采取远交近攻的策略，继续扩张领土，于公元前256年攻陷东周王都洛邑，灭亡了周朝和西周国，俘虏周赧王，迁九鼎于咸阳，奠定了秦统一战争的胜利基础。

魏冉。亦作魏厓、魏焻，因食邑在穰，号曰穰侯。战国时秦国大臣。宣太后异父同母的长弟，秦昭襄王的舅父。从秦惠文王时起，他就任职用事。在秦武王死后、兄弟争位的关键时刻，魏冉凭借自己的势力，拥立秦昭王即位，并帮秦昭王清除了争位的对手。之后魏冉凭着他与昭王的特殊关系在秦国独揽大权，一生四任秦相，党羽众多，深受宣太后宠信。公元前284年，他凭借秦国的武力攻打齐国，夺取陶邑，为己加封，扩大自己的势力。由于他权势赫赫，导致人心不附，对秦昭王的统治政权构成了严重威胁。公元前266年，穰侯魏冉被秦王罢免，迁到关外封邑，由范睢代相，最后在陶邑“身折势夺而以忧死”①，“而因葬焉。秦复收陶为郡”②。

芈戎。又称辛戎，楚国人，芈八子宣太后的弟弟，秦昭襄王的亲舅父。他与异父兄弟穰侯魏冉一起效力于姐姐宣太后，协助宣太后执掌朝政，被封为华阳君（今陕西高陵），任将军一职，后为左丞相，长期执政秦国，形成亲党专政格局，打破了秦国重用客卿的惯例。秦昭襄王八年（前299），华阳君率秦军伐楚，一举攻下新城等8座城池，被封于新城（今河南密县），号新城君。芈戎与高陵君嬴悝、泾阳君嬴芾、穰侯魏冉并称“秦国四贵”。芈戎在秦襄昭王四十五年（前262）被逐到原本的封邑华阳，他在回到华阳的途中去世。

---

① 司马迁：《史记》，中华书局1982年版，第2330页。

② 司马迁：《史记》，中华书局1982年版，第2329页。

义渠戎王。义渠是古代西戎族之一，分布于岐山、梁山、泾水、漆水以北。义渠作为西方的一个民族共同体，兴起于春秋时，至战国时已发展为西戎诸族中较大的民族。据考证，义渠都城在今甘肃宁县，其领域包括今甘肃东部、陕西北部、宁夏以及内蒙古河套以西地区。《史记·匈奴列传》对此就有记载："秦穆公得由余，西戎八国服于秦，故自陇以西有绵诸、绲戎、翟、豲之戎，岐、梁山、泾、漆之北有义渠、大荔、乌氏、朐衍之戎。而晋北有林胡、楼烦之戎，燕北有东胡、山戎。各分散居谿谷，自有君长，往往而聚者百有馀戎，然莫能相一。"①

春秋战国时期，西方诸族中，与秦国关系最为密切的就是义渠戎和羌戎，其中位于秦国北部的义渠戎实力不断壮大，战国时逞强于西方，与秦国政治上时和时战，成为秦王称霸西戎的主要障碍。②周贞定王二十五年（公元前444年），"秦伐义渠，虏其王"。后来义渠因内乱而暂时受挫失败，秦国交替采用武力征伐与怀柔笼络的手段，逐渐削弱义渠的力量。秦昭王当政时，秦国与义渠的关系一度缓和，义渠王还亲自到咸阳朝贺，并惑于宣太后的柔情而乐不思蜀，一直住在咸阳的甘泉宫，更"与宣太后通，生二子"，使义渠王完全丧失了对秦国的警惕。在宣太后掌权近四十年内，秦国与义渠一直相安无事，直到公元前271年，"宣太后诈而杀义渠戎王于甘泉，遂起兵伐残义渠"③。史上最后一个戎国义渠就此灭亡，秦国在其故地设置了陇西、北地、上郡三个郡。义渠的灭亡，标志着秦国称霸西戎的完成。

从上述史料可以看出，在秦昭王年纪尚小、立为国君后，摄政的宣太后为了巩固秦国政权，她改变正面征讨义渠戎国的策略，采用怀柔、拉拢、腐蚀的政策，以堕戎王之志，在甘泉宫与义渠王同居淫乱，并生有二子。这其实完全是宣太后为了利用义渠王而采取的政治手段。

樗里疾。又称樗里子、严君疾，秦孝公的儿子，秦惠文王异母弟，战国中期秦国宗室、将领，他的母亲是韩国人。曾辅佐秦惠文王、秦武王、秦昭王等秦

① 司马迁：《史记》，中华书局1982年版，第2883页。

② 池万兴：《司马迁民族思想阐释》，陕西人民教育出版社1995年版，第36页。

③ 司马迁：《史记》，中华书局1982年版，第2885页。

国君主，因待人接物能说会道，足智多谋，秦人誉其为“智囊”。他任过庶长，被称为庶长疾。被封于蜀郡严道县（今四川省荥经县严道镇），号严君，人称严君疾。樗里疾擅长外交、军事。秦武王时任右丞相，与精通韬略的左丞相甘茂默契配合，进行了一连串战争，扩张了秦国版图，为后来秦国统一中国打下稳固根基。秦昭王元年，樗里子仍担任丞相。秦昭襄王七年（公元前 300 年），樗里疾去世，葬在渭水南边章台之东。樗里疾临终前预言说：“后百岁，是当有天子之宫夹我墓。”[①]樗里疾的家在秦昭襄王庙西边渭水之南的阴乡樗里，因此人们称他“樗里子”。西汉建立，所建的长乐宫就在坟墓东边，未央宫就在坟墓西边，武库正对着他的坟墓，正如他所预言的那样。于是被后世堪舆家尊为“樗里先师”相地术正宗。

范睢。也叫范且，字叔。战国时魏人，著名政治家、军事谋略家。他同商鞅、张仪、李斯先后任秦国丞相，对秦的强大和统一天下起了重大作用。早年家境贫寒，后出使齐国为魏中大夫，历经磨难后辗转入秦。公元前 266 年，范睢出任秦相，辅佐秦昭王。他对外提出了“远交近攻”的战略思想。对齐、楚等距秦较远的国家先行交好，稳住他们不干预秦攻打邻近诸国之事。由近及远，得一城是一城，逐步向外扩张，好比蚕食桑叶一样，统一天下，达到了兼并六国的目的。对内，他提醒昭王，秦国的王权太弱，需要加强王权。秦昭王于是实行“固干削枝”的政策，剥夺亲贵手中之大权，于公元前 266 年废掉宣太后，并将国内四大贵族赶出函谷关外，消除了内部隐患，使权力集中于以秦昭王为首的中央手中，政权更加巩固。总之，范睢上承孝公、商鞅变法图强之志，下开秦皇、李斯统一帝业，是秦国历史上继往开来的一代名相，也是我国古代在政治、外交等方面极有建树的谋略家。

向寿。生卒年不详，他是宣太后娘家亲戚，战国时期秦国的将领。向寿与秦昭襄王从少年时就很要好，秦昭襄王即位后，向寿便受到重用。不久，秦昭襄王派向寿出兵，平定了宜阳。后来，向寿出使楚国。楚王听说秦王很看重向寿，便优待向寿。向寿替秦国驻守宜阳，准备据此攻打韩国。韩国国相公仲侈派说客苏代劝说向寿不要出兵攻打韩国，从个人角度详陈利害关系，终于说服了向

---

① 司马迁：《史记》，中华书局 1982 年版，第 2310 页。

寿。当甘茂向秦昭襄王提出把武遂归还给韩国时，向寿和公孙奭两人极力反对，但没有成功。向寿和公孙奭因此怨恨甘茂，常在秦昭襄王面前说甘茂的坏话。甘茂害怕，便停止攻打魏国的蒲阪，乘机逃亡而去。秦昭襄王十三年（公元前 294 年），向寿率军攻打韩国，夺取韩国的武始。

当然，与宣太后有关系的历史人物还有与长弟穰侯魏冉、次弟华阳君芈戎合称“四贵”的两个儿子泾阳君、高陵君，他们的名字分别叫公子悝、公子芾。在《战国策·燕策二·秦召燕王章》，还提到宣太后有一个十分宠爱的情夫魏丑夫。宣太后生病即将去世时，传令让魏丑夫为自己殉葬。魏丑夫得知后十分害怕，于是请庸芮游说宣太后。庸芮先问宣太后人死后是否能够感知到人世间的事情，宣太后回答说不能。庸芮继而说既然人死后不会有什么知觉，那您又为何要将自己心爱的人置于死地？如果死人真的有知觉，那么先王早就因出轨之事对太后您恨之入骨。太后您弥补过失都来不及，又怎么能和魏丑夫有私情呢？宣太后认为庸芮所说有理，于是撤销了魏丑夫为自己殉葬的旨令。

作为楚人，宣太后对楚国还是很有感情的。《战国策·韩策二·楚围雍氏五月章》载，公元前 307 年，楚怀王派兵包围韩国雍氏（今河南禹州东北），韩国吃紧，求助于秦，秦人不愿出手相助。韩襄王心急如焚，派尚靳使秦，力陈唇亡齿寒之理。说韩国守则为秦国的屏障，攻则为秦国的先锋。“今韩已病矣，秦师不下崤。臣闻之，唇揭者其齿寒，愿大王之熟计之。”宣太后对这一套说辞兴趣不大，因为她本身就是楚人，楚国也是她主政依靠的力量，自然不同意派兵。这一政治事件就被司马迁记在《史记·樗里子甘茂列传》中：“王母宣太后，楚女也。楚怀王怨前秦败楚于丹阳而韩不救，乃以兵围韩雍氏。韩使公仲侈告急于秦。秦昭王新立，太后楚人，不肯救……乃下师于崤以救韩。楚兵去。”①

芈八子从一个弱女子最终当上了秦国的宣太后，登上了政治舞台，为玄孙秦王嬴政即后来的秦始皇统一中国奠定了坚实基础。算起来，从宣太后到秦始皇，共经历了五代，世系表如下：秦宣太后（高祖母）—秦昭襄王嬴稷（曾祖父）—秦孝文王嬴柱（祖父）—秦庄襄王嬴子楚（父亲）—秦始皇嬴政。也就是说，秦始皇的父亲是秦庄襄王嬴子楚，秦庄襄王的父亲是秦孝文王嬴柱，秦

① 司马迁：《史记》，中华书局 1982 年版，第 2313 页。

孝文王的父亲是秦昭襄王嬴稷，而秦昭襄王的母亲是宣太后，可见，宣太后是秦始皇曾祖父的母亲，也就是高祖母。

三、宣太后是中国最早的女政治家

中国历史上，先后出现了不少赫赫有名的女政治家，比如西汉初年的吕太后、中唐时期的女皇武则天、清朝末年的慈禧太后等。但是，要说最早介入宫廷政治的女性，非宣太后芈八子莫属。中国历史上，太后这个称谓始见于她，太后专权也是从她开始的，芈八子以太后身份统治秦国长达 41 年之久，而且大大发展壮大了秦国的国力，达到了“天下皆西向稽首”[①]的地步，实为千古太后第一人。

宣太后（？—前 265 年），本是楚国人，后成为秦惠文王的姬妾，因姓芈，在姬妾中的地位是八子，史称芈八子。儿子秦昭襄王即位之初，宣太后以太后之位主政，也称宣太后。宋裴骃《集解》引徐广曰：“八子者，妾媵之号，姓唐。”唐张守节《正义》引晋灼云：“除皇后，自昭仪以下，秩至百石，凡十四等。”[②]八子禄秩相当于千石官。在秦国，八子的地位在王后、夫人、美人、良人之下，七子、长使、少使之上，待遇相当于中二千石官。

公元前 306 年，秦武王死，无子，赵武灵王派人将在燕国作为人质的公子稷送回秦国。年仅 17 岁的公子稷在母亲芈八子和舅父魏冉帮助下，继承王位，即秦昭襄王。魏冉随后平定了王室内部争夺君位的动乱，诛杀惠文后及公子壮、公子雍，将秦武王后驱逐至魏国，肃清了与秦昭襄王不和的诸公子。因秦昭襄王年幼，由芈八子以太后之位主政，称“宣太后”，由太后的异性兄弟魏冉辅政。宣太后从主掌朝政开始，一直活跃在秦国的政治舞台上，长达几十年之久。

芈八子当上了秦国太后，采取了一系列具有战略性、前瞻性的措施和政治手段，无愧杰出女政治家的称誉。首先，为巩固幼子的王位，她用了世上最直接的方法：联姻——也就是为自己的儿子迎娶自己娘家楚国的公主为王后，也将

① 司马迁：《史记》，中华书局 1982 年版，第 2330 页。

② 司马迁：《史记》，中华书局 1982 年版，第 219 页。

秦女嫁与了楚国。其次，执掌大权的宣太后开始任用自己的亲信。如上列举的异父弟魏冉、族人向寿以及同父弟芈戎，还有她的两个儿子公子芾、公子悝等。再次，消灭义渠戎族，这是宣太后对秦国统一的最大贡献。她以母后之尊，牺牲色相与义渠王私通，在甘泉宫诱杀义渠王，趁机发兵攻灭义渠，彻底消除了义渠戎这一后方隐患，保证了秦国集中精力进行东方战争。马非百先生在《秦集史》中认为，秦宣太后以太后之尊，牺牲色相与义渠王私通，设计除之，一举灭亡了秦国的西部大患义渠，使秦国可以一心东向，再无后顾之忧，其功不逊于张仪、司马错攻取巴蜀。这个观点很有见地。

大权独揽、为所欲为的结果必然是盛极而衰。这样的例子在《史记》中比比皆是。宣太后主政专权，极大地限制了秦昭襄王的权力，造成了秦国国内只知有太后和四贵，不知有秦王的局面。最终，羽翼丰满的秦昭襄王采纳了范雎的建议，废宣太后，彻底摧毁了以宣太后和穰侯魏冉为首的后党势力。公元前 265 年 10 月，宣太后去世，葬于芷阳（今陕西西安临潼地区）。

四、《芈月传》对芈八子的误传

小说《芈月传》是作家、编剧蒋胜男的原创小说，初稿题为《大秦宣太后》，讲述了秦宣太后的传奇一生。电子书由腾讯文学独家首发。芈月的名字据兵马俑上的残字“芈月”和阿房宫筒瓦上秦惠文王妃子“芈月”的合体陶文而来。

在《芈月传》中，芈月是楚威王最宠爱的小公主，为楚王的妾所生。但在楚威王死后生活一落千丈，母亲向氏被楚威后逐出宫，芈月和弟弟芈戎在宫中躲过了一次次灾难和危机。芈月与楚公子黄歇青梅竹马，真心相爱，但最后还是被楚威后作为嫡公主芈姝的媵侍远嫁秦国，成为秦惠文王的姬妾，芈月的儿子嬴稷被送往燕国当人质。秦武王意外身亡，儿子嬴稷继位，为秦昭襄王。芈月成功翻盘，一跃成为太后，将秦惠文后等敌对势力剿杀殆尽，独揽大权，临朝称制，又杀伐决断、攘外安邦，以铁腕手段维护政权稳定，为秦国扩张了大片土地。她拥有异父长弟魏冉、义渠王、春申君黄歇、魏丑夫等众多情人，风流韵事和光辉政绩一同被载入史册。

历史剧是根据题材内容划分的戏剧种类之一，指取材于历史事件和历史人物的剧目。历史剧应该对历史忠实到何等程度，一向是理论家争论的课题。我们说，人物的历史可传性和真实性，应该是评价历史剧作品的基本尺度，也应该是剧作家所遵循的基本原则。在尊重这一原则的前提下，剧作家可以根据塑造典型人物的需要对历史事件进行取舍、加工，不仅可以改变它的自然进程，而且可以进行局部的虚构。所以历史剧要求历史真实与艺术真实的高度统一，作者既要有渊博的历史修养，又要有高超的艺术创造能力，两者必须兼备。

在《史记》中，关于芈八子宣太后的文字仅限于本文第一部分搜罗的不过10 条证据。就连刘向编辑而成的《战国策》这一国别体史书中提到的秦宣太后爱魏丑夫一事，司马迁在《史记》中都只字未提，可见太史公对魏丑夫其人是持怀疑或者否定态度的。宣太后还有一件让后人诟病的事情，就是她在外交辞令中，居然用秦惠文王和自己的房中之事打比方。这段话见于《战国策·韩策·楚围雍氏五月》中。清人王士禛在《池北偶谈》中就曾大肆批评秦宣太后："此等淫亵语，出于妇人之口，入于使者之耳，载于国史之笔，皆大奇！"但这件在《战国策》中大书特书、被古人多有指责的事情，司马迁在撰写《史记》时同样没有采用。

在太史公笔下，与宣太后唯一有染的只有义渠戎王一个人。历史上有名的战国四公子之一春申君黄歇根本与宣太后就没有交集，更不可能是初恋情人。如前所述，芈八子宣太后的生年不详，但卒年公元前 265 年确是明文记载；而黄歇约生于公元前 314 年，卒于公元前 238 年，享年 76 岁。虽然宣太后的出生年月不详，但史书说她 30 岁左右当上太后，她当太后的时间是公元前 306 年，据此可推断宣太后出生的年月大概在公元前 336 年。由此可知，宣太后应该比黄歇早出生了 20 多年，因此，相差 20 年而说是青梅竹马，就没有一点可信度可言。其实，宣太后与楚怀王是同时代人（在《芈月传》中是兄妹关系），而黄歇活跃在楚顷襄王和楚考烈王的时代，楚顷襄王和楚考烈王分别是楚怀王的儿子和孙子，从辈分上来说也差了一两辈人，所以，剧中所说的青梅竹马只能纯属杜撰。这种杜撰，只有一种解释，就是仍然采取目前影视界流行的编剧手法之一，为了增加剧情的曲折、多角恋的吸引力，为了取悦观众的媚俗、猎奇心理，而置历史事实于不顾。本质上说，这是对历史真实、历史人物的歪曲甚至丑化，是要不得的，也是《史记》研究者要旗帜鲜明地予以反对的。

我们说，即使地处西北，与戎狄杂处的秦国，文化习俗受到戎狄浸染，导致秦人对宗法制度和礼乐文化淡漠，在两性关系方面不像后来那么严谨，也绝非像《芈月传》中所演绎的那样“无知无畏、堂而皇之”。绝不能为了所谓的收视率，为了剧情好看、吸引观众眼球，就无限度地曲解历史、歪曲真相、玷污历史人物，把历史当作任人打扮的小姑娘随意化妆、涂抹，掩盖历史，误导大众。

五、余论

这次“《史记》与汉代文学文化——2016 年陕西省司马迁研究会学术年会”在有着“中国第一帝都”美誉的秦都咸阳召开，而享有“千古太后第一人”美誉的芈八子宣太后，当年就是在咸阳的政治舞台上，上演了一幕幕惊心动魄的历史活剧。她对秦朝统一大业的奠基作用、对于女性觉醒的社会学意义，很值得我们《史记》研究者去探索、去挖掘。

（刘宏伟，中国史记研究会理事，陕西省司马迁研究会理事，韩城市司马迁学会副会长。）

《史记》中张良的传奇人生与智者形象

刘生良

留侯张良（？—前186）是秦末汉初一位杰出的历史人物，因善为画策而与韩信、萧何并称为“汉之三杰”。据《史记·留侯世家》等记载，他的人生是富有传奇性的一生，其智者形象亦令后人仰慕不已。本文就此作以简论。

一、传奇人生

张良是历史上著名的智谋人物，但令一般人所始料不及的，他却是以一个血气方刚的豪侠人物登场的，这就是有名的“行刺博浪沙”。据《留侯世家》记载，张良出身于一个“五世相韩”的韩姓贵族之家，但他年少时还没来得及“宦事韩”，就碰上“秦灭韩”之事，因而对强秦充满了仇恨。于是，“韩破，良家僮三百人，弟死不葬，悉以家财求客刺秦王，为韩报仇”。他“东见仓海君，得力士，为铁椎重百二十斤”，趁秦始皇东游之机，“良与客狙击秦始皇博浪沙（今河南原阳境内）中，误中副车”。“秦皇帝大怒，大索天下，求贼甚急，为张良故也。良乃更名姓，亡匿下邳（今江苏下邳）。”①这该出手时就出手的“送秦一椎”，虽然没有达到预期目的，但对秦始皇很有震慑力，更使青年张良一举成为震动天下的著名侠士。

亡匿下邳期间，发生了一件对他一生有决定性影响的事，这就是“圯上遇老人”。一天，张良闲游圯上，有个老头走到他跟前，故意把鞋弄得掉到桥下，吆喝张良下去捡鞋，捡上来后又让给他穿到脚上。张良本是个年轻任侠的贵族子

① 司马迁：《史记·留侯世家》，中华书局1982年版，第2034页。

弟，哪受过这样的屈辱？开始很惊愕，想揍这老头，实在是念其老，才强忍再忍，忍气吞声，并服务到底。老头认为“孺子可教”，约张良五日后在此相会。前两次张良都因迟到受到怒责，后一次“良夜未半往”，老人很高兴，授给他《太公兵法》一书，说：“读此则为王者师矣。”[①]老人即黄石公，他这一系列“折辱”张良的做法，其良苦用心正如苏轼《留侯论》所说：“子房以盖世之才，不为伊尹、太公之谋，而特出于荆轲、聂政之计，以侥幸于不死，此圯上老人所为深惜者也，是故倨傲鲜腆而深折之，彼其能有所忍，然后可以就大事，故曰：‘孺子可教也。’”“夫老人者，以为子房才有余，而忧其度量之不足，故深折其少年刚锐之气，使之忍小忿而就大谋。”[②]经过黄石公一番颇有“折辱”意味的人生教诲，加之学习其所授之书，使张良完成了由外在之勇向内在之智的精神转型，其性格亦由急躁任气、简单轻率变得深沉稳健、精明睿智。

十年后的秦二世元年（前209），陈涉等人起义，张良“亦聚少年百余人”起兵反秦。他本想率众依附楚假王（临时代理之王）景驹，然“道遇沛公”，遂归属刘邦。原因是他“数以《太公兵法》说沛公，沛公善之，常用其策”，而“为他人言，皆不省”。在得到项梁帮助复立韩国后，张良以韩申徒（司徒）的身份“引兵从沛公”击秦，从此除短暂归韩一段外，他几乎一直追随刘邦建功立业。下韩地，夺宛城，入武关，取峣关，战蓝田，入咸阳，又还军霸上，鸿门会项；之后又烧栈道，荐三雄，谏分封，调兵遣将，围攻灭项，以至定都长安，封赏功臣，所有这些，刘邦都主要靠张良出谋划策，采用其智谋或建议。尤其是每到关键时刻或紧急关头，都是依靠张良巧妙运筹，使局势转危为安，化险为夷，从而占据主动并取得胜利。他处处表现出“运筹策帷帐中，决胜千里外”的高超谋略，充分发挥了智能的威力和作用，终于协助刘邦完成了亡秦灭项、建立汉朝的伟大历史功业。也就是说，张良协助刘邦干了一番扭转乾坤、回旋天地的历史伟业，虽然因体弱未能担任军职，“未尝有战斗功”，但按照刘邦的说法，仍当是汉朝第一功臣。正因此，张良也成为千古称誉的谋士典型。

然而，就是这样一位功高盖世的谋臣张良，在开国皇上刘邦封赏功臣时，却

---

① 司马迁：《史记·留侯世家》，中华书局1982年版，第2035页。

② 苏轼：《留侯论》，出自《苏轼文集编年笺注》，巴蜀书社2011年版，第272页。

毅然辞去“自择齐三万户”的封赏，认为他最早与皇上是在留（今江苏沛县东南）相会，自请封为留侯：“臣愿封留足矣，不敢当三万户。”随从高祖“西都关中”入关后，又借体弱多病，“即道引不食谷，闭门不出岁余”。在设计召请“商山四皓”保住太子位及“从上击代，出奇计马邑下”之后，张良又总结其一生公开宣称说：“家世相韩，及韩灭，不爱万金之资，为韩报仇强秦，天下振动。今以三寸舌为帝者师，封万户，位列侯，此布衣之极，于良足矣。愿弃人间事，欲从赤松子游耳。”[①]于是学习辟谷，导引轻身，八年后卒。他在人生最辉煌、最风光、最得意的时候，却选择了一条与众不同的生活道路：功成不居，激流勇退，弃官学道，隐居养生，并以此为归宿。这样的选择，一般人想不到做不出，真是够出奇了，而这又真可谓不慕富贵，不贪荣禄，全身远祸，善始善终，它不知给了后人多少深刻的人生启示啊！

纵观张良的一生，他原本为侠士，由侠士到谋士，最后成为隐士。侠士重勇武、申正义，谋士讲智谋、求功业，隐士尚无为、重养生，三者的精神特质差异甚大，可见其前后角色的变化是传奇性的；而且他一生所做的事，往往惊天动地，叱咤风云，或关系到中国历史发展，或出人意料影响极大。因此，张良的一生的确是富于传奇性的。同时，《留侯世家》在叙述中也生动地再现了张良富有传奇性的一生，传文在写实中夹杂了诸多传奇性的描写，如张良“东见仓海君，得力士”，遇圯上老人授书留言，十三年后过济北“果见谷城山（在今山东东阿东北）下黄石，取而葆祠（供奉祭祀）之”，“欲从赤松子游”等，扑朔迷离，真幻难辨，这样的描写也无形中增加了传主身上的传奇色彩。

二、智者形象

张良一生经历了由侠士到谋士再到隐士的身份转换和精神转型，但其最突出的性格特征是善为智谋，总体上是一个智者的形象。自从遇圯上老人“折辱”教诲，授以《太公兵法》，实现由勇向智的转型后，张良就凭借他学得的奇谋异智，在反秦立汉的激烈斗争中发挥了无可替代的“智囊”作用。也可以说，张良是

① 司马迁：《史记·留侯世家》，中华书局 1982 年版，第 2048 页。

以学习《太公兵法》所得到的智慧谋略为指导，成功地导演了一幕幕历史活剧，辅佐刘邦成就了亡秦兴汉的伟大功业。其主要表现有以下几点：

（一）刘邦先入咸阳的成功导演者

在张良“引兵从沛公”联合作战，“下韩十余城，击破杨熊军”后，沛公“乃令韩王成留守阳翟”，自己带着张良向南行，准备经南阳进武关入秦。但南阳郡守吕齮被打败后退守宛城（今河南南阳市），坚守不出，刘邦攻打不下，便想绕道西行。张良觉得这样有腹背受敌的危险，于是劝说沛公，并随机建议：乘对方知道咱们已绕道西行而麻痹大意之机杀他个回马枪，拿下宛城，解除后顾之忧。刘邦依计而行，果然一举夺得宛城。张良又建议刘邦善待降将，安抚百姓，所以接下来刘邦军队所到之处，秦军纷纷投降，未经多大战斗便顺利进入武关（今陕西丹凤东南），指向峣关（今陕西蓝田东南）。当时秦子婴杀了赵高，急派五万兵马据守峣关，沛公打算以两万兵力攻打秦峣关守军，张良劝阻沛公，并献上一计：设置疑兵，贿赂秦将。“秦将果畔，欲连和俱西袭咸阳”，沛公欲听之，张良又说：“此独其将欲叛耳，恐士卒不从。不从必危，不如因其懈击之。”沛公乃引兵击秦军，大破之，乘胜追击到蓝田，彻底打败了秦军。接着子婴投降，刘邦就这样顺利地先于其他诸侯军进入了咸阳。但回头试想，假如没有张良一路为之出谋划策，刘邦很可能被阻挡在武关或峣关之外，未必能先于项羽入咸阳。所以，我们认为张良是刘邦先入咸阳的成功导演者。而且入咸阳后，张良劝导刘邦听从樊哙之言，搬出秦宫，还军霸上，安民告示，约法三章，这又为日后刘项相争赢得了主动。

（二）鸿门宴智斗获胜的导演者

鸿门宴的故事众所皆知，毋庸复述。我们在这里想说明的是，这是事关刘邦集团命运和中国历史发展的关键时刻。假如不出意外，第二天项羽的 40 万大军打过去，刘邦的 10 万人马必然被打败，玉石俱焚，刘邦不死即擒；假如项羽在鸿门宴上杀了刘邦或者项庄得手杀了刘邦，那就不会有汉，何论魏晋？偏偏在这节骨眼上，楚左尹项伯因“素善”张良，“乃夜驰之沛公军，私见张良，具告以事，欲呼张良与俱去”，是张良稳住项伯，“具告沛公”，并为大惊无措的沛公提出了“请往谓项伯，言沛公不敢背项王”的计策，这才使得沛公迅速收买项伯为之游说，使危机暂缓；鸿门宴上，项庄舞剑，意在沛公，危急时刻，又是张良出招樊哙，樊哙闯宴，怒冲冲地说了一番事先统一了口径的话，使险象暂消；而沛公乘如厕之机逃走，又令张良留谢。如果没有张良的智谋周旋，这出戏就没法演，刘邦就很难逃脱险境，历史也不知会变成什么样子？所以我们说，张良是鸿门宴智斗中刘邦一方获胜的导演者。也可以说，是张良在这一危急关头救了刘邦。值得注意的是，在这个过程中，刘邦“吾入关，秋毫不敢有所近”一段谎话起了很大作用，多亏事先张良成功劝说刘邦封闭宫室，还军霸上，否则，此时连这谎言都没法编，不就麻烦大了！

（三）楚汉相争取胜的导演者

公元前206年，刘邦被封为汉王，张良一直送到褒中（今陕西汉中北），劝说汉王烧绝栈道，“示天下无还心”。他东归后又以此迷惑项王，使项王无西顾之忧，为刘邦还定三秦提供了机会。韩王被项王杀后，张良又逃归汉王，辅汉击楚。他先后向刘邦推荐韩信、黥布、彭越这三雄，及时阻止了刘邦差点分封诸侯的错误做法，为刘邦出计谋征调韩信、彭越的军队，劝刘邦乘楚汉订立和约而楚兵疲粮绝之机发起进攻，终于将项羽合围垓下，又穷追不舍，消灭了项羽，取得了楚汉相争的彻底胜利。在这一过程中，显而易见，张良的智谋发挥了重大作用。所以说，楚汉相争刘邦取胜这幕大戏，是张良精心策划、成功导演的。如果没有张良，孰胜孰负，其后果真还难以设想。

此后，张良还是定都长安的极力促成者，还为了汉政权的稳固设计保太子，这都显示了其着眼于汉帝国长治久安的远见深识。他跟随刘邦十余年，为之出谋划策，贡献智慧，刘邦也对他言听计从，十分尊重，遂使他成为中国历史上一个不折不扣的“王者师”。而更重要的，张良晚年的功成身退，也是其高超智慧的表现。这固然与他长期体弱多病有关，更与他精通《太公兵法》、深谙黄老智谋有关，或许还受到“商山四皓”的影响。他学习《太公兵法》，本来就懂得进退有度，识机知变；他也深知称帝后的刘邦性好猜忌，难共安乐，为其立下大功的文臣武将如萧何、韩信、彭越等，都未能免于疑忌，所以他审时度势，适时选择退隐养生，清心寡欲，善自韬晦，显然是自我保护的明智之举，也终于全身远祸。张良以其智慧辅汉，获得巨大成功；以其智慧避祸，也是游刃有余。他最后这该收摊时就收摊、悄然无声的“为汉一隐”，为其智者形象画上了一个圆满的句号！

张良超乎群伦的足智多谋，使他成为一个著名的智者典型而名垂千古。而太史公所谓“余以为其人计魁梧奇伟，至见其图，状貌如妇人好女”，也显示出张良深谙黄老智谋而形之于外貌的精神特质。①

张良的传奇人生和智者形象，赢得了后人的敬佩和仰慕，对后世产生了重大而深远的影响。他去世后，不少地方为纪念他而修建祠庙，仅陕西境内就有洛南县北书堂山的“张子房读书处”，旬阳县北的“子房观”，城固县、洋县交界处白云山牛蹄岭的“子房祠址”，城固县大东关的“留侯祠”等，尤其是留坝县紫柏山下的“留侯祠”，亦称“张良庙”，相传是张良晚年“辟谷”之地，即绝食五谷、养气修身的地方，②自东汉末年始建庙宇以来前往拜谒参观者络绎不绝。历代文人题咏、赞颂张良的诗词曲赋及楹联、文章等更是难以计数。在今天，张良的故事仍令人们津津乐道并广为传颂，其传奇人生和智者形象仍值得人们悉心品味并高度赞赏，其高超的政治、军事谋略和人生智慧更值得人们学习借鉴并发展弘扬。

（刘生良，陕西省司马迁研究会常务理事，陕西师范大学教授、博士生导师。）

① 张新科：《史记概论》，陕西师范大学出版社 2009 年版，第 190 页。

② 张登第：《史记人物故事（四）》，未来出版社 1998 年版，第 130 页。

论萧何的政治智慧

韦爱萍

萧何、张良、韩信，被称为“汉初三杰”。三人在创建汉室江山的过程中，立下了盖世功勋。令人感慨不已的是，他们三人的命运大不相同，韩信被杀，张良退隐，只有萧何做了刘邦的丞相，与刘邦和平共处几十年，虽然其间也有过一些波折，总算有始有终，终老天年。翻遍二十五史，一同打江山的功臣大多不但没有好处，最后就连性命也难保。萧何能够担当刘邦的丞相，在汉朝廷驰骋几十年，不能不说他是汉代一位深懂儒家“内圣外王”主旨的人，并将这方面的智慧运用到了极致，为后代的政治家留下了许多可供借鉴的范例。

一

从司马迁的《史记》中我们可以看到，萧何的人生，经历了四个阶段：秦王朝、秦末起义、楚汉战争、汉建立后。每个阶段，萧何一方面使自己的生存环境非常有利自己个性的发展，同时又使自己的才能与个性得以张扬、人生价值得以实现。

秦王朝时，刘邦还是平民、无赖的时候，萧何已经在沛县当小吏。《萧相国世家》云：“秦御史监郡者与从事，常辨之。何乃给泗水卒史事，第一。秦御史欲入言征何，何固请，得毋行。”在政绩考核中，曾名列榜首，说明他是在实际工作中已显出了政治事务治理方面的才能，并非太史公所言“秦时为刀笔吏，录录未有奇节”。尽管秦法律严酷，但萧何的生存状态还不错，衣食无忧。为他具有一个稳定、健全的心态奠定了基础。

秦末起义时，天下汹汹，战争不断，很多人生活在惶恐不安之中。萧何跟随刘邦走进咸阳，“诸将皆争走金帛财物之府分之，何独先入收秦丞相御史律令图书藏之。……项王与诸侯屠烧咸阳而去。汉王所以具知天下阸塞，户口多少，强弱之处，民所疾苦者，以何具得秦图书也”。表现出他过人的才识和高瞻远瞩的政治眼光。刘邦也看到了萧何的治世之才，并重用了他。因而，“沛公至咸阳、为汉王，以何为丞相”。

楚汉战争时，萧何作为丞相，首先做了很多刘邦称帝的前期准备工作。留守巴蜀时，“填抚谕告，使给军食。汉二年，汉王与诸侯击楚”，何守关中时，“侍太子，治栎阳。为法令约束，立宗庙社稷宫室县邑”，负责处理财税、安抚百姓、颁布政令、为军队供应粮草等后勤工作，做得极为出色。其次，萧何遇到问题，常常向刘邦请示，“可，许以从事；即不及奏上，辄以便宜施行，上来以闻”。萧何做事，无论是制定法令制度，还是建宗庙、社稷、宫室、县邑，总是尽快向刘邦报告，得到同意后，他才开始实施，从不自作主张。再次，《萧相国世家》云：汉王引兵东定三秦，“关中事计户口转漕给军，汉王数失军遁去，何常兴关中卒，辄补缺。上以此专属任何关中事”。楚汉相争的关键时刻，刘邦处于不利之事，屡战屡败，丢盔弃甲，士兵逃亡不断，粮草常常吃紧，皆是萧何无怨无悔“镇国家，抚百姓，给饷馈，不绝粮道”，使刘邦无后顾之忧。因此，刘邦平定天下后，能够对萧何网开一面。

汉王朝建立后。由于萧何前期的重大贡献，到天下已定封侯时，“高祖以萧何功最盛，封为酂侯，所食邑多”。功臣们不服气，萧何没有抛头颅、洒热血的机会，没有战场经验，只是拿笔杆子比画比画，缘何封侯如此？刘邦发表了高见——狩猎理论：“夫猎，追杀兽兔者狗也，而发踪指示兽处者人也。今诸君徒能得走兽耳，功狗也。至如萧何，发踪指示，功人也。”这样刘邦亲自出面表明了萧何的功劳，确立了萧何的地位。定位次时，关内侯鄂君代刘邦说出了想说又不能说的话，“萧何第一，曹参次之”，而且还可以“带剑履上殿，入朝不趋”。接着出现了陈豨谋反、黥布谋反、夷平韩信三族等重大事件，这些事件中，萧何是刘邦最忠实的支持者，因而多次得到刘邦的重奖，但也引起了刘邦的不安。但萧何每每能够逢凶化吉、转危为安。都是萧何成功运用了政治智慧，才给自己、家人带来了平安、富贵，也才使自己青史留名。

二

仔细分析萧何，不难发现萧何不管在正常或非正常状态下，都非常善于运用政治智慧，具备了一个政治家所应该具备的人文素养。即胸襟开阔，思维敏捷，高瞻远瞩，深谙小不忍而乱大谋的道理，行起事来既擅长察言观色，又能做到慎言谨行。能够把长远的政治目标和政治需要融进自己的人格，当外部世界与自己的欲望、人格发生冲突时，能牺牲自己的欲望，委屈自己的人格，以占据一定的生存空间和时间，为最终实现自己的目标做准备。当然，政治家在处理很多问题时，出发点是政治需要和政治目的而不是人性。从《史记》中可以看到萧何的政治智慧表现在以下几个方面：

第一，萧何具有政治家高瞻远瞩、审时度势的长远战略眼光。主要表现在两个方面：

1. 萧何对刘邦的认识随时间的变化而变化，从开始的不认同到最终接受并为之忠心耿耿。秦王朝时，刘邦是无赖，萧何对刘邦的评价是“刘季固多大言，少成事”（《高祖本纪》），随着时间的推移，慢慢对刘邦有了新的认识，“何数以吏事护高祖。高祖为亭长，常左右之。高祖以吏繇咸阳，吏皆送奉钱三，何独以五”。秦末起义爆发后，各地起义已经白热化，萧何、曹参要沛县县令趁机招纳外面起义的人胁迫城中百姓起义。等招来刘邦，沛县县令后悔，欲杀萧何、曹参。两人投奔刘邦，共杀县令。推选领导之时，萧何、曹参都是文官，加之当时形势很不明朗，担心起义失败，会招致被秦株连九族的危险，因而都推让与刘邦。（相似的事在项羽身上也发生过，陈婴母所言：“暴得大名，不祥。不如有所属，事成犹得封侯，事败易以亡，非世所指名也。”）这样萧何一直站在幕后，为刘邦出谋划策。随着刘邦实力的迅猛发展，萧何愈益对其刮目相看。楚汉相争时，萧何对刘邦的认识从垃圾股上升为绩优股，最终刘邦的胆识使萧何心无旁骛，完全忠心耿耿效力于刘邦。

2. 萧何在混乱的形势中，不乱阵脚，决策正确，体现了政治家冷静、稳健的工作作风。起义阶段，萧何跟随刘邦一进入咸阳，以政治家的敏感嗅觉，意识到情报管理工作的重要性，为汉王收藏秦法律文书、天下各地要塞、户口的多少、形势强弱等资料，使得刘邦在军事行动之前，完全知道而且了解秦国军事布阵情况。楚汉相争时，形势并不是很明朗，但萧何考虑到“名不正则言不顺”，开始为刘邦设计、正名，为刘邦登上天子之位大造政治舆论。此时国家无天子，百姓又希望有天子来拯救他们于水火之中。萧何建立宗庙、社稷，使刘邦登上帝王宝座的框架建立。百姓也如久旱盼春雨一样，心向往之。汉王八年，为刘邦建造未央宫，连刘邦都觉得过于奢侈，但萧何讲明用意，“天子四海为家，非壮丽无以重威”，借此彰显天子之威，并强调“且无令后世有以加也”，说明此为最高礼遇、规格，后世不得超越。曹参和萧何一起做秦吏，一起参加起义，一起到刘邦帐下。而曹参只是在战斗中显示出勇猛的一面，政治远见卓识并未胜人一筹。两相比较，萧何能得到刘邦的肯定、赞赏也就在情理之中了。

第二，治国才能上，刘邦这样评价萧何：“镇国家，抚百姓，给饷馈，不绝粮道，吾不如萧何。”其实只说出了萧何才能的一个方面，就萧何为规范汉王朝统治而制定相应的措施、法律、方案等的做法，已成为后代“百世师”。以至萧何去世后，曹参继位，一切是萧规曹随，不做任何改变。社会效果也非常明显，汉朝由于此时及文景之治的精神、物质储备，为汉武帝的鼎盛、大汉天子的威武做铺垫性的工作，这点出乎刘邦的预料。

第三，在采纳善言方面，萧何善听他人之言。在人生的政治命运的关键之处，懂得克制自己、保护自己，和项羽形成鲜明的对比。项羽有一范增不能用，萧何三次悉听谏者之言。表现其有像大海能容百川一样的宽阔胸怀。

1. 鲍生之计，子孙从军。楚汉相争刘邦与项羽京索之间决战时，刘邦多次派人慰劳萧何，而萧何浑然不觉这是刘邦对自己的不放心，安然享受刘邦的问候。这时，鲍生向他建议，“王暴衣露盖，数使使劳苦君者，有疑君心也。为君计，莫若遣君子孙昆弟能胜兵者悉诣军所，上必益信君”。萧何立即采纳鲍生的建议。结果，“汉王大说”。

2. 召平之计，家私佐军。汉王朝建立后，陈豨谋反，“上已闻淮阴侯诛，使使拜丞相何为相国，益封五千户，令卒五百人一都尉为相国卫。诸君皆贺，召平独吊”。召平是秦时的侯王。秦败后，在长安城东种瓜，瓜大而甜，所以人们称为“东陵瓜”。召平谓相国曰：“祸自此始矣。上暴露于外而君守于中，非被矢石之事而益君封置卫者，以今者淮阴侯新反于中，疑君心矣。夫置卫卫君，非以宠君也。愿君让封勿受，悉以家私财佐军，则上心说。”相国听从他的计谋，“高帝乃大喜”。3. 说客谏言，买田自污。黥布谋反时，刘邦带兵在外平乱，尽管萧何“为上在军，乃拊循勉力百姓，悉以所有佐军，如陈豨时”，但刘邦多次派人问萧何在家做什么。说客劝萧何“今君胡不多买田地，贱贳贷以自污？上心乃安”。于是相国从其计，结果，“上乃大说”。萧何就是这样，深知月满则亏、水满则溢的道理，善于克制自我的欲望，使自己和家族多次免去灭族之祸。

第四，在识别人才上，萧何有伯乐的慧眼。人皆知“智莫难于知人”。作为一个管理者，萧何能够做到知人善用，用人所长，避人所短。同是一个时代的韩信，随项梁，无所知名；从项羽，“官不过郎中，位不过执戟，言不听，画不用”（《淮阴侯列传》）；到汉王营，未得知名；坐法当斩，滕公奇其言，壮其貌，释而不斩。告诉刘邦，刘邦让做了一个小小的治粟都尉；韩信多次和萧何交谈，萧何认为他是一个奇特之人，多次向刘邦美言韩信，然无效，这才有了韩信的逃亡，也才留下了“萧何月下追韩信”的千古美谈，随之才有刘邦的拜将。而且汉王朝正是依赖韩信，才会在军事史上留下一系列奇迹，如暗度陈仓、木罂缻渡军、收魏败豹、破代、收燕、背水而战败赵军、断潍水之流灭齐等，才得以和西楚霸王项羽一决雌雄，最终赢得天下。因此，韩信为汉王朝的建立立下了汗马功劳。

同样，对曹参其人，关内侯鄂君曾坦言：“曹参虽有野战略地之功，此特一时之事。”而且，司马迁在《曹相国世家》中言“参始微时，与萧何善；及为将相，有郤。至何且死，所推贤唯参”。表明萧何临终之时，举荐曹参继任自己为汉丞相，说明萧何具有大将风度，举贤不避仇。“参代何为汉相国，举事无所变更，一遵萧何约束。”那么，“萧规曹随”的社会效果如何？《曹相国世家》中记载：“百姓歌之曰：萧何为法，顜若画一；曹参代之，守而勿失。载其清净，民以宁一。”而且“参见人之有细过，专掩匿覆盖之，府中无事”。曹参也善于保护官员，维护下属的自尊心。萧何也正是看到了曹参深谙治国需稳定、政策需延续的道理，举荐他为汉王朝的巩固立下了万世之功。

第五，在个人性格上，萧何恭谨从事，忠诚厚道，从而远祸，明哲保身，关键时候能够委曲求全，待人诚恳。在刘邦困顿时，他“奉钱以五”帮助刘邦；在刘邦业基未稳对他产生怀疑时，他不思谋反，忠心耿耿，兢兢业业，如子孙从军、家私佐军、买田自污等，以忠诚待刘邦。正是如此忍辱负重，任劳任怨，克勤克俭，安抚天下，用心之良苦，鲜有与之比肩者。萧何用尽一生心思，总算“找准了位置”，在危机四伏的封建社会官场中，成为一个幸运者。韩信完全相反，刘邦和韩信交谈诸将才能时，韩信讲自己“韩信将兵，多多益善”，讲刘邦只可将十万人。这一点可以说刺到了刘邦的痛处，自然让刘邦回忆起和项羽征战的四年，自己屡屡失败的痛楚经历。太史公曾感慨道，假如韩信能“学道谦让，不伐己功，不矜其能，则庶几哉，于汉家勋可以比周、召、太公之徒，后世血食矣”。(《淮阴后列传》)因此，萧何之谦恭谨慎，自然在刘邦的心目中就成为绩优股，韩信成为垃圾股就自不待言了。

第六，关心民众，得人心者得天下。从先秦时期，贤明的君王就非常注意民心向背问题。萧何自然也注意到了人民的意愿。初入咸阳，了解百姓疾苦；汉建后，为民请愿，增加百姓可耕种土地。萧何的思路是全心全意为刘邦效忠，做到尽心尽力，安抚好百姓，忠于职守。保证汉王朝的统治长治久安。

从太史公的评价我们可以看到其对萧何的态度，既肯定其历史贡献及其进退自如的政治智慧，也有同情其作为政治家的悲哀与无奈：人性扭曲，心理非常压抑，处处小心翼翼，时时如履薄冰，天天如临深渊。对韩信之事，人们留下了“成也萧何败也萧何”的叹息。当然在太史公平实的叙述中，“于是相国从其计，上乃大说”于《萧相国世家》中出现三次，并非简单的重复，一种辛酸、无奈，流露其中。同时，太史公对萧何也有讽刺，“淮阴、黥布等皆以诛灭，而何之勋烂焉。位冠群臣，声施后世，与闳夭、散宜生等争烈矣”。其他功臣皆亡，萧何能名留千古，证明其政治手腕运用得非常好。

不管如何，萧何在秦末汉初纷扰动乱的时代中，为自己也为家人争得很好的生存空间，不能不说是非常好地运用了政治智慧，由此引发的萧何效应也为后来的从政者提供了很好的范例。

（韦爱萍，渭南师范学院人文学院教授，中国《史记》研究会会员。）

论《史记》中英雄传奇的美学价值①

马雅琴

《史记》中的英雄传奇主要是指作者通过对英雄豪杰传奇行为的描述，展示传奇人物与环境的矛盾冲突，歌颂他们的豪迈气概和侠义品格。英雄传奇的渊源，可追溯到先秦时期。我国远古时代的神话，是英雄传奇的源头。先秦时期的诸子散文、历史散文，也有不少英雄传奇色彩。《史记》集先秦文学描写传奇人物之大成，为我们展现了一道英雄人物的画廊，使《史记》充满了浓郁的传奇色彩，成为英雄传奇小说产生的土壤，对后世英雄传奇小说影响深远。

一、《史记》的英雄传奇色彩

我国的远古神话是英雄传奇的源头。鲁迅先生在《中国小说史略》中指出：原始神话，“不特为宗教之萌芽，美术所由起，且实为文章之渊源”。远古的神话是英雄传奇的源头。神话是原始宗教的产物，是人类早期的不自觉的艺术创作。原始时代，人们受到强大自然力的严重威胁，遭受到各种自然灾害，但又无力去克服它、战胜它，于是就幻想出现具有超人能力的英雄，帮助他们去战胜和征服自然，所以在原始神话中，出现了各种具有大无畏精神和无比神通的英雄神的形象。上补苍天，下治洪水、兽害的英雄女神女娲；治平洪水的大禹；上射九日的后羿；敢于与日逐走的巨人夸父；长着四张脸、征战蚩尤、威震天下的黄帝等。原始神话内容的理想主义、英雄主义特征，成为后世英雄传奇小

①本文为国家社科基金重大项目“中外《史记》文学研究资料整理与研究”（项目编号：13 & ZD111）阶段性成果；渭南师范学院科研项目“《史记》谈话艺术及其当代转换价值研究”（15SKYM04）。

说的灵魂，但在文体上却没有直接的传承关系，因为我们说的神话，只是指神话的内容，它的文体形式是无法考知的。所以说，我国的远古神话是英雄传奇的源头。

到了春秋战国时期，神话或者为史传著作所吸收，或者为诸子散文所吸收。史传著作吸收的结果，是神话历史化。神性英雄因找不到自己演出的舞台，最终栖息于史籍中，蜕变为现实的历史人物。在《左传》《战国策》等史传散文中，原始神话向半人半神的英雄传奇演化，传奇小说就萌芽了。在《左传》中，作者不仅将上古时三皇五帝的传说加以改造，成为历史，还记载了各国先君先祖的有关传说，出现了晋文公、宋襄公、烛之武、弦高等传奇人物。到了《战国策》，富有传奇色彩的高义之士，如义不帝秦的鲁仲连、不辱使命的唐雎、不图富贵的颜斶、慷慨赴秦的荆轲等受到热情洋溢的歌颂。在英雄传奇成长的历史长河中，《左传》《战国策》起着推波助澜的作用，作为史传文学的代表、英雄传奇小说产生的土壤《史记》，继承发展了《左传》《战国策》的优良传统。

司马迁的《史记》，是一部史传名著，代表了史传文学的最高成就，成为先秦文化之集大成者。可以这样说，从神话到史传再到英雄传奇小说，《史记》起着承前启后的桥梁作用。在《史记》中，作者以饱满的激情，为我们展现了一道丰富多彩的英雄人物的画廊，有许多人物形象具有非凡的感染力。披阅《史记》，一个个鲜活、特异的历史人物呈现在眼前，我们为之惊异、为之赞叹、为之扼腕，也为之悲戚。《史记》中的英雄传奇人物，主要有以下几类：

1. 来源于神话传说中的神异帝王、始祖

这类传奇人物，具有怪异、神秘的艺术魅力。由于受王权天授的影响，司马迁在《史记》中保留了帝王降生的神话。吞玄鸟卵而生的殷始祖契，见巨人迹而生、经历奇特的后稷，这些神话传说为帝王涂上了一层神圣的光彩。《史记》改造了一些神话传说，淘汰了神话中的神奇情节，使神话变成了历史。神话中，长有四张脸，统一各部落，初创国家的黄帝，威力无比。《山海经·大荒北经》记述的黄帝征蚩尤的故事，是反映民族间争斗的神话，两个主人公是不同的部落联盟的代表，但在《史记·五帝本纪》中变成了君王与叛臣的战争："蚩尤作乱，不用帝命。于是黄帝乃征师诸侯，与蚩尤战于涿鹿之野，遂禽杀蚩尤。"长相怪异的颛顼，在《史记·五帝本纪》中变成了“静渊以有谋，疏通而知事”的英明帝王。而尧舜禅让，则是古代帝王最灿烂的仁德。鲧禹治水是影响最为广泛的一则神话。在司马迁的笔下，禹是一位无私无畏、三过其门而不入的贤明天子。神话中大胆奇幻的夸张，变幻莫测的情节，被史学家司马迁历史化了，于是神话变成了历史。这些人物，形象雄浑动人，给人以美的享受。尤其重要的是，司马迁通过记叙这些英明帝王的政绩，为后世的帝王树立德政的典范。

2. 来源于现实生活中的传奇人物

这是《史记》英雄人物的主体。韩兆琦先生在《司马迁的审美观》一文认为：司马迁“喜爱英雄人物，喜爱悲剧主题，喜爱豪壮雄伟的气氛、色彩”，真可谓精辟的见解。《史记》中现实生活的英雄人物，主要有以下几类：第一，积极豪迈，勇于建功立业的奇特豪杰。他们为了实现自身的人生价值而进行的创造。勇于创新，胡服骑射的赵武灵王；“九合诸侯，一匡天下”的霸主齐桓公；完璧归赵、智斗秦王、智勇双全的蔺相如；统一六国，首创中央集权制的千古一帝秦始皇；身处穷乡僻壤，敢于揭竿而起，高举反秦大旗的陈胜、吴广；“力拔山兮气盖世”，建立霸王之业，但身死东城的项羽；威震敌国，为汉王朝建立大功的卫青、霍去病；善于运筹帷幄，决胜千里之外的张良、萧何；战无不胜，攻无不克，功高无比最终却被统治者杀害的韩信等。司马迁热情歌颂了他们在历史上建立的丰功伟绩。第二，忍辱负重，百折不挠的“烈丈夫”。他们在尖锐的矛盾冲突中，身处逆境，但却表现出百折不挠的英雄气概。为父兄报仇，历尽艰难，终建功名的伍子胥；遭受刑戮，为人奴而不死，终为汉名将的季布；卧薪尝胆、励精图治，终灭夫差，成就霸业的勾践；受人嫉害，成为残疾，但忍辱负重，围魏救赵的孙膑等。这些人都是“弃小义，雪大耻，名垂于后世”①。第三，“出师未捷身先死，长使英雄泪满襟”的悲剧英雄。这些人物，才华横溢，命运多舛，想作为而不能，最后悲惨死去。治军严整，平定吴楚之乱，却因耿介直谏被饿死在狱中的周亚夫；英才盖世，使匈奴人闻风丧胆的“飞将军”李广，因不甘受辱，最终被迫自杀。今天阅读他们的传记，我们也为之悲哀、扼腕。第四，来自下层的英雄豪杰。这些人物，具有正义之感和高尚的情操。“士

① 张大可：《史记全本新注》，三秦出版社 1990 年版，第 1350 页。

为知己者死”，不畏强暴，勇刺秦王，壮士一去不复还的荆轲；舍身报知己的专诸、聂政；言必信、行必果，尚侠重义，急人之难，急人之困的游侠朱家、郭解；勇于自荐，至楚则定纵重赵，言语得体的毛遂等。这些英雄豪杰的形象，为《史记》锦上添花，使《史记》具有强烈的艺术感染力、更富有浓郁的抒情色彩。对此，明人茅坤《史记钞·读史记法》评议道：“风调之遒逸，摹写之玲珑，神髓之融液，情事之悲愤，则又千年以来，所绝无者。”正因为此，金圣叹把《史记》列为六才子书之一。如此众多的奇异豪杰，使英雄传奇小说悄悄地在《史记》的土壤里成长、壮大。披阅《项羽本纪》，钜鹿之战、鸿门之宴、垓下之围三件历史大事件在我们面前依次闪过，项羽叱咤风云的形象呈现眼前。我们仿佛置身于英雄传奇小说中，荡气回肠。有了《史记》肥沃的土壤，强健的母体，英雄传奇小说终于脱颖而出。

二、《史记》英雄传奇的美学价值

《史记》中众多的英雄人物，栩栩如生，形神具备。“司马迁从根本的实录精神出发，首先他要选择和识别人物，从而选其可信的和重要的事件，适当地安排、剪裁，并加以一定的具体描写，这是司马迁写作历史人物传记的一个创造性的、典型化的过程。”①季镇淮先生的话，说明了《史记》写人叙事，注重文学色彩。金圣叹在《读第五才子书法》中明确指出，《史记》是“以文运事”，即用文学手法写人叙事。司马迁为了突出“奇人”的精神风貌，在描写叙事时，善于选取特异性的故事、特异性的场面。勾践卧薪尝胆，韩信胯下之辱、萧何月下追韩信，张良遇黄石公，荆轲刺秦王，周亚夫军细柳等。在奇特的画面上，活动着奇异的英雄人物，演绎着出奇制胜的故事。《项羽本纪》通过特异性的故事情节，淋漓尽致地表现了项羽英勇善战、所向披靡、直率磊落、慷慨悲壮的非凡气度。此时此刻，作为读者的我们，被作品中的人物、情节、场面所吸引，仿佛身临其境，如见其人，如闻其声。在此关键时刻，司马迁往往插入诗歌、歌谣、谚语，或让英雄人物拔剑起舞，引颈高歌，继续弹奏自己的喜怒哀乐，舒

① 季镇淮：《司马迁》，北京出版社 2002 年版，第 166 页。

展自己的情怀。或通过作者之口，委婉唱出，倾吐作者的思想情感，品评人物。行云流水，跌宕起伏。读着这些清新的诗歌，我们的情绪也会激动起来，与作品中人物的情感产生共鸣。《项羽本纪》中的“垓下歌”唱出了英雄末路的悲哀，我们为之感慨嘘唏；《高祖本纪》中的“大风歌”道出了刘邦思得贤才的愿望，我们也在心里为之呼唤人才的到来；《荆轲列传》中的“风萧萧兮易水寒，壮士一去兮不复还”，把慷慨悲壮的情绪推向高峰。荆轲义无反顾地去了，我们还伫立在秋风里，沉浸在悲凉的气氛中。《李将军列传》中“桃李不言，下自成蹊”的民谚，表现了对李将军的敬仰。《季布栾布列传》中“得黄金百斤，不如得季布一诺”。引用楚人的谚语，赞扬了季布言必信、行必果的崇高品德；《淮阴侯列传》中的“智者千虑，必有一失；愚者千虑，必有一得”。既赞扬了韩信的智慧，又富有深刻的哲理。从中我们可以看出，司马迁在写这些奇人奇事时，为了更好地表现人物的内在情感，以情感人，进而打动读者的心扉，插入了许多诗歌、歌谣、谚语，清新自然，使《史记》锦上添花，大大增强了文章的抒情性。

司马迁偏爱传奇人物，满怀激情歌颂英雄豪杰，使《史记》充满英雄传奇的色彩，具有很高的美学价值。

第一，突破传统思想，体现进步的历史观。《史记》之前的史传文学，所出现的大多是上层人物，衡量人物的标准是统治者的意志。司马迁写作《史记》，是以“实录”为原则，本着“不虚美，不隐恶”的态度，真实记载历史事件和历史人物的事迹。司马迁的高明之处在于，他突破了前人唯帝王将相独尊的观念，超越了当朝统治者的皇权意志，以自己独特的标准来衡量人物。司马迁衡量人物的标准，不是以出身尊卑、官位高低为界限，而是以是否对社会有贡献，是否有值得颂扬的人格品行为标准。这种观点，与当时的封建正统思想有所不同。他在《太史公自序》中云：“扶义俶傥，不令己失时，立功名于天下，作七十列传。”“救人于厄，振人不赡，仁者有乎；不既信，不背言，义者有取焉。作《游侠列传》第六十四。”特别是《项羽本纪》中歌颂了一个失败了的盖世英雄，突破了“成者为王，败者为寇”的迂腐思想。司马迁“隐忍苟活”以待东山再起的生死观、荣辱观，冲破了儒家“杀身成仁”威武不屈的传统观念，表现出一种进步的历史观、人生观。

第二，表现个性意识，寄托自己的理想。在文学活动中，作者通过创作文学作品以表达自己的感受，并试图以此唤起读者相应的感受。司马迁是一个富有浪漫气质的文学家。李陵之祸前，他积极入世，勇于进取，并充满自信心、自豪感。李陵之祸后，他越发感到“意有所郁结，不得通其道也”[①]犹如骨鲠在喉，不吐不快。因此在《史记》的写作中，形成了自己独特的审美观和评价历史人物的价值观，表现自己对理想的执着追求，表现自己强烈的个性意识，使《史记》中存在着“奇”的色彩。汉魏六朝时期，扬雄、应劭、刘勰等人都指出司马迁有“爱奇”倾向。汉代扬雄在《法言·君子篇》中说：“多爱不忍，子长也。仲尼多爱，爱义也；子长多爱，爱奇也。”“爱奇”是司马迁的审美观。“《史记》中的‘奇’有两个层次，一个是表层的，指那些神话、传说、异闻等，一个是深层的，指奇人奇事。”[②]（关于《史记》中的神话、传说、异闻，笔者已在“《史记》与魏晋六朝志怪小说”一文中详细论述）为了雪耻，为了向社会证明自己的价值，他把撰写《史记》这一历史使命看得比自己的人格尊严还重要。现实中建功立业的愿望破灭了，司马迁就把自己的理想追求寄托在这些奇人身上，这些奇人就是自己理想的化身。由此可以看出，司马迁偏爱英雄，歌颂豪杰，是要通过奇人奇事，感慨自己的身世，寄托自己的理想。

第三，体现时代精神，感受浪漫特征。作者的创作个性和具体话语情境，总是受时代的社会生活制约和影响的，作者的作品风格不可避免地带有一定时代特点。司马迁所处时代，正是汉武帝时代。这是一个充满浪漫的时代，一个充满精神和活力的时代。随着政治的发展和经济的繁荣，在思想学术上出现了畅所欲言、各抒己见、追求真理、生动活泼的局面。表现在文坛上，既出现了气象宏大、极尽想象、夸张之能事的汉大赋，又出现了豪迈雄放、气势磅礴的论说文。司马迁是一个富有浪漫气质的文学家，时代的精神、浪漫的特征在他身上得到了完美的体现。当李陵兵败被俘时，司马迁怀着理想的情怀，为李陵辩护；为了写作《史记》，他又怀着理想的抱负，忍辱负重；《史记》中的奇人奇事，正是这种理想抱负、浪漫精神的具体表现。

---

① 张大可：《史记全本新注》，三秦出版社 1990 年版，第 2196 页。

② 张新科：《史记与中国文学》，陕西人民出版社 1995 版，第 154 页。

第四，文章充满阳刚之美，具有雄健的风格。我国古典美学将美分为刚柔两种。“刚”是壮美，即阳刚之美；“柔”是优美。儒家宣扬的“中和”之美，具有优美的表现形式，它既要求艺术的内容与形式的和谐，又要求作者与观赏者之间情感的畅通与矛盾的调和。在中国文学史上，儒家的“中和”思想一直占据主导地位。在《史记》中，司马迁通过赞美英雄人物，描写豪壮雄伟的气氛、色彩，使《史记》具有震撼人心的艺术感染力，从而冲破了“中和”思想，表现出大气磅礴的气势，具有雄健的艺术风格，充满阳刚之美。《项羽本纪》《廉颇蔺相如列传》《田单列传》《游侠列传》《季布栾布列传》《李将军列传》《淮阴侯列传》等文章，如长江大河，浑浩流转，具有一种宏伟奔放、雄健刚劲的独特风格。特别是那些颇具悲剧色彩的英雄人物，如项羽、周亚夫、李广、韩信、荆轲、聂政等，在他们身上体现出人与社会的顽强抗争，表现出一种崇高之美，富有阳刚之气。方孝孺《逊志斋集》云：“《史记》之文，如决江河而注之海，不劳余力，顺流直趋，终焉万里。势之所触，裂山转石，襄陵荡壑，鼓之如雷霆，蒸之如烟云，澄之如太空，攒之如绮縠，回旋曲折，抑扬喷伏，而不见艰难辛苦之态，必至于极而后止。”阐明了《史记》宏大、奔放、刚健的风格。

第五，净化读者的心灵，为世人树立良好的精神榜样。文学作品只有经过读者的接受，才能形成审美对象并实现作品的价值，而净化是文学接受进入高潮的表现。“文学的净化就是指读者在阅读文学作品时，继共鸣之后而不由自主地达到的调节精神、排遣情绪、去除杂念和提升人格的状态。”[①]阅读《史记》，我们眼前浮现出一个个性格鲜明、经历非凡的传奇人物，我们为之震撼，顿生钦佩之情；我们为之动容，倍感痛快淋漓。我们因之激发，理想、奋斗更加坚定。披阅《廉颇蔺相如列传》，我们沉醉在完璧归赵、渑池之会、负荆请罪的艺术境界，暂时忘却了世俗的困扰和人生的烦恼，为蔺相如机智勇敢、大公无私、热爱国家的高贵品质所感动，也由衷地赞赏廉颇豪迈率直，勇于认错的气魄。此时此刻，我们得到一种超凡脱俗、心灵解放的快感。掩卷潜思默想，我们深深体味到：热爱国家，建功立业，是中华民族的美德；大公无私，勇于认错是中华民族的品德。人生的真谛就在于，无私的奉献，自强不息的奋斗。“文学既是

① 童庆炳：《文学理论教程》，高等教育出版社 1998 年版，第 304 页。

形象的，也是理性的。”[①]文学形象自身蕴含有理性的内容，文学的理性总是通过形象来显示的。因此，要求作者在创作中表现新的生活、新的人物，推动社会前进、体现时代脉搏，考虑作品的积极社会效果。在《史记》中，司马迁塑造丰富多彩的英雄人物形象，是为了表达自己对人生的体验，从而为世人树立一种精神榜样。因为在这些英雄人物身上，体现着真善美与假恶丑的斗争，体现着正义与邪恶的斗争，体现着百折不挠的奋斗精神。正如韩兆琦先生在《史记评议赏析》中所说："我们从《史记》中读到的不是无所作为的哀叹，而是为壮丽事业而勇敢奋斗的豪歌；不是一蹶不振的颓丧，而是百折不挠、无所畏惧地进取；不是失败的感伤，而是一种胜利成功的快慰，是一种道德上获得满足的欢欣。它不仅仅激发人们对悲剧英雄人物的同情，更重要的是能召唤人们向这些英雄人物学习，像他们那样，为着远大的理想、崇高的目标而生活、奋斗，乃至献身。”韩先生的评析，精彩而透彻地道出了《史记》豪杰人物的魅力所在。

第六，继承传统文化，孕育英雄传奇小说。先秦时期，无论是历史散文《左传》《国语》《战国策》，还是诸子散文《庄子》，或是文学家屈原等，都对神话、奇人奇事具有浓厚的兴趣，《史记》继承发展了先秦文学的优良传统，使奇人奇事从神的殿堂上慢慢走向人间，迈向普通百姓之间，使英雄传奇小说悄悄地在《史记》的土壤里成长、壮大。

《史记》中丰富多彩的英雄人物，浓郁极致的传奇色彩，使《史记》成为英雄传奇小说产生的土壤，对后世英雄传奇小说影响深远。陈平原先生在《中国小说叙事模式的转变》一文中指出："如果要问哪一种文章体裁影响于中国小说最深，历代小说评论家会毫不犹豫地公推司马迁开创的纪传体。”明清时期以写传奇英雄为主的优秀小说《水浒传》《三国演义》等，都师法学习《史记》。杰出的评点家金圣叹在《读第五才子书法》云："《水浒传》方法，都从《史记》出来，却有许多胜似《史记》处。若《史记》妙处，《水浒》亦是件件有。”说明了《史记》对《水浒传》的影响。清初著名小说评点家毛宗岗《读三国志法》曾云："《三国》叙事之佳，直与《史记》仿佛。”的确如此！从文本角度看，《三国演义》《水浒传》在塑造人物的方法上、虚构故事情节的笔法上，直接汲取了

① 童庆炳：《文学理论教程》，高等教育出版社1998年版，第67页。

《史记》的艺术营养。从精神实质方面看，《史记》英雄豪杰的行为、品德被继承发展，诸如：士为知己者死、路见不平、拔刀相助、舍生取义等情操，成为豪杰们人生的准则、行动的指南。《史记》中引用诗歌、谣谚表情达意的艺术手法也被英雄传奇小说继承发展到一个新的阶段。阅读《三国演义》《水浒传》，令我们荡气回肠的是英雄豪杰的豪迈气概和他们英武的精神风貌。关于《史记》对明清英雄传奇小说的影响，笔者将在“委曲详细，血脉贯通——《史记》对英雄传奇小说的沾溉”一文中详细论述。

（马雅琴，渭南师范学院人文学院教授。）

《史记》思想文化研究

初九阳之微，龙德之潜隐，乃圣贤之在侧陋也。守其道，不随世而变；晦其行，不求知于时；自信自乐，见可而动，知难而避，其守坚不可夺，潜龙之德也。

君子之德：乾卦与《五帝本纪》黄帝形象的契合①

靳 希

君子之德是中华民族坚韧不拔、积极进取、自强不息的精神，以《乾卦》“天行健，君子以自强不息”为其代表。《五帝本纪》中黄帝形象契合了《乾卦》对于君子之德的要求，二者的契合体现出古人在推天道及人道时追求君子之德的共性。

“《史记》成书于汉代经学昌盛之际，受‘群经之首’的《周易》影响甚大。”②司马迁多次在《史记》中提及或引用《周易》。例如《史记·太史公自序》中写到，太史公曰：“先人有言：‘自周公卒五百岁而有孔子。孔子卒后至于今五百岁，有能绍明世，正《易传》，继《春秋》，本《诗》、《书》、《礼》、《乐》之际？’意在斯乎！意在斯乎！小子何敢让焉！”“《周易》特别是《易传》对《史记》影响特别深刻……他的及时立功名的取士标准来自《易传》刚健奋发自强不息的人生观。”③《周易》中刚健奋发自强不息的精神以《乾卦》为代表。《乾卦》追求“天行健”，要求君子要具备强健有力的阳刚之美自强不息。推天及人，《五帝本纪》黄帝契合了《乾卦》对于君子之德的要求，因此二者有很大的可比性。例如，幼时黄帝的神农氏衰微，对应《乾卦》“初九，潜龙勿用”；成年以后黄帝逐渐崭露头角，对应《乾卦》“九二，见龙在田，利见大人”；黄帝自强不息、勤勤恳恳治理百姓，打败炎帝、蚩尤，对应《乾卦》“九三，君子终日乾乾”；黄帝四处征战、勇往直前，对应《乾卦》“九四，或跃在渊”；黄帝得

① 本论文是陕西师范大学“优秀博士学位论文资助项目”（项目编号：X2014YB12）的研究成果。

② 详参刘银昌、张新科：《〈史记〉易学管窥》，《云南社会科学》2005 年第 6 期，第 108 页。

③ 陈桐生：《〈史记〉与〈周易〉六论》，《周易研究》2003 年第 2 期，第 3 页。

到宝鼎，对应《乾卦》“九五，飞龙在天”；黄帝教民顺应四时、节约，对应《乾卦》“上九，亢龙有悔”；黄帝有土德的祥瑞，对应《乾卦》从“用九”开始转向《坤卦》。《乾卦》与《五帝本纪》黄帝事迹体现出的君子之德，这是一种坚韧不拔、勤勤恳恳、自强不息、把握时机、积极进取、进退有度、刚柔相济的品质。

通过《乾卦》与《五帝本纪》黄帝事迹的对比分析，可以看得出《乾卦》与黄帝事迹看似巧合，实则不然。《周易》集儒家思想与道家观念于一体：儒家思想要求君子有仁德；道家观念认为“人法地，地法天”，天地人之间相通相法。“《易传》又将‘天’赋予价值意义，强调‘天人合一’。由天道而人道，由天的变化引申到人类社会的变化，天人之间其有一定的感应关系。”[①]《乾卦》根据宇宙上天变化运行的道理总结而成，天地人相通，人道需要学习《乾卦》中的天道。司马迁将黄帝置于《史记》第一纪“五帝本纪”的开篇，将黄帝立为中华民族共同的祖先。黄帝作为中华民族的“人文始祖”展现出君子之德，后人需要学习黄帝的君子之德。自此，《乾卦》与黄帝因君子之德而产生了契合。君子之德，既是中华传统文化几千年来永不褪色的民族精神，也是社会主义核心价值观对国学的现代传承和实践。

初九，潜龙勿用

“潜龙勿用”是《乾卦》的第一爻。《象》曰：“‘潜龙勿用’，阳在下也。注：阳在下，故勿用。”[②]孔子解释此爻为：“龙德而隐者也。”[③]《新书校注》说：“潜者，隐伏之名。言于此潜龙之时，小人道盛，圣人虽有龙德，唯宜潜藏，勿可施用。”[④]这一爻的卦象是龙处于潜伏状态。因此认为此时圣人虽然有德行，但是时机不成熟，需要潜藏起来，静静地守时。“故易曰‘潜龙勿用’者，言时之

① 张新科：《文化视野中的汉代文学》，中国社会科学出版社 2006 年版，第 111 页。

② 惠栋：《周易述（卷一一象上传）》，中华书局 2007 年版，第 185 页。

③ 惠栋：《周易述（卷一九文言传）》，中华书局 2007 年版，第 349 页。

④ 贾谊：《新书校注（卷六容经）》，阎振益、钟夏校注，中华书局 2000 年版，第 2 页。

不可以行也。”[①]二程的解释同样认为时机不成熟时，应当韬光养晦。“乾以龙为象。龙之为物，灵变不测，故以象乾道变化，阳气消息，圣人进退。初九在一卦之下，为始物之端，阳气方萌。圣人侧微，若龙之潜隐，未可自用，当晦养以俟时。”[②]此时，“勿用”看似没有起到用处，其实在韬光养晦阶段起到了重要作用。“易曰‘潜龙勿用’，而老言无用之用，是道之用。”[③]老子认为此时的“勿用”正是无用之用。无用之用，不招灾祸。在时机不成熟之时，圣人需要依靠坚韧不拔的志向和毅力，韬光养晦等待时机成熟。《五帝本纪》记载黄帝从小就很有灵性，出生不久就会说话：“生而神灵，弱而能言。”[④]他幼年时聪明机敏，长大后诚实勤奋，成年以后见闻广博，对事物看得透彻：“幼而徇齐，长而敦敏，成而聪明。”[⑤]黄帝天生就具有很高的资质，而黄帝幼年的神农氏部落已经衰败：“轩辕之时，神农氏世衰。诸侯相侵伐，暴虐百姓，而神农氏弗能征。”[⑥]这种情况下黄帝所在的神农氏部落就犹如《乾卦》初九所言的穷居下位一般。“初九阳之微，龙德之潜隐，乃圣贤之在侧陋也。守其道，不随世而变；晦其行，不求知于时；自信自乐，见可而动，知难而避，其守坚不可夺，潜龙之德也。”[⑦]在神农氏部落衰败的状况下，黄帝依靠自身的聪慧天资以及勤奋坚忍的意志努力学习、博闻强识，等待着时机的成熟。

九二，见龙在田，利见大人

《乾卦》第二爻：“九二，见龙在田，利见大人。”这一爻是《乾卦》中非常

① 刘安：《淮南鸿烈集解（卷一八人间训）》，刘文典集解，中华书局 1989 年版，第 620 页。

② 程颢、程颐：《周易程氏传（卷一周易上经上 乾）》，见程颢、程颐《二程集》，中华书局 2004 年版，第 695—696 页。

③ 朱谦之：《老子校释（德经 四十章）》，中华书局 1984 年版，第 165 页。

④ 司马迁：《史记（卷一五帝本纪第一）》，中华书局 1959 年版，第 1 页。

⑤ 司马迁：《史记（卷一五帝本纪第一）》，中华书局 1959 年版，第 1 页。

⑥ 司马迁：《史记（卷一五帝本纪第一）》，中华书局 1959 年版，第 3 页。

⑦ 程颢、程颐：《周易程氏传（卷一周易上经上 乾）》，见程颢、程颐《二程集》，中华书局 2004 年版，第 700 页。

重要的一爻。《象》曰："'见龙在田'，德施普也。"[①]《文言》解释为："'德博而化'，故云'德施周普'。"[②]《乾卦》第一爻认为圣人有龙德却需要潜藏勿用，本爻展现出圣人将德行彰显于世。"子曰：龙德而正中者也。"[③]朱熹解释正中为不潜而未跃之时。"易曰：'见龙在田，利见大人。'君德也。"[④]"汉博陵太守孔彪碑曰：龙德而学，学问所以成君德也。"[⑤]"田，地上也。出见于地上，其德已著。以圣人言之，舜之田渔时也。利见大德之君，以行其道。君亦利见大德之臣，以共成其功。天下利见大德之人，以被其泽。"[⑥]前人对于本爻的解释皆强调到了"德"字。"德"，对于龙而言，是从深渊跃到天上的条件；对于君子而言，是由韬光养晦到德行彰显于世的条件。在《五帝本纪》中，黄帝"乃习用干戈，以征不享"。此时的黄帝犹如脱离潜伏状态出现于田野地面、显露头角的龙。在黄帝的作为之下"诸侯咸来宾从"[⑦]，"诸侯咸归轩辕"[⑧]。然而这些距离天下百姓的期待还有一段距离。于是黄帝"乃修德振兵，治五气，艺五种，抚万民，度四方"[⑨]。《文言》曰："'见龙在田'，天下文明。"[⑩]此时的黄帝德行彰显于世，但是此时的黄帝还未从诸侯成为天子。正如此卦的解释："虽非君位，君之德也。"[⑪]因此司马迁依旧以"轩辕"相称。黄帝在彰显德行于天下之后，虽不是天子，但已经具备了君德。

---

① 惠栋：《周易述（卷一一象上传）》，中华书局 2007 年版，第 185 页。

② 李道平：《周易集解纂疏（上经第一 乾）》，中华书局 1994 年版，第 30 页。

③ 惠栋：《周易述（卷一九文言传）》，中华书局 2007 年版，第 350 页。

④ 惠栋：《周易述（卷一九文言传）》，中华书局 2007 年版，第 350 页。

⑤ 惠栋：《周易述（卷一九文言传）》，中华书局 2007 年版，第 358 页。

⑥ 程颢、程颐：《周易程氏传（卷一周易上经上 乾）》，见程颢、程颐《二程集》，中华书局 2004 年版，第 696 页。

⑦ 司马迁：《史记》，中华书局 1959 年版，第 3 页。

⑧ 司马迁：《史记》，中华书局 1959 年版，第 3 页。

⑨ 司马迁：《史记》，中华书局 1959 年版，第 3 页。

⑩ 惠栋：《周易述（卷一九文言传）》，中华书局 2007 年版，第 355 页。

⑪ 程颢、程颐：《周易程氏传（卷一周易上经上 乾）》，见程颢、程颐《二程集》，中华书局 2004 年版，第 700 页。

九三，君子终日乾乾，夕惕若，厉无咎

《乾卦》第三爻："九三，君子终日乾乾，夕惕若厉，无咎。"君子在面临危险处境之时，应当自强不息，"终日乾乾"。孔子在《文言》中说："君子进德修业。忠信所以进德也。修辞立其诚，所以居业也。知至至之，可与言几也。知终终之，可与存义也。是故居上位而不骄，在下位而不忧。"[①]圣人君子即使处于很尊贵的位置，依旧不骄傲，继续进修德行。"君德已著，将何为哉？唯进德修业而已……君子之学如是，故知处上下之道而无骄忧，不懈而知惧，虽在危地而无咎也。"[②]德行修成之时，君子就当建功立业。无论所处的地位高低贵贱，都应当不骄傲、不忧郁，坚持不懈地努力奋斗，并且谨慎行事。如此行事，即使是在危险的处境中也不会有过失。《史记·五帝本纪》中写到黄帝修行德业，整顿军旅，研究四时节气变化，种植五谷，安抚民众，丈量四方的土地。面对进攻欺压诸侯的炎帝，黄帝"教熊罴貔貅豹虎，以与炎帝战于坂泉之野"[③]，打败了炎帝。面对蚩尤叛乱，黄帝"乃征师诸侯，与蚩尤战于涿鹿之野，遂禽杀蚩尤"[④]。打败了炎帝和蚩尤之后，黄帝没有骄傲，他"披山通道，未尝宁居"[⑤]，依旧勤勤恳恳、自强不息地治理天下。这种精神是我们民族精神中最有时代价值的精神之一。郭店楚简讲："穷达以时，德行一也。"正如孔子所言："居上位而不骄，在下位而不忧，故乾乾因其时而惕，虽危无咎矣。"无论身份地位高或者低，都应做到不骄傲不忧愁。勤恳努力地修养自身德行，即使处在危险之中也不会出现过错。

---

① 惠栋：《周易述（卷一九文言传）》，中华书局 2007 年版，第 351 页。

② 程颢、程颐：《周易程氏传（卷一周易上经上 乾）》，见程颢、程颐《二程集》，中华书局 2004 年版，第 700—701 页。

③ 司马迁：《史记》，中华书局 1959 年版，第 3 页。

④ 司马迁：《史记》，中华书局 1959 年版，第 3 页。

⑤ 司马迁：《史记》，中华书局 1959 年版，第 3 页。

九四，或跃在渊，无咎

《乾卦》第四爻："九四，或跃在渊，无咎。"九四爻的关键在于"跃"。《象》曰："'或跃在渊'，进无咎也。"[①]此时，积极进取是不会出错的。但是要注意的是，在"跃"前还有一个"或"字。"渊，龙之所安也。或，疑辞，谓非必也。跃不跃，惟及时以就安耳。圣人之动，无不时也。舜之历试，时也。"[②]孔子在《文言》中说："上下无常，非为邪也。进退无恒，非离群也。君子进德修业及时，故无咎。"[③]君子积极进取需要把握好时机，及时提高道德修养，建功立业。"或跃或处，上下无常；或进或退，去就从宜；非为邪枉，非离群类，进德修业，欲及时耳。时行时止，不可恒也，故云或。深渊者，龙之所安也。在渊谓跃就所安。渊在深而言跃，但取进就所安之义。或，疑辞，随时而未可必也。君子之顺时，犹影之随形，可离非道也。"[④]《五帝本纪》中与"或跃在渊"相对应的是黄帝四处征战所体现出的勇往直前积极进取精神。司马迁具体地记载了黄帝所奔走的大山大川：黄帝"东至于海，登丸山，及岱宗。西至于空桐，登鸡头。南至于江，登熊、湘。北逐荤粥，合符釜山，而邑于涿鹿之阿"[⑤]。黄帝东边抵达了东海，西边到了空桐，南到过长江，北到釜山。四处奔波，建功立业。九四爻的前进态势在此展现得淋漓尽致。黄帝在"九三"爻就如龙安居于深渊之中，然而黄帝没有安于现状，他积极进取，把握好了时机，进德修业提升修养。

---

① 惠栋：《周易述（卷一一 象上传）》，中华书局 2007 年版，第 185 页。

② 程颢、程颐：《周易程氏传（卷一周易上经上 乾）》，见程颢、程颐《二程集》，中华书局 2004 年版，第 696 页。

③ 惠栋：《周易述（卷一九文言传）》，中华书局 2007 年版，第 352 页。

④ 程颢、程颐：《周易程氏传（卷一周易上经上 乾）》，见程颢、程颐《二程集》，中华书局 2004 年版，第 701 页。

⑤ 司马迁：《史记·五帝本纪》，中华书局 1959 年版，第 6 页。

九五，飞龙在天，利见大人

《乾卦》第五爻是："九五，飞龙在天，利见大人。"《象》曰："'飞龙在天'，'大人'造也。"①孔子在《文言》中解释："同声相应，同气相求。水流湿，火就燥。云从龙，风从虎。圣人作而万物睹。"②二程解释说："人之与圣人，类也。五以龙德升尊位，人之类莫不归仰，况同德乎？上应于下，下从于上，同声相应，同气相求也。流湿就燥，从龙从虎，皆以气类，故圣人作而万物皆睹。上既见下，下亦见上。物，人也，古语云人物物论，谓人也。易中'利见大人'，其言则同，义则有异。如讼之利见大人，谓宜见大德中正之人，则其辩明，言在见前。乾之二五，则圣人既出，上下相见，共成其事，所利者见大人也，言在见后。"③有德行的人一旦出现，天下都将看得到。"'飞龙在天'，乃位乎天德。注：体元居正，故位乎天德。《书》曰：'其惟王位在德元。'"④本爻的龙已经居于正位。"进位乎天位也。圣人既得天位，则利见在下大德之人，与共成天下之事。天下固利见夫大德之君也。"⑤《五帝本纪》中，黄帝的德行已经遍布四方，此时"万国和，而鬼神山川封禅与为多焉"⑥。黄帝以大德之君的身份"获宝鼎，迎日推筴"⑦。本爻是《乾卦》龙德最盛的一爻，此时黄帝享有九五之尊的地位。黄帝是有龙德的君子，他从修身修德做起，直到"九五"阶段治理天下德行遍布四方，由小及大，是君子的典范。

---

① 惠栋：《周易述（卷一一 象上传）》，中华书局 2007 年版，第 185 页。

② 惠栋：《周易述（卷一九文言传）》，中华书局 2007 年版，第 353 页。

③ 程颢、程颐：《周易程氏传（卷一周易上经上 乾）》，见程颢、程颐《二程集》，中华书局 2004 年版，第 701 页。

④ 惠栋：《周易述（卷一九文言传）》，中华书局 2007 年版，第 355 页。

⑤ 程颢、程颐：《周易程氏传（卷一周易上经上 乾）》，见程颢、程颐《二程集》，中华书局 2004 年版，第 696 页。

⑥ 司马迁：《史记・五帝本纪》，中华书局 1959 年版，第 6 页。

⑦ 司马迁：《史记・五帝本纪》，中华书局 1959 年版，第 6 页。

上九，亢龙有悔

《乾卦》第六爻爻辞是："上九，亢龙有悔。"这一爻写飞龙上升到最高阶段之后，亢奋过度，过犹不及，因此产生悔恨。"亢龙有悔，穷之灾也。案：此当桀纣失位之时，亢极骄盈，故致悔恨，穷毙之灾祸也。"①孔颖达认为避免这种灾祸办法是保持谦逊的态度，他说："上既以谦得保安，此明无谦则有悔。故引乾之上九'亢龙有悔'，证骄亢不谦之义也。[疏] 此乾上九爻辞也。承上文而言，谦则有终，亢则有悔。"②可见谦逊的态度可以使人即使在如日中天时也能保持头脑清醒，懂得进退有度。"有过则有悔。唯圣人知进退存亡而无过，则不至于悔也。"③圣人懂得进退有度，因此不至于后悔当初的亢进。"王肃曰：穷高曰'亢'。知进忘退，故悔也。"④在《五帝本纪》中，黄帝懂得物极必反、过犹不及的道理。因此黄帝"顺天地之纪，幽明之占，死生之说，存亡之难。时播百谷草木，淳化鸟兽虫蛾，旁罗日月星辰水波土石金玉，劳勤心力耳目，节用水火材物。"⑤黄帝顺应天地四时的规律，推测阴阳的变化，给大家讲解生死的道理，论述存与亡的原因。因为阴阳有变化，生与死相互交替，事物发展到了一定阶段就会走向衰亡，正是"'亢龙有悔'，穷之灾也"这句话的真谛。黄帝顺应四时"顺天地之纪"，知进退"节用水火材物"，带领百姓度过灾祸。

用九，见群龙无首，吉

《乾卦》在六爻之后还有一爻："用九，见群龙无首，吉。""用九"和"用

---

① 李道平：《周易集解纂疏（上经第一 乾）》，中华书局 1994 年版，第 56 页。

② 李道平：《周易集解纂疏（系辞上 第八）》，中华书局 1994 年版，第 574 页。

③ 程颢、程颐：《周易程氏传（卷一周易上经上 乾）》，见程颢、程颐《二程集》，中华书局 2004 年版，第 696—697 页。

④ 李道平：《周易集解纂疏（上经第一 乾）》，中华书局 1994 年版，第 33—34 页。

⑤ 司马迁：《史记·五帝本纪》，中华书局 1959 年版，第 6 页。

六”是《乾卦》与《坤卦》独有的爻辞。“用九者，处乾刚之道，以阳居乾体，纯乎刚者也。刚柔相济为中，而乃以纯刚，是过乎刚也。见群龙，谓观诸阳之义，无为首则吉也。”①天之道，损有余而补不足。亢进之龙不能长存，刚柔相济才是永久之道。《乾卦》于“用九”开始转向《坤卦》，因此有刚柔相济的趋势。因此，古人解释说：“九、六者，爻之变，坤为用，发挥于刚柔而生爻，立地之道，故称用也。”②推天及人，“用九之道，天与圣人同，得其用则天下治也”。由此可见，本爻既是宇宙天道运行的哲理，也是圣人处世的哲理。《五帝本纪》中，黄帝治理天下在建立了一系列丰功伟绩后，具备了土德的祥兆，因此“有土德之瑞，故号黄帝”③。土代表黄色，因此称黄帝。《乾卦》从“用九”开始转向《坤卦》，黄帝也因“土德”而体现出坤德。

通过《乾卦》与《五帝本纪》黄帝事迹的对比分析，可以看得出《乾卦》与黄帝事迹看似巧合，实则不然。《周易》集儒家思想与道家观念于一体：儒家思想中要求君子有仁德；道家观念认为“人法地，地法天”，天地人之间相通相法。“《易传》又将‘天’赋予价值意义，强调‘天人合一’。由天道而人道，由天的变化引申到人类社会的变化，天人之间具有一定的感应关系。”④《乾卦》根据宇宙上天变化运行的道理总结而成，天地人相通，人道需要学习《乾卦》中的天道。司马迁将黄帝置于《史记·五帝本纪》的开篇，将黄帝立为中华民族共同的祖先。黄帝作为中华民族的“人文始祖”展现出君子之德，后人需要学习黄帝的君子之德。自此，《乾卦》与黄帝因君子之德而产生了契合。

《乾卦》与黄帝二者皆被赋予了中华民族精神中最核心、最崇高的寄托——君子之德。因此，《乾卦》与《五帝本纪》的契合体现出古人在推天道及人道时对于君子之德的追求。习近平总书记在《在北京大学师生座谈会上的讲话》中说：“核心价值观，其实就是一种德，既是个人的德，也是一种大德，就是国家

① 程颢、程颐：《周易程氏传（卷一周易上经上 乾）》，见程颢、程颐《二程集》，中华书局2004年版，第697页。

② 惠栋：《周易述》，中华书局2007年版，第5页。

③ 司马迁：《史记》，中华书局1959年版，第6页。

④ 张新科：《文化视野中的汉代文学》，中国社会科学出版社2006年版，第111页。

的德、社会的德。”君子之德，既是中华传统文化几千年来永不褪色的民族精神，也是社会主义核心价值观对国学的现代传承和实践。

（靳　希，陕西师范大学文学院在读博士。）

《史记》中的黄帝形象与汉帝国政制[①]

郭　星

从司马迁的《史记》开始，中国历史的开端正式定位于传说中的黄帝。威廉姆·G. 波尔茨（William G. Boltz）认为，《史记》为刘姓王朝建构了一个政治合法性的神话，即用历史编撰的方法将刘姓皇帝同上古时代的五帝联系在一起，意在建构一种无可争辩的、毫无争议的皇家历史谱系。通过追溯君王的谱系和祖先，帝国统治的政治合法性得以确立。[②]在整个历史谱系当中，黄帝作为起点，是司马迁笔下十分重要的形象。这个形象在《史记》中分别在《五帝本纪》和《封禅书》两处出现，但前后记载差异之大，无法忽视。因此，《史记》中的黄帝形象问题之于司马迁所撰写的帝国历史而言是一个无法绕开的重要问题，本文试对此问题加以探讨。

一、《史记》的古今对照结构与黄帝形象问题

司马迁承父著史遗志，作《史记》以继承孔子《春秋》之道已是学界共识。在司马迁看来，周公制礼作乐乃文教之开端，古今之一大变局，自此以后孔子在礼崩乐坏之际作《春秋》为治国之纲纪，重整周公之礼乐传统，“上明三王之道，下辨人事之纪；别嫌疑，明是非，定犹豫；善善恶恶，贤贤贱不肖；存亡

① 本文为陕西省哲学社会科学基金项目“古罗马与中国两汉文学中的国家想象与文化建构比较研究”（项目编号：2014I04）阶段性成果。

② William G. Boltz, "Myth and Structure of the Shyy Jih", Asiatische Studien, 56.3（2002）: 573—585。

国，继绝世，补敝起废，王道之大者也”[①]。自此五百年之后，司马迁所处的时代是历史又一次重大变革。记录这一变革，思考变革背后的本质，解释变革的内在规律，是作为历史学家的司马迁义不容辞的责任。

逯耀东认为《太史公自序》云：“著十二本纪，既科条之矣。”所以，本纪的写作形式承《春秋》编年之法。以本纪为经，其他的表、书、世家、列传则为经之纬。因此，本纪是统领众事的纲领，其目的为了叙述一个时代的重大历史事件，以及历史发展的主要趋势。所以本纪仅记其大端，至于列传及其他则委曲细事以释本纪。在列传之中，《史记》以《魏其武安侯列传》，为汉武帝时代诸列传之始，而以《汲郑列传》作为诸列传之终，原始察终，叙述汉武帝“一人有庆”的绝对君权形成的过程，并于《汲郑列传》之后，辅以公孙弘为主的《儒林列传》与张汤为首的《酷吏列传》，探索其形成的原因。并以此作为《今上本纪》“内修法度”的开端，也就是“今”之开端，然后以此为基点，向过去寻求其演变与发展的因果关系，于是出现了“古今”之别。[②]

因此，《史记》在整体布局上存在一个古今对照的内在结构。司马迁撰写《史记》的“隐略”就隐于“古今”之中。在诸多的“古今”之别中，作为历史开端的黄帝形象颇为关键。先秦诸典籍当中记载的黄帝千差万别。面对浩繁的典籍，太史公如何取舍？这个问题是思考《史记》黄帝形象的关键。在《五帝本纪》中太史公曰：

> 学者多称五帝，尚矣。然《尚书》独载尧以来，而百家言黄帝，其文不雅驯，缙绅先生难言之。孔子所传《宰予问五帝德》及《帝系姓》，儒者或不传。……予观《春秋》《国语》，其发明《五帝德》《帝系姓》章矣，顾弟弗深考，其所表见皆不虚。书缺有间矣，其轶乃时时见于他说。非好学深思，心知其意，固难为浅见寡闻道也。余并论次，择其言尤雅者，故著为本纪书首。

---

① 司马迁：《史记·太史公自序》，中华书局 1999 年版，第 2491—2492 页。

② 参见逯耀东：《抑郁与超越——司马迁与汉武帝时代》，生活·读书·新知三联书店 2008 年版，第 139、170 页。

这里的一般解释是，司马迁在材料取舍的过程中，以崇实的史家原则，去除了其中的怪诞成分。如前所引《五帝本纪》的太史公曰段落中，司马迁明确提到他叙写黄帝事迹的重要资料是《五帝德》及《帝系姓》。

西汉初年，戴德《大戴礼记·五帝德》有记载：宰我听说黄帝三百年，因而请教孔子“黄帝者人邪？亦非人邪？何以至于三百年乎？”孔子答：“黄帝者，少典之子，曰轩辕。生而神灵，弱而能言，幼而慧齐，长而敦敏，成而聪明。治五气，艺五种，抚万民，度四方。教熊罴貔貅豹虎，以与赤帝战于坂泉之野，三战，然后得行其志。黄帝黼黻衣，大带黼裳，乘龙扆云，以顺天地之纪，幽明之故，死生之说，存亡之难。时播百谷草木，故教化淳鸟兽昆虫，历理日月星辰，极畋土石金玉，劳心力耳目，节用水火材物。生而民得其利百年，死而民畏其神百年，亡而民用其教百年，故曰三百年。”①

可见，“五帝德”一文讨论的核心问题乃黄帝的人性与神性的问题。借由孔子与宰我之对话，文章突出了黄帝“人”的形象，更将其功业表述为治理万民、开创文明，使民蒙利三百年的现世成就。这样的圣王形象，正是司马迁“五帝本纪”述黄帝形象之所本。

因此，“五帝本纪”开首即言：“黄帝者，少典之子，姓公孙，名曰轩辕，生而神灵，弱而能言，幼而徇齐，长而敦敏，成而聪明。”文后又叙：“黄帝崩，葬桥山，其孙昌意之子高阳立，是为帝颛顼也。”这里清楚地表明了黄帝天赋神灵、长而聪明，却是个有生有死的“人”。其后所叙黄帝“修德振兵”以“抚万民”，为平天下而“披山通道、未尝宁居”，为教化万民而“勤劳心力耳目，节用水火财物”。司马迁所记叙的黄帝形象，不仅褪去神话色彩，更是典型的圣王贤君。

对于这个问题，顾颉刚做了一个假设：

五帝的传说到司马迁时代已经发生三百年左右了，在传说里，在文籍里，业已根深蒂固，但只是偏于神话的、奇迹的，或是道家的口气的，司马迁不愿用；惟有“五帝德”中的五帝形象是完全站在儒家的立场上的，与《论语》《孟子》中的尧、舜、禹、汤最相近，可以说是在一种方式之下的，所以虽是很空洞，却

① 见高明：《大戴礼记今注今译》之“五帝德第六十二”，台湾商务印书馆 1975 年版，第 235—236 页。

是仅有的一篇，遂被采用了。（只有“乘龙”的话近于神仙家言，依然不雅驯，所以《史记》里便把这些文字删去了。）①

依据顾氏的推论，司马迁以儒家的立场叙述黄帝的事迹，因此，《史记》中的黄帝形象，才与神话、诸子中所记载的截然不同。然而，顾氏的解释当中，恰恰忽视了一点，即“乘龙”的情节，不仅没有消失，反而更加详细地出现在《封禅书》的黄帝事迹当中。以上观点均无法解释《史记》前后篇章中黄帝形象分殊迥异的问题。

而对《封禅书》的另一种理解则能够用来更为直接地解释这个问题，即它是司马迁讽刺批评汉武帝的劝谏之书，并主张将《五帝本纪》与《封禅书》对照而读。②很明显地，《史记》中存在着两个黄帝，一是《五帝本纪》由传说提炼的历史的黄帝，一是《封禅书》中的神仙黄帝。前者是古，后者是今。《太史公自序》言“略推三代，录秦汉，上记轩辕，下至于兹……”如果再考虑到《封禅书》作为整部《史记》唯一直接记录汉武帝的篇章③，又在其中特别凸显出汉武帝对于黄帝登仙的重视程度的话，那么，司马迁将黄帝与汉武帝作为古今之别的呼应关系则显而易见。但是，仅仅将《封禅书》视为讽刺汉武帝的谏书未

---

① 见顾颉刚：《中国上古史研究讲义》，洪叶文化事业有限公司 1994 年版，第 95 页。

② 明末清初李邺嗣认为：“太史公作《史记》，虽传述古今，而尝自以其意见于叙次中。至为帝王诸本纪，质叙而已。唯诸篇似无所致意，可无深考。余独三复之，谓史公称《尚书》载尧以来，而今自黄帝始。盖‘黄帝本纪’，实太史公之谏书也！当与《封禅书》并读，即可见矣。”（李邺嗣《杲堂文钞》卷四《五帝本纪论》，见《历代名家评史记》，北京师范大学出版社 1986 版，第 320—321 页）李邺嗣的看法受到清末学者薛士学的阐发，他认为李邺嗣将“黄帝纪”视为谏书是得其要领的：《史记》不载三皇之事，岂其才学有所不能哉？盖子长之慨然怀古，而首称黄帝，正为汉武辨其怪诞荒唐之无足信也，如此则方士神仙之言绌矣……方士托言黄帝，以为是天子而圣人者也，以圣人天子而终之铸鼎以作神仙，此真汉武之所甘心矣。史迁盖曰，以臣所闻古黄帝何尝若此，而朝廷方惑于其说，又不能执书策所当考信者而力争之，则《史记》之首称黄帝故阙三皇也。鄞人李邺嗣以为太史公之谏书得其指矣。则夫孝武晚年之悔所云天下岂有神仙者，安知不从读史中来，而子长忠爱之思有以讽之乎。（杨燕起等编，《历代名家评史记》，北京师范大学出版社 1986 年版，第 321—322 页）

③ 逯耀东认为，司马迁撰写史记最先写的就是《今上本纪》，司马迁的史记，汉武帝是绝对的主角。而经过巫蛊之祸的司马迁，在目睹血腥的政治斗争，深刻意识到拥有至高权力的汉武帝的可怕之后，着手删改已经完成的史记，《今上本纪》很有可能就是这个过程中删除的。

免过于简单化和绝对化①。

的确，武帝一朝，黄帝信仰达到高潮。司马迁撰写《封禅书》的针对性是明显的。不过，司马迁虽欲辨明神仙之说“怪诞荒唐”，但是他并不反对封禅，更不反对崇奉黄帝。他在《封禅书》的开首声言：

> 自古受命帝王，曷尝不封禅？盖有无其应而用事者矣，未有睹符瑞见而不臻乎泰山者也。虽受命而功不至，至梁父矣而德不洽，洽矣而日有不暇给，是以即事用希。《传》曰：“三年不为礼，礼必废；三年不为乐，乐必坏。”每世之隆，则封禅答焉，及衰而息。

汉武帝在封禅的过程中，最终抛弃了儒生繁复而含糊不清的封禅仪式，把封禅降低到追求仙人仙药、长生不死的水平上，其中黄帝的神话起到关键的作用。在司马迁看来荒诞不经的黄帝形象恰恰是汉武帝所采信的黄帝形象。因此，将这个帝王所渴慕的黄帝记录下来，恰恰能够反映汉武帝本人对于君王身份的体认。司马迁用这样的方式将远古帝王黄帝与当今的皇帝联系起来，有着更深的用意。

事实上，司马迁理解的黄帝与汉武帝所追求的黄帝形象的分歧，反映的是司马迁理想中的帝国政制与汉武帝实际建立的帝国政制之间的分歧。司马迁的历史书写不仅仅是关于现实历史的记录，还在于对于理想历史模型的建构，现实与理想的对照在《史记》中就转化为今与古的对照，古今之间透露出中国政治思想史的重要线索。

二、天人分际的启蒙维度与帝国政制的冲突

逯耀东先生在《抑郁与超越》中指出，司马迁著《史记》以“究天人之际，通古今之变”对应了一个重要的涉及天人分际与古今分殊的内容：即孔子确立

① 逯耀东认为此说不可信，因为继承父亲司马谈遗志，追随汉武帝巡狩封禅30年的司马迁，不可能仅仅根据一己之恩怨，仅仅以暗嘲讥讽，抒发个人好恶为目的来写作《封禅书》。因此，如实记录汉武帝统治时期划时代的大事件——封禅才是司马迁的核心立场。

六艺传统，使原来集中于王庭的知识转变为普通个体能够获得普及性的文化。从而实现了思想的启蒙以及学术传统与政治统治的分离，此为古，也是天人分际的一次重大突破。而孔子之后的儒生将六艺经典化为六经，重新依附于政治，此为今。[①]《史记》的古今对照结构其根本的落脚点在于今，透过古今之对照，可以展现统一帝国的建立过程中，思想文化与帝国政制的冲突与妥协。

余英时先生认为从周公“制礼作乐”开始，以神为中心的宗教政治秩序，被以“德”为中心的人间政治秩序取代。《尚书·召诰》中，周公告诫成王“不可以不敬德”，并提出“王其德之用，祈天永命”。这里的观念性突破在于，君主的权威合法性来自“德”的积累，“天命靡常”的意思并不在于怀疑天命，而在于强调“德”与受命之间不可分割的关系。周公“制礼”，更新了夏、殷以来的礼乐传统，诚然是一大变动，但其终极关怀则仍沿而未改，即王朝的“天命”问题。孔子在重建“礼”治秩序的努力中，不乞灵于集体的“天命”，而诉诸个体的“仁心”，上自王、侯，下至士、庶，无所不包。从孔子开始，他内向人心重新寻找“礼之本”，最后归宿于“仁”，从而使个体以“仁”的追求为起点接近真理，并以此脱出了王朝“天命”的旧轨道。因此，孔子代表一个“启蒙时代”的到来。[②]刘殿爵《论语》英译本导言论述“天命”的概念时也提道：“在孔子时代的唯一发展，是天命不再局限于君主。所有人都受天命的约束，天要人有道德，人也有责任达到天命的要求。”[③]

天人分际的启蒙维度在于，就个体而言，寻求生命的超越不再依赖于集沟通神人权力于一身的君主，而可以依靠自身的努力来达成；同时这种生命超越的方向也不再是超越此岸人世达致彼岸的鬼神世界，而是现世生命层次的提升。因此，君王身上原来所具有的宗教功能，即沟通神人的中介作用在春秋战国的各家思想当中自然被取消。但是，这种启蒙运动并不可能马上消除旧的思想传统，而它的当下效应是空前地扩大了大多数人民和少数精英之间在信仰上的差距，鬼神信仰的影响在一般民间文化中仍然不小。与此同时，统治者也看到传统信仰

① 参见：《抑郁与超越》，第58—66页，第139页。

② 参见余英时：《天人之际：中国古代思想起源试探》，联经出版事业股份有限公司2014年版，第31、108、109页。

③ D. C. Lau tr., The Analects, Hong Kong: The Chinese University Press, 1992, p. XXVII

在巩固统治方面的正面作用，依然寻求旧的信仰系统对自身统治的支持。从而在事实上又造成了知识精英阶层与统治者之间的紧张关系。直到汉代，经过董仲舒的改造，才使得本已在思想精神层面取得独立地位的知识精英重新融入以君主为权威的政治秩序当中。与之相对应的，就是帝国政制的古今之变。

春秋战国时期，周王和各级诸侯的政治权威越来越多地受到下层贵族的挑战，一种政治权力与宗教权力相分离的思想出现。周天子的权威到后来越来越偏向是一种宗教权威，而不是一种政治和军事权威。但是随着灭国战争的残酷性的增加，恢复和平的愿望也越来越强烈，重新恢复中央集权的呼声也相应增强。孔子对于君主作为礼制秩序顶端的强调对于恢复君主权威的趋势具有重要意义。

到了战国后期，期盼一个一统天下的圣王带来和平，造福万民的理想逐渐成为主流。[①]战国思想家都提出了各自的解决方案，其中以荀子和韩非子的主张最有代表性。荀子希望保证君主至高无上地位的同时，将具体的施政权授予经过严格筛选和训练的辅政者，即具备了高尚道德的政治精英，让他们代替君主管理日常事务。“明君贤臣”相配合来取代“余一人”的绝对专制，即所谓“人主不可以独也。卿相辅佐，人主之基杖也”[②]。而韩非子则坚持突出君主作为整个政制秩序最高权力核心的地位，强调君主权力不能以任何形式进行分割。同时提出，君主施政的基础是公正的法律和合理的制度安排，官吏只要严格执法根据理想君主的意志所形成的法律即可确保政治系统稳定运行。倡导实行合理的制度安排来确保没有圣人美德的君主在施政过程中也不会出错是韩非子反复论述的主题。实际上，无论是韩非子还是荀子，都从不同的角度提出了战国后期的政治思想中普遍存在的君主垂手而治的“无为”政治理念。[③]

然而，当秦始皇开创了统一帝国的皇帝制度，第一次将战国时代存在于思想家脑中构想的帝国付诸实践时，始皇帝创造的“皇帝”称号就在一定程度上意

---

① 参见［以色列］尤锐著，孙英刚译：《展望永恒帝国：战国时代的中国政治思想》，上海古籍出版社 2013 年版，第 53 页。

② 王先谦：《荀子集解·君道》，中华书局 1988 年版，第 244 页。

③ 参见［以色列］尤锐著，孙英刚译：《展望永恒帝国：战国时代的中国政治思想》，上海古籍出版社 2013 年版，第 110—132 页。

味着他抛弃了战国后期思想家所设想的君主“无为”而治的原则。“皇帝”名号不但意味着秦始皇对自身所拥有的人世至上权威的绝对自负，同时也暗示着他对自己绝世功德的无比自信。“皇帝”不但意味着至上权力，同时也意味着至高德行。“皇帝”名号包含有一种深刻的“德”的内涵。“皇帝”之“德”即在于它是天地秩序落实为人间秩序的一种自我创造。①因而，秦始皇直接而积极地插手政治治理的各项事务。因为在他看来，帝国治理无论是依靠大臣还是法律，都是为平庸的君主而设计的，而他自信地认为自己将成为历史上少有的圣人君主。秦始皇将圣人和君主合二为一的做法成为后世帝国制度中皇权神圣化倾向的开端。“帝”之真谛乃在于逐渐凸显其神圣性和权威性。所谓神圣性即为形上之观念，即体现神性或天命；所谓权威性即为形下之权力，即最高世俗权力之标志。②如果说战国后期思想家对于君主制帝国的设想体现了天人分际思想在政制领域的实践的话，那么秦始皇则在一定程度上恢复了将神圣与世俗权力集中于“余一人”的天人合一。这无疑是对孔子以来思想启蒙的一次反动。

汉帝国对于秦朝的教训保持了足够的警醒，因此，汉帝有别于秦帝之处就在于其自我反省意识。其特点是，保留了皇帝的神圣性，但一定程度上放弃了皇帝积极干预政治治理的做法。即一方面强调皇帝的职责，另一方面强调皇帝自己常常不能尽职尽责；以皇帝政治权力绝对性为前提，来对皇帝行政能力有限性进行反思。因而保留秦朝的国家机器架构以及法律系统，但同时放弃了让这个系统高效运行以贯彻皇帝意志的功能。汉初的“无为而治”在一定程度上是恢复了战国时代关于帝国君王的预设，因而将秦始皇所确立的君王神圣性有所弱化。

但是，君主是神还是人，皇帝的肉身存在与永恒神圣性之间的悖论问题是汉初统治者最终要回答的问题。《史记·封禅书》的一个细节透露了玄机。里面提

---

① 参见雷戈：《秦汉之际的政治思想与皇权主义》，上海古籍出版社2006年版，第83页。

② 徐连达、朱子彦的《中国皇帝制度》（广东教育出版社1996年版，第9页）一书写道：“皇帝是高出于人间之王，乃是天人合一、神人合一、代天治民、独一无二，拥有无上权威的人世间的主宰。”刘泽华则认为“皇帝称谓集合了各种君权观念，成为各种权威的集合体，充分体现了君主权威的垄断性……皇帝集天地君亲师的权威于一身，其至上性、独占性、神圣性、绝对性，即使是神明也会自愧不如”。（刘泽华：《中国的王权主义》，上海人民出版社2000年版，第239—240页）

到文帝下诏："秘祝之官移过于下，朕甚弗取，其除之。"这种移过于下的传统本身就体现了皇帝权威的绝对正确性——即使个别的皇帝本人不能做出正确的决定，通过将其个体的过错转移到大臣的身上，从而象征性地实现了皇帝权威的神圣性。神的肉身化，以及神圣性的现世标准导致了中国的皇帝信仰成为人的自我神圣化欲望的表达。至此，超越于人的现世欲望的道德标准崩塌，追逐欲望的满足，个体欲望极度膨胀，自我成神的倾向一发而不可收，到汉武帝时到达了顶点。

因此，司马迁在《五帝本纪》中记录黄帝行封禅前"修德振兵""抚万民""万国和""未尝宁居"，行封禅之后，推贤治民，劳勤心力，节用财物。而《封禅书》中，司马迁写武帝行封禅的同时又写河决、天旱、蝗灾及伐匈奴、南越、朝鲜诸事，两相对比，则深意自显。司马迁以民心向背为君主的天命之关键，君王之修德爱民是为得民心与否之关键。汉武帝不追随修德爱民的上古贤君黄帝，而沉迷于效仿乘龙成仙的黄帝，在司马迁看来实际上是一种自我神圣化的行为，其实是汉武帝将个人欲望凌驾于天道之上。因此司马迁在《汲郑列传》中借汲黯之口直接点出汉武帝"内多欲而外施仁义"的真相。在司马迁看来，黄帝作为上古圣王的典范，其权威的基础在于修德，而非成仙。汉武帝只有关注"人事"，而非"鬼神"，以修德抚民为治政之基，才能真正避免重蹈秦之覆辙。

因此，钱穆有言："盖汉武鄙薄始皇，远慕唐虞。究其所至，仍亦为始皇之所为而止耳。而汉武顾自以为唐虞三代，不知其仍为亡秦之续也。……汉廷学者，至武帝时，几无不谈唐虞三代，而深斥亡秦者。然不知其所高谈所深斥，要亦未出亡秦之牢笼。上者亦不越于战国。此惟司马迁能言之。"①

三、黄帝形象背后的帝国空间秩序

对司马迁而言，天人分际的问题是一个治政问题。②与皇帝制度的建立相关联，天人之际还蕴含着帝国政治对于神圣空间与世俗空间的安排。古代中国的

① 钱穆：《秦汉史》，生活·读书·新知三联书店 2012 年版，第 87 页。

② 徐复观：《两汉思想史》第 3 卷，华东师范大学出版社 2001 年版，第 194 页言："过去的历史，实由政治所支配，这是史公所无法逃避的现实。所以他的思想，不能不落在政治之上"。

政治权力必须将自身置于上述两个空间当中，找到自己的合理位置，从而获得其合法性的根基。从上古时代至武帝朝，空间秩序以天人关系为中心，经历了几次重大的变化，集中反映在“绝地天通”的神话中。

《尚书·吕刑》中记载：

> 若古有训，蚩尤惟始作乱，延及于平民，……苗民弗用灵，制以刑，惟作五虐之刑曰法。杀戮无辜，……上帝监民，罔有馨香德，刑发闻惟腥。皇帝哀矜庶戮之不辜，报虐以威，遏绝苗民，无世在下。乃命重、黎，绝地天通，罔有降格。

《国语·楚语下》中，楚昭王问观射父“绝地天通”的含义，答曰：

> 古者民神不杂。……于是乎有天地神民类物之官，是谓五官，各司其序，不相乱也。民是以能有忠信，神是以能有明德，民神异业，敬而不渎，故神降之嘉生，民以物享，祸灾不至，求用不匮。及少昊之衰也，九黎乱德，民神杂糅，不可方物。……颛顼受之，乃命南正重司天以属神，命火正黎司地以属民，使复旧常，无相侵渎，是谓绝地天通。

《尚书》是“绝地天通”神话最早的记载，而《国语》中观射父对这一神话的解释则反映了春秋时期对于天人关系的普遍理解，并且这种理解一直延续到了汉代。在“绝地天通”的神话中，我们可以明确地看到上古天人关系的演变轨迹：民神不杂—民神杂糅—绝地天通。尽管《国语》中提到“绝地天通”乃是“始复旧常”，然而我们从具体的描绘中可以看到，二者是完全不同的两种状态。前一阶段的民神不杂乃是天人之间各得其序，不相乱也，同时又保持了良好而畅通的交流；而后一阶段，《尚书》中特别强调了“罔有降格”，这就意味着天人之间通过巫师的降神而达致交流的途径被断绝，进而取消巫在上古沟通天人的重要中介作用。《国语》中，观射父将实施绝地天通的主体由《尚书》中的神（上帝）解释为人王颛顼也从另一个层面表明，以巫为中介的人神交互最后被人王独占通天的特权，以挟天命行人间统治而取代。因此，神圣空间与世俗空间经历了平行共存到相互交融再到彻底隔绝的三个阶段。而最后一个阶段的隔绝事实上确立了人王处于神圣空间与世俗空间之间，即天人之际的独一无二的地位，以及其政治权力的不可取代性。借由神圣空间所赋予的权力，人王得以分配其在世俗政治空间的权力格局，从而确立国家权力秩序建立的基础。

周代的统治者就以上述理论为依据建立了自己的“天命”思想。天作为决定人间政治的至高神，在人间拣选符合天的绝对正义、拥有神圣品质的人，赋予其与天沟通的特权，同时也赋予其政治统治的合法性，从而保证了周天子之至高无上且独一无二的权威不可取代。春秋战国礼崩乐坏，原有的权力格局被打破以后，重新建立天地之间、四海之内的帝国空间秩序，成为知识阶层的共同理想。“天下混而为一”的大一统国家政治形式不仅已为士人接受，而且被视为无可置疑的当然之理，并演进为合乎时代品格的帝国思维模式。同时，经过思想启蒙的战国后期，在天人分际基础上，构建人间治世的理想典范成为知识阶层一致的目标。于是，在战国后期初步形成了以“德”为中心的帝国权力秩序设想。在这些构想中，上天与君王的关系以君王的职责与限度为体现，国君权力不是绝对的，而是有条件的。其统治合法性来自人民和神明这两个主要对象。人民要求生活有保障，神明要求祭祀。如果国君不能满足这些要求，就失去了统治合法性，即会招致上天的干预。民、天与君王之间各归其位，从而构成一个完整的政治空间。封禅正是一个君王体现其联结神圣空间与世俗空间的特权并以之宣示其权力合法性的重要仪式。司马迁及其父亲事实上非常重视封禅大典的仪式，司马谈也曾配合儒生方士一起商议封禅大典的具体形制。因此，《封禅书》中写道：

> 昔三代之皆在河洛之间，故嵩高为中岳，而四岳各如其方，四渎咸在山东。至秦称帝，都咸阳，则五岳、四渎皆并在东方。自五帝以至秦，轶兴轶衰，名山大川或在诸侯，或在天子，其礼损益世殊，不可胜记。及秦并天下，令祠官所常奉天地名山大川鬼神可得而序也。

田天的《秦汉国家祭祀史稿》中详细勾勒了秦汉国家祭祀的建立过程，在其中我们不难看出秦与汉在神圣空间与世俗空间关系上的重大变化：

秦人用本国国家祭祀的基本形式，搭建出帝国国家祭祀的框架，又吸收了东方山川、八主等关东地区的祭祀。……它们作为秦代国家祭祀的重要组成部分，也被西汉继承。……如果说在秦代，战国的东方传统进入国家祭祀并造成了一定的影响，那么在西汉武帝朝，借由邹鲁儒生和燕齐方士，东方文化与东方传统大规模复归，直接参与了最高国家祭祀的重塑。①

秦始皇建立了一个以至高无上、严酷苛刻的皇帝为中心，以及能够贯彻皇帝意志的一整套国家机器，从而帮助皇帝将他权力控制的范围延伸到帝国的各个角落。但是，从秦的国家祭祀体系可以看出，秦帝国将原来秦国作为诸侯国的祭祀格局直接放大至整个帝国，对于东方原有的祭祀体系吸收内化并不充分。可以说神圣空间的建构并不能对应世俗空间的扩大，这一点正对应了秦统一之后长期存在的关中东方二元文化格局。某种程度上说，这也是秦迅速崩溃的原因之一。因此，汉帝国的建立者意识到了实现大一统的复杂性。在他们的意识当中，得天命，得民心，实现思想层面的大一统才能免于重蹈秦的覆辙。因此，汉帝国最大限度地包容在文化层面现实存在的东西的二元格局。这样的局面一直到汉武帝才打破。汉武帝最大限度上将关中与东方不同的信仰体系相整合，在秦帝国所建构的神圣空间当中加入了最具代表性的东方传统，并找到二者的结合点，重新建构了汉帝国的神圣空间。黄帝传说就成为神圣空间大一统的关节点。因此，《秦汉国家祭祀史稿》中提道：

甘泉泰畤的太一，则是武帝推立的全新至上神。……不过，此时，太一祭祀尚未体现出与其他祭祀十分不同的特征。……武帝并未十分肯定太一的地位。……在公孙卿构拟的历史中，黄帝所得的这只宝鼎，即泰帝所铸的神鼎。黄帝得鼎书后“迎日推策”，终于“登仙于天”。得自申公的“鼎书”已经预言，武帝得到神鼎后，如能效仿黄帝封禅，便能够像黄帝一样登仙。这也就是公孙卿所谓“得天之纪，终而复始”。

① 田天：《秦汉国家祭祀史稿》，生活·读书·新知三联书店 2015 年版，第 7—8 页。

正是这一番说辞，成了武帝立太一坛的最后触发点。……太一（泰帝）祭祀对武帝最大的吸引力，与“周而复始”的预言相关。武帝笃信自己受天命神策，能与黄帝同功。①

通过甘泉泰畤为中心的神圣空间的建构，武帝朝让整个国家的祭祀体系在承担神圣的职能以外，与世俗政事保持密切的联系。武帝在位57年，临幸甘泉宫75次，诸多帝国的重大决策包括立储在内，都发生在甘泉宫。同时，武帝借祭祀之机，亲至东方地区处理政务、考察官员，进行最直接的管理。《史记》中，司马迁完整记录了汉武帝“外攘夷狄，内修法度”，最终实现了“德归京师”“一人有庆，万民赖之”的大一统局面。在这其中，完整建构帝国的权力空间无疑是一个极为重要的内容。从汉武帝封禅所建立的国家祭祀体系来看，将君王权力与上天的权柄相结合，无限扩大君王在天地之间的地位，并且将先前的神圣空间与世俗权力空间相分隔的帝国空间结构重新合二为一，使其能够相互对应，从而进一步实现天地人集于君王一人的高度专制化的大一统模式。

然而，《史记》以黄帝为开端，司马迁在交代《五帝本纪》的撰写宗旨时讲得很清楚：

维昔黄帝，法天则地，四圣遵序，各成法度……厥美帝功，万世载之。作《五帝本纪》第一。②

其后，《五帝本纪》记叙黄帝功业的时候，特别突出了他抚万民、和万国、得宝鼎，获天受命，然后封禅以敬神的事迹。也就是说，在司马迁看来，作为君王必须能够真正将神圣空间与世俗空间相联结，扮演好天人之际的角色，从而得以封禅来确立其统治的合法权威。

与此相对照，《封禅书》中的黄帝：

且战且学仙，患百姓非其道者，乃断斩非鬼神者。……鼎既成，有龙垂胡髯下迎黄帝。黄帝上骑，群臣后宫从上者七十余人，龙乃上

① 田天：《秦汉国家祭祀史稿》，生活·读书·新知三联书店2015年版，第192—193页。
② 司马迁：《史记·太史公自序》，中华书局1999年版，第2494页。

去。余小臣不得上，乃悉持龙髯。龙髯拔，堕……①

前后两个黄帝的形象，一个是遵循天地时序、勠力为民的君王，而另一个则是与臣民的关系紧张而决绝，斩断一切人间关系的独断式君王。通过这样的两相对照，司马迁在这里暗示了武帝在天人之际扮演君王角色的重大失误，即他忽视了作为神圣空间与世俗空间各从其序的维护者的职责，特别是忽视了自身权威合法性的另一个重要支柱——民，从而可能面临丧失权力合法性的危险。

可以说，从秦始皇开始到汉武帝的帝国空间秩序是逐渐将皇帝与天相结合，神圣空间挤压世俗空间而导致自秦代以来的尊君抑臣，以及无限君权建立的过程。最终，皇帝成为受命于天的至高存在，而否定了君对于天和民的双重责任，进而否定了"人事"。因此，司马迁通过《五帝本纪》中的黄帝功业表明自古帝王均依人力而治，从而明白无疑地批评了汉武帝建立专制集权的过程中过于凸显君王承天命的至高无上的权力，而忽略了作为人君权威建立的德政基础。

因此，《史记》当中的"黄帝"形象问题与全书"究天人之际，通古今之变，成一家之言"的总体目标紧密结合、交相呼应，是司马迁发表自己对于武帝一朝帝国政制看法的微言所在。可以说，司马迁面对汉武帝时代大一统帝国的崛起总体上是认同与赞颂的，他以黄帝作为帝国历史的开端，整体上构建了一个时间与空间上都连贯整一的帝国史。然而，理想中的永恒帝国与现实政制中对于帝国永恒存续的诸多威胁是司马迁所忧虑的，其中最为关键的一点就是皇帝的私欲与帝国的整体利益之间内在的紧张关系。因此，黄帝的形象就不仅仅是一个历史源头这么简单，而涉及理想政制与现实政制的对照是体察国运之兴衰的关节点，即所谓"原始察终，见盛观衰"的创作初衷。

（郭星，西安工业大学教师，文学博士。）

①司马迁：《史记·封禅书》，中华书局 1999 年版，第 1187 页。

西汉道义观的学理形成①

曹胜高

周秦时期，“道义”一词逐渐用来描述社会共识的至高规范。《周礼·天官》中“宫正”一职，有“会其什伍而教之道义”之事②，《管子·法禁》言“圣王之身，治世之时，德行必有所是，道义必有所明”③，《司马法·严位》言战之道有“等道义、立卒伍、定行列、正纵横、察名实”诸事④，《荀子·修身》更言“志意修则骄富贵，道义重则轻王公；内省而外物轻矣”等⑤，皆强调道义为行政之本，可惜仅提及而未进行深入讨论。至秦汉时期，道义观的辨析不断深入，义政论逐步从学说讨论变为意识形态的建构。在这其中，董仲舒解释《公羊春秋》时所确立的政治道义观、司马迁在此基础上以历史经验所形成历史道义观、盐铁辩论中不断明确的国家道义观，深化了此前学者对义政的理解，最终确立了多维的、立体的道义理论体系，成为两汉评骘政治建构、历史进程和行政得失的标准。

① 本文为国家社科基金项目“秦汉国家建构与中国文学格局之形成”（项目批号：12BZW059）阶段性成果。

② 郑玄注，贾公彦疏：《周礼注疏》卷三《宫正》，阮元校刻《十三经注疏》本，中华书局1980年版，第657页。

③ 黎翔凤：《管子校注》卷一四《法禁》，中华书局2004年版，第282页。

④ 司马穰苴：《司马法》卷下《严位第四》，《丛书集成新编》第32册，新文丰出版公司1985年版，第78页。

⑤ 王先谦：《荀子集解》卷一《修身篇第二》，中华书局1988年版，第27页。

一、《春秋繁露》与政治道义观的初成

吕不韦门客、陆贾、淮南王宾客对义政的讨论，已经逐渐超越“义”的本体论阐释，开始关注“义”的运行法则，但他们的兴趣并不在对思想的形而上辨析，而在于如何将“义”确立为行政秩序，使之能够成为处理所有秩序的标准，因而他们只能做理念上的辨析，并没有进行更为系统的逻辑分析。他们对社会正义的探索，却成为思考社会、观察历史的一个视角。

董仲舒治《公羊春秋》，欲以从中寻求大一统之道，将之作为“天地之常经、古今之通谊”①，成为汉之统纪。这种使命感使他既要主动寻求天人相参相应之道，解释天人之间的互动方式，又要总结人道运行的本质，描述历史秩序运行的基本法则。②《春秋繁露》对人道的探寻，是与天道紧密相关的，其《天道施》言：“天道施，地道化，人道义，圣人见端而知本，精之至也，得一而应万，类之治也。”③董仲舒认为天道、地道、人道相辅相成，治理天下要能知本。而人道之本在于“义”，这是天地法则赋予人类运行的秩序；掌握了“义”，就抓住了人道运行的本核，可以执一驭万。《人副天数》又言：

> 天德施，地德化，人德义。天气上，地气下，人气在其间。春生夏长，百物以兴，秋杀冬收，百物以藏。故莫精于气，莫富于地，莫神于天，天地之精所以生物者，莫贵于人。人受命乎天也，故超然有以倚；物疢疾莫能为仁义，唯人独能为仁义。④

天之道德在于普施，地之道德在于运化，而人之道德在于重义。人为天地运

---

① 班固：《汉书》卷五六《董仲舒传》，中华书局 1962 年版，第 2523 页。

② 元光元年《举贤良对策》：“臣谨案《春秋》之中，视前世已行之事，以观天人相与之际，甚可畏也。国家将有失道之败，而天乃先出灾害以谴告之，不知自省，又出怪异以警惧之，尚不知变，而伤败乃至。以此见天心之仁爱人君而欲止其乱也。”以《春秋》所载之天人互动关系作为最基本的视角。

③ 苏舆：《春秋繁露义证》卷一七《天道施第八十二》，中华书局 1992 年版，第 468—469 页。

④ 苏舆：《春秋繁露义证》卷一三《人副天数第五十六》，中华书局 1992 年版，第 354 页。

化的精华，必须要按照天地法则运行，才能得以生存。董仲舒认为天地秩序万世不更，人生于天地之间，自然与天地相参，人之为人（人性）、人之能群（秩序）的基本规则不能改变，这便是与天地之道可以相参的人道。

既然人道参天道、地道，那么人道的合理性便源自天地之道。人对天地之道的遵循，是“义”的本源。《王道通》言：

> 主之好恶喜怒，乃天之春夏秋冬也，其俱暖清寒暑而以变化成功也。天出此物者，时则岁美，不时则岁恶。人主出此四者，义则世治，不义则世乱，是故治世与美岁同数，乱世与恶岁同数，以此见人理之副天道也……
>
> 人主之大守，在于谨藏而禁内，使好恶喜怒必当义乃出，若暖清寒暑之必当其时乃发也，人主掌此而无失，使乃好恶喜怒未尝差也，如春秋冬夏之未尝过也，可谓参天矣。深藏此四者而勿使妄发，可谓天矣。①

君主作为人，可以有好恶喜怒，但君主又受命于天，其好恶喜怒则必须合于天道。这实际是要求君主放弃人之情，而秉持天之性，如此才能实现人道与天道相参。人道之义，在于对天道的体认和践行，君主的喜怒哀乐，应当合乎天道的生长收藏、暖清寒暑之道，这便是“义”的学理来源。②体现在具体的行政措施上，便是按照阴阳的法则，以刑德治国。其《阴阳义》言：“为人主之道，莫明于在身之与天同者而用之，使喜怒必当义而出，如寒暑之必当其时乃发也，使德之厚于刑也，如阳之多于阴也。”③国君行政，重德轻刑，合乎阴阳之道，便是当“义”。如《五行五事》言：“王者能治则义立，义立则秋气得，故义者主秋。”④《如天之为》又言：“春修仁而求善，秋修义而求恶，冬修刑而致清，夏修德而致宽，此所以顺天地，体阴阳。”⑤也就是说，人道是天地施化的结果，循道而行的结果是“义”。

---

① 苏舆：《春秋繁露义证》卷一一《王道通三第四十四》，中华书局1992年版，第330、333页。
② 参见曹胜高：《义政说的学理建构与学说指向》，《古代文明》2013年第3期。
③ 苏舆：《春秋繁露义证》卷一二《阴阳义第四十九》，中华书局1992年版，第341—342页。
④ 苏舆：《春秋繁露义证》卷一四《五行五事第六十四》，中华书局1992年版，第392页。
⑤ 苏舆：《春秋繁露义证》卷一七《如天之为第八十》，中华书局1992年版，第464页。

董仲舒从天道、人道的互动关系上阐释了“义”的来源，是对此前义政学说的补充。孟子所论的出于个人羞恶之心的“义”，本质上是人对自身行为的判断，是一种自居的体认。《淮南子》所论的出于众适之心的“义”，性质上是基于无数个体认同而形成的群体共识。二者皆是立足于人、人群来审视自我，确认“义”是社会存在的必要条件。而董仲舒则从天地秩序中推演出更为高远的法理，从宇宙论的高度对人道的基本特征进行概括，确认“义”是社会存在的充分条件，不仅解释了“义”的本体，而且确立了“义”的实现方式：那就是“义”不是为了满足现实存在，而是为了追求人道运行的完满合理性、天人相参的至上性：

> 变天地之位，正阴阳之序，直行其道而不忘其难，义之至也。是故胁严社而不为不敬灵，出天王而不为不尊上，辞父之命而不为不承亲，绝母之属而不为不孝慈，义矣夫！①

这段话是对《淮南子》“义胜君、仁胜父”观念的延展，即认为“义”是天地秩序在社会秩序中的体现，而作为社会秩序之一的祭祀秩序、君臣秩序、家庭秩序和亲戚秩序，是从属于天地秩序的，是居于下位的理念。因而当天人秩序和人人秩序发生冲突时，应该依照天人秩序去调整人人秩序，这是遵循天人大义的基本要求。

如果说董仲舒从天道论人道的策略，是对秦汉流行的阴阳学说的借鉴，是因应时势变化的与世变通；那么他立足于人性而论义之本性，则是对儒家学说的继承和坚守。如果没有前者，其不可能为汉作制而闻名；如果没有后者，其不可能列为两汉儒宗。在董仲舒看来，人之善性为仁，这是单一的、静态的对人性的理解，是自我道德感的外化；而义则是人之与人相处的法则，是群体道德感的实现。其《仁义法》言：

> 春秋之所治，人与我也。所以治人与我者，仁与义也。以仁安人，以义正我，故仁之为言人也，义之为言我也，言名以别矣。仁之于人，义之于我者，不可不察也……是故春秋为仁义法，仁之法在爱人，不

① 苏舆：《春秋繁露义证》卷三《精华第五》，中华书局1992年版，第87页。

在爱我。义之法在正我，不在正人。我不自正，虽能正人，弗予为义。人不被其爱，虽厚自爱，不予为仁……

义云者，非谓正人，谓正我，虽有乱世枉上，莫不欲正人。奚谓义……是义与仁殊。仁谓往，义谓来；仁大远，义大近。爱在人谓之仁，义在我谓之义。仁主人，义主我也。故曰仁者人也，义者我也，此之谓也……①

仁是人之为人的根本，义是人之能群的法则，人无善性而不能为人，人而无义则不能群，以善性对待别人，以秩序约束自我，这便是“仁造人，义造我”。②这就把孟子所谓的仁内义外落实到了个体体认，就是仁可以通过对他人的态度来判断，义可以通过对自己的约束来省思；仁是个人善性的外化，义则是人类秩序的内化。这样，内在善性外发而外在秩序内化相辅相成，便是作为个人修为的路径。

在先秦儒家的学术视域中，仁、义是两个相辅相成的概念，当二者对举时，仁内而义外，二者合用为仁义之说时，更多用于描述王道的基本特征，即通过发扬国君的仁心，使之担负起家国和天下责任。源自个人仁心的王道说，是先秦儒家理想的政治模式，其要落实到现实之中，必须以义为秩序、以礼为规范，因而其对义的强调，更多是侧重个人修为，使之能够符合“合宜”的原则，彼此合宜、上下合宜而形成一种相互谦让、彼此敬重的秩序形态。而基于天下责任而形成的义政说，则认为人类秩序是与天地俱来的法则，是个人的，更是社会的，这就使得“义”带有明显的外部约束性，即作为群体性的社会共识，其既是内在的个人修为，更是外在的行为法则。董仲舒从天人论阐释了“人道义”是独立于个体认知的外在要求，又从心性论阐明了“义”是道德感于个人内在体验的生发，从充分条件和必要条件两个角度论证了“义”作为社会秩序的必要性和可能性，将之视为上合于天道、下验于内心的法则。这一法则，源自天道的运行，生发于人性的需要，自然成为可以衡量成败、评骘得失的标准，这

① 苏舆：《春秋繁露义证》卷八《仁义法第二十九》，中华书局 1992 年版，第 249—251，253—254 页。

② 苏舆：《春秋繁露义证》卷八《仁义法第二十九》，中华书局 1992 年版，第 255 页。

便是两汉道义观的雏形。

如果联系到《新语》的“义者圣之学”《淮南子》的“君子制义”之言，就能看出秦汉学者试图建构一个用以衡量现实政治行为的尺度。这一尺度是超越于君权、治权之上的，是对人性的总括、是对人类基本价值的思考，以之作为道统，便可审察一家、一国的兴亡，给予肯定或否定；以之作为政统，便可审察一君、一人之成败，给予褒扬或批评。

董仲舒是从学理上确立了“人道义”，认为人类的全部法则都源于天地秩序，且人与天相参相用，人道不是被动地依附天地，而是可以起独立自主的作用。这种独立的作用，使得人道有既可能顺应天道，也可能背离天道，还可能与天道并行，这就有必要对人道与天道之间的互动关系进行思考，并对人道的运行过程进行分析。这种例证性的分析，董仲舒借助于《春秋》，解释了“圣之学”何以体现“义”，通过分析孔子之论阐明了君子何以制义，将蕴含其中的微言作为大义的来源，使原本作为史书的《春秋》成为道义思想的阐释。

在董仲舒眼中，《春秋》之所以列为经，在于其乃“理百物，辨品类，别嫌微，修本末者也”①。其所谓的“修本末”，从著史的角度来看，便是从纷纭复杂的历史事件中，寻找到兴衰成败的根本动因，将之作为解读一个时段一以贯之的脉络；从论史的角度来看，就是总结在作者无微不至的描述之中，所蕴含的用以解释历史何以如此的学理。我们知道，阐释史都是时代史，西汉公羊派对于《春秋》的解读，是春秋的研究史论，更是两汉的思想史料。董仲舒对《春秋》的阐释，正是借助圣学、君子之论阐明其学理的。

从著史的角度来看，董仲舒认为孔子修《春秋》，是探求兴衰成败之因：“孔子明得失，差贵贱，反王道之本。讥天王以致太平，刺恶讥微，不遗小大，善无细而不举，恶无细而不去，进善诛恶，绝诸本而已矣。”②孔子论得失，意在明王道、致太平，以史笔“进善诛恶”，强化王道之治，为后世提供借鉴。③从

① 苏舆：《春秋繁露义证》卷三《玉英第四》，中华书局 1992 年版，第 76 页。

② 苏舆：《春秋繁露义证》卷四《王道第六》，中华书局 1992 年版，第 109 页。

③《春秋繁露义证·精华》：“今春秋之为学也，道往而明来者也，然而其辞体天之微，效难知也，弗能察，寂若无，能察之，无物不在。”见苏舆：《春秋繁露义证》卷三，《精华第五》，中华书局 1992 年版，第 96 页。

论史的角度来看，董仲舒发现了孔子退而修《春秋》的意图，在于借助历史事件，以明确历史是非：“《春秋》正是非，故长于治人。”[①]通过判断政治是非，给王道之治提供历史鉴照，使乱臣贼子惧于历史正义，从而使得一家之主、一国之君不是从个人之私衡量政策，不是从一时之得确定措施，而是担负起对家国、天下的使命，从社会全体之公的高度思考问题。

如果单从著史的角度看，《春秋》不过为一史书而已，然公羊、谷梁乃至汉儒对《春秋》的阐释，侧重阐发孔子著史之立意，分析字里行间所蕴含的经世之道，使之成为探讨人道本质的经书。《服制像》中云：“仲尼之作《春秋》也，上探正天端王公之位，万民之所欲；下明得失，起贤才，以待后圣，故引史记，理往事，正是非，见王公。”[②]赞扬孔子作《春秋》的意图，在于上探寻天道，下关注人道，明确了天人之间的互动关系。天人之间以天为尊，则君须敬天；君臣秩序以君为尊，则臣忠于君。《玉杯》又言，“《春秋》之法：以人随君，以君随天……故屈民而伸君，屈君而伸天，春秋之大义也”[③]。天人秩序不乱，明法天而行政，则君无咎；诚敬奉事而供职，则臣无过，将之视为历史运行的秩序观，作为个人安身立命的修为论。

这种秩序观和修为论，在董仲舒看来，是社会秩序得以稳定的根本，也是《春秋》的基本立意：“春秋之好微与，其贵志也。春秋修本末之义，达变故之应，通生死之志，遂人道之极者也。”[④]人道的核心是“义”，“人道之极”便是大义，即天地、社会运行的根本秩序。其在《正贯》中感慨“《春秋》，大义之所本耶”，在于“援天端，布流物，而贯通其理，则事变散其辞矣”[⑤]，寄托了孔子对人道的思考；《楚庄王》赞叹“《春秋》，义之大者也，得一端而博达之，观其是非，可以得其正法，视其温辞，可以知其塞怨……以故用则天下平，不用则安其身，春秋之道也”[⑥]，认为在看似温和的叙述中，蕴含着严肃的历史是

① 苏舆：《春秋繁露义证》卷一《玉杯第三》，中华书局 1992 年版，第 36 页。

② 苏舆：《春秋繁露义证》卷六《俞序第十七》，中华书局 1992 年版，第 158—159 页。

③ 苏舆：《春秋繁露义证》卷一《玉杯第二》，中华书局 1992 年版，第 31—32 页。

④ 苏舆：《春秋繁露义证》卷一《玉杯第二》，中华书局 1992 年版，第 38—39 页。

⑤ 苏舆：《春秋繁露义证》卷五《正贯第十一》，中华书局 1992 年版，第 143 页。

⑥ 苏舆：《春秋繁露义证》卷一《楚庄王第一》，中华书局 1992 年版，第 12—13 页。

非判断。两汉《春秋》学的使命，便是探求孔子蕴含在其中的人道之义，通过“君子制义”的方式，为汉制提供行政的参照。

以史为鉴，以确立人道运行之理；以经立法，以审查人道运行之义。汉儒认为《春秋》明为史，实为经，经史合一，正在于看到了通过微言大义而对“人道”的发微与总结。两汉以《春秋》决狱，便是意识到《春秋》之中蕴含的道义观，既是历史经验可供借鉴，又是圣人之学可供继承，因而可以成为超越两汉律令之上的法理，不仅可以作为司法实践的参考，更成为两汉立法的凭据。

二、司马迁与历史道义观的形成

董仲舒以天人秩序审视人道运行，以《春秋》作为历史经验解释政治秩序的合理性，从理论层面建构了一个宇宙运行图式和政治运行法则。这个图式和法则，虽可视为董仲舒的总结，却不能将全部知识产权给他。这是因为从阴阳、四时的角度论述帝王之道，是自《庄子》《文子》《黄帝四经》，以至《淮南子》一脉相承的解释，而公羊《春秋》所提供的大一统思路，也是公羊派学者日积月累的结果。董仲舒两合其长，以阴阳、四时作为天人运行要素，以尊王道、正是非作为确立天下一统秩序的要求，使得《春秋》所记载的史实，成为其天人学说的参考和王道学说的证据。

董仲舒对《春秋》的解释以及在此基础上确立的道义观，成为司马迁撰述《史记》的理论依据。在司马迁看来，“汉兴至于五世之间，唯董仲舒名为明于《春秋》”[①]，司马迁认为董仲舒阐明《春秋》的本核在于：“贬天子，退诸侯，讨大夫，以达王事而已矣。”[②]即通过历史事件，确立一个明确的历史秩序观，以之作为历史经验的总结，使之成为后世公共秩序建构的参照。司马迁还特意提到：“齐之言《春秋》者多受胡毋生，公孙弘亦颇受焉。瑕丘江生为《谷梁春秋》。自公孙弘得用，尝集比其义，卒用董仲舒。”[③]通过公孙弘比较公羊诸家之说、《谷梁春秋》之义，最终采用董仲舒对《春秋》的解读。所以，司马迁对董

① 司马迁：《史记》卷一二一《董仲舒传》，中华书局 1959 年版，第 3128 页。

② 司马迁：《史记》卷一三〇《太史公自序》，中华书局 1959 年版，第 3297 页。

③ 司马迁：《史记》卷一二一《董仲舒传》，中华书局 1959 年版，第 3128—3129 页。

仲舒“明于《春秋》”这一带有极度溢美色彩的评价，不仅是因为他曾跟董仲舒学习公羊《春秋》的守师法之辞①，更是因为认同董仲舒对《春秋》的诠释。

司马迁以“究天人之际，通古今之变，成一家之言”作为《史记》撰述的宗旨②，目的不仅在于存史，更在于探求天人秩序、古今成败的关键。既然要揭示天人秩序的运行、分析朝代兴替的原因，就需要寻求到一个客观的评判标准。司马迁在《太史公自序》中用了较大的篇幅阐释自己著史的依据。③按照传统的理解，司马迁“述故事，整齐其世传”“拾遗补艺”“厥协六经异传，整齐百家杂语”，便“成一家之言”。这种简单的整理史料，是任何史官都能完成的工作，绝非司马迁眼中的“一家之言”。那么，司马迁著史的目标为何？一在于在司马迁认为自己著《史记》的动机，是与《诗》《书》《周易》《春秋》《离骚》《国语》《孙子兵法》《吕览》《说难》《孤愤》可以相提并论的，目的在于“述往事，思来者”，阐明“不得通之道”，以“原始察终，见盛观衰”④。二在于司马迁全文保存《论六家要旨》，其“一家之言”之“家”，当能侧身于诸子之中，绝非简单的个人见解，而是学习孔子“修旧起废，论《诗》《书》，作《春秋》”的用意⑤，收拢天下之将废之史文，确立新的历史观。

由此来看，司马迁追述《论六家要旨》的目的，正是要辨析诸家学说之长短，意在确定六家之说中的合理之处，以明确自己“究天人之际”的理据，将之作为自己观察、思考并评价天道、人道运行的学理，从而建立自己观察治道的视角：

---

① 有学者认为司马迁与董仲舒没有师承关系，参见陈桐生《司马迁师承董仲舒说质疑》,《山西师大学报》1994 年第 4 期。即便其不曾受业于董仲舒，其对董仲舒的敬重及《史记》对公羊《春秋》的借鉴，亦不可忽视，参见张强：《司马迁与〈春秋〉学之关系论》,《南京大学学报》2005 年第 4 期。

② 班固：《汉书》卷六二《司马迁传》，中华书局 1962 年版，第 2735 页。

③ 司马迁祖述家事的目的，意在揭橥著史的动因，即确信著史、论史出于家学。这表现在：一方面，“天下遗文古事靡不毕集太史公”，作为史官，其“绍明世、止《易传》，继《春秋》本《诗》《书》《礼》《乐》之际”，是职责所在；另一方面，司马迁追述其父司马谈《论六家要旨》原文并加以分析，绝非简单的保存史料而已，而是辨析六家之说，斟酌损益，以明确自己“成一家之言”的视角。

④ 司马迁：《史记》卷一三〇《太史公自序》，中华书局 1959 年版，第 3300、3319 页。

⑤ 司马迁：《史记》卷一三〇《太史公自序》，中华书局 1959 年版，第 3295 页。

阴阳之术……其序四时之大顺，不可失也。

儒者……其序君臣父子之礼，列夫妇长幼之别，不可易也。

墨者……其强本节用，不可废也。

法家……其正君臣上下之分，不可改矣。

名家……其正名实，不可不察也。

道家……其为术也，因阴阳之大顺，采儒墨之善，撮名法之要，与时迁移，应物变化，立俗施事，无所不宜，指约而易操，事少而功多。①

在司马迁看来，六家的学说指向不同，但却都在试图为如何治理国家进行理念和策略上的探讨，因而六家学说各有所长：

春生夏长，秋收冬藏，此天道之大经也，弗顺则无以为天下纲纪。

若夫列君臣父子之礼，序夫妇长幼之别，虽百家弗能易也。

强本节用，则人给家足之道也。此墨子之所长，虽百长弗能废也。

若尊主卑臣，明分职不得相逾越，虽百家弗能改也。

若夫控名责实，参伍不失，此不可不察也。

其术以虚无为本，以因循为用。无成埶，无常形，故能究万物之情。不为物先，不为物后，故能为万物主。有法无法，因时为业；有度无度，因物与合。②

司马迁绍述乃父的看法，明确指出顺阴阳之道、长幼有礼、强本节用、尊卑有序、循名责实、因循为用为六家之长，是百世不得废、不能易、不能改的纲纪与法则。这些纲纪和法则，便是司马迁用于观察“天人之际”的基本视角。在这其中，只有阴阳、四时言天道，即“春生夏长，秋收冬藏，此天道之大经也”，应该顺应其变化。而其余五家分别从不同角度阐释了人道如何运行：儒家能以尊尊亲亲为礼，墨家能以节葬节用而富国富家，法家能明确职责，名家能循名责实，道家能顺应时势。司马迁以人道为本，以天道为参，审视天道对人道的

---

① 司马迁：《史记》卷一三〇《太史公自序》，中华书局 1959 年版，第 3289 页。

② 司马迁：《史记》卷一三〇《太史公自序》，中华书局 1959 年版，第 3290—3292 页。

影响，尤其重视人道自身的规律及其对天道的顺应，以之究天人秩序。

司马迁著述《史记》所抱有的使命感，在于绍续《春秋》，他借助大夫壶遂的讨论，明确了自己通“古今之变”的原则，是借鉴了“《春秋》以道义”的做法。在司马迁看来，五经各有所本，《易》长于变，《礼》长于行，《书》长于政，《诗》长于风，《乐》长于和，而“《春秋》辨是非，故长于治人”①。所谓的治人，就在于通过历史记载对人事进行评判，为后世树立一个观察历史和改造社会的依据，在社会秩序紊乱时提供拨乱反正的参照。春秋时期之所以为乱世，是因为“察其所以，皆失其本已”②。其本，一是王道秩序，二是公共认知。王道秩序即周礼蕴含的亲亲、尊尊、长长、贤贤的相处之礼，此乃人之能群之行止；公共认知即诸子所论的道、德、仁、义、礼、法等价值观念的整体认同，此乃人之为人之道义。孔子作《春秋》的意图，即通过历史事件，使人意识到礼之紊乱、义之不明，是社会失序的根源，因而其对隐公之后的诸侯进行评判：“上明三王之道，下辨人事之纪，别嫌疑，明是非，定犹豫，善善恶恶，贤贤贱不肖，存亡国，继绝世，补弊起废，王道之大者也。”③只有重新建立王道，才能让社会回归到正常轨道。这个“王道”不是孟子所论的简单的行仁政，而是确立一个足以明辨行政是非、判断秩序得失的价值观，作为解释历史的依据。

董仲舒在元光元年《举贤良对策》中言：“道者，所繇适于治之路也，仁义礼乐皆其具也。……臣谨案《春秋》之文，求王道之端，得之于正。”④认为借鉴《春秋》的经义，便能探求人道的根本，而其中所谓的“道”，便是仁、义、礼、乐。司马迁在此基础上，强化了“《春秋》者，礼义之大宗也”的作用，指出《春秋》是以礼、义作为治道的两手。其中的礼是社会秩序的总和，而义是社会共识的总结，二者相辅相成，才能维持社会的良性运转⑤，《春秋》所道之“义”，表面说的是礼、义之事，实际是通过描述社会秩序如何运行来确立观察

① 司马迁：《史记》卷一三〇《太史公自序》，中华书局 1959 年版，第 3297 页。

② 司马迁：《史记》卷一三〇《太史公自序》，中华书局 1959 年版，第 3297 页。

③ 司马迁：《史记》卷一三〇《太史公自序》，中华书局 1959 年版，第 3297 页。

④ 班固：《汉书》卷五六《董仲舒传》，中华书局 1962 年版，第 2499、2501 页。

⑤ 司马迁接着辨析礼和法的关系，认为礼为禁未然之前，意在约束动机，而法施已然之后，意在衡量结果。约束了动机，执一驭万，自然就能约束结果。

历史的基本角度、评价历史的基本原则，为后世行事提供经验上的参照。

在董仲舒、司马迁看来，孔子修《春秋》的目的，不是单纯保存鲁国史料，也不是记述某段历史，而是通过历史记录评判历史过程，从而树立起一个具有理想色彩的天下秩序模式，使之代表整体社会的公共价值，承载文明发展的历史共识。所以说，司马迁认为"《春秋》以道义"之"义"，正是维系王道的基本法则，是基于天地法则而形成的公共认知，其具有足以承载人类发展要求的公共价值观，能够作为审查历史事件的标准尺度，对历史人物、历史事件、历史进程进行客观评价，以维护人之能存的基本要求、人之能群的公共秩序。

由此来看，司马迁是以"道"审视"天人之际"，以"义"审视"古今之变"，以"协六经异传，齐百家杂语"而成"一家之言"。[①]其所执的道义，是义政论的学理深化，是对仁政、力政的融通。之所以是深化，是将周秦时以基本责任、相互义务作为维系社会运行之义，提升为超越一国一君狭隘的利益而存在的、用于维护天下秩序的公共认知，作为衡量历史是非、评判行政得失的最高标准。之所以是融通，是因为仁政说过于依托个人内在修为去生发，力政力主仰仗外力去强服，而道义说则将先天秩序作为人事法则，通过"合宜"的原则，形成相互尊重、彼此合作的秩序形态，以维持群体的价值共识，使之成为独立于家国之上的公共认知，作为人类尊严、价值和精神的最高准则，作为评判人类行为的根本依据。

三、《盐铁论》与国家道义的辩论

国家作为源自社会关系而又超越其上的社会权力机构，必须承担起社会群体对其寄托的价值要求、秩序期待与文化认同，国家行政系统才能够获得广泛的民意支持，通过行政的合理性，来换取民众的支持，以保证其持续执政的合法性。政府通过行政运作对这些价值要求、秩序期待和文化认同的确认和维护，便是承担了基本的国家道义。被民众视为有责任、有担当的政府，在于其所作所为不仅符合公众的普遍认知，而且符合公共价值的基本立场。

---

① 班固：《汉书》卷六二《司马迁传》，中华书局 1962 年版，第 2724、2735 页。

古代中国常在帝制视角下审视政府承担国家道义的程度，这便是以一君、一王的褒贬作为对象。从官方来看，可以通过谥号进行评判；从民间视之，则以“有道明君”“无道昏君”进行臧否。其评判、臧否的标准，虽然并未如今日干部考核般地列出若干细则，但却有一个相对明晰的尺度作为参照。大而言之，国家行政必须合乎人类的伦理底线、发展的内在要求，这是“作为社会关系总和”的人的本质发展所需；小而言之，国家行政必须合乎社会的群体认知、个体的生活要求，这是作为具体个人的生存所需。大者谓之道，小者谓之义，二者合而言之，便是政府必须同时承担的国家道义。

从历史进程来看，国家道义的确立，常常需要数百年乃至数千年的生存实践、生活总结和理性反思，最终确立出一个族群最为基本的价值观念、秩序认知和社会共识，并将之反映在其国家对于社会组织方式的理解中。其形成的组织前提，是国家的产生和社会关系的确立；其形成的学理前提，则是历史道义观和政治道义观的确立。因为历史观反映的是这个族群对于既往经验或教训的理性总结，政治观体现的则是这个族群对个体与群体、自我与外在关系的基本理解，是衡量天人秩序、人人秩序是否合理的基准。董仲舒的《春秋繁露》和司马迁的《史记》分别对政治道义和历史道义的总结，可以看成他们个人对历史经验和社会秩序的学理概括，更可以视为夏商周秦以来无数学者不断省思的结果。

历史道义观立足于既往，而政治道义观多着眼于理念，二者的影响多在学理和学术层面。一个国家的行政，固然需要基本的理念，也需要基本的经验，但首先需要在行政系统达成共识，有一个相对明确的尺度，用以调适不同利益诉求、不同价值取向、不同个体要求，使得社会关系维持在一个相对稳定又充满活力的区间内。儒家经典所记载的周之礼乐秩序，汉承秦制所延续的秦之行政体系，在汉武帝时期都得到强化，并且依靠汉武帝自身的专断意志得以共存，然而二者势同水火的冲突，却成为西汉行政官员必须面对的难题。

从这个角度审视汉昭帝时期的盐铁辩论，我们就不会将之视为简单的盐铁专卖之争，而可以作为西汉确定国家道义的一场大讨论。作为周之礼乐秩序向往的文学、作为传统价值观念固守者的贤良，与作为秦汉法吏系统训练出来的御史、行政系统养成的大夫们所进行的争论，实际是以盐铁政策作为切入点，对国家应该承担的社会道义、历史责任和群体要求进行了全面的辩论。这使得《盐铁论》不仅具有经济史的意义，而且更具有了思想史的价值。[①]正因为如此，直到 20 年后的汉宣帝时期[②]，桓宽才增广条目将这次辩论加以定稿，班固以“欲以究治乱，成一家之法”作为其撰述目的[③]，正是看到了其立意不在盐铁本身，而在讨论秦汉治道中所蕴含的对国家道义的思考：

一是在经济问题上，国家应该实现富国与富民的平衡。在御史、大夫们看来，国家之所以能够在汉武帝时期“兵革东西征伐，赋敛不增而用足”[④]，正是得益于盐铁专卖，使国家财政收支平衡，御史、大夫显然是站在行政的立场强化国家富足的重要性。文学则认为这是将国家富足和百姓生活割裂开来，而是更强调国家和百姓是一体的：“民人藏于家，诸侯藏于国，天子藏于海内。故民人以垣墙为藏闭，天子以四海为匣匮。”[⑤]认为应藏富于民，才能使得国家从根本上得到富足，故而主张“王者不畜聚，下藏于民，远浮利，务民之义；义礼立，则民化上”[⑥]。从这个视角来看盐铁专卖，文学认为平准、均输、酒榷等制度是与民争利，虽然可以使国家获得暂时的财政支持，但久而久之，却容易在社会上形成重末而轻本的风气，一旦风气形成，百姓便会追求浮利而轻视德行，不重农业生产而重视商贾：“夫导民以德，则民归厚；示民以利，则民俗薄”，所以要真正实现国家的长治久安，应该“崇本退末，以礼义防民欲，实菽粟货

---

① 徐复观认为盐铁辩论体现出了辩论双方不同的政治原则，参见徐复观：《两汉思想史》（第 3 卷），华东师范大学出版社 2001 年版，第 85 页。这些政治原则的差异，正是出于对国家与百姓关系的孰重孰轻的认知不同，贤良文学认为国家应该承担更多的社会责任。

② 或认为《盐铁论》成书于盐铁会议后约 30 年（前 50 年）左右。参见吴慧：《桑弘羊研究》，齐鲁书社 1981 年版，第 480 页；［日］日本自由国民社主编：《中国古典名著总解说》，台湾远流出版实业股份有限公司 1986 年版，第 77 页。赖建诚认为桓宽著书时间约在会议后 10 年（前 70 年）左右，参见其《盐铁论的结构分析与臆造问题》，《中国文化》1996 年第 2 期。黑琨比较《盐铁论》与《史记》用语，认为其应该不早于公元前 66 年，其大体时间约在公元前 66 年至公元前 49 年，乃在盐铁会议后 20 年左右著成的。参见其《〈盐铁论〉成书时间考》，《四川师范大学学报》2003 年第 2 期。

③ 班固：《汉书》卷六六《公孙刘车王杨蔡陈郑列传》“赞”，中华书局 1962 年版，第 2903 页。

④ 王利器校注：《盐铁论校注》卷三《轻重第十四》，中华书局 1992 年版，第 179 页。

⑤ 王利器校注：《盐铁论校注》卷一《禁耕第五》，中华书局 1992 年版，第 67—68 页。

⑥ 王利器校注：《盐铁论校注》卷一《禁耕第五》，中华书局 1992 年版，第 68 页。

财”[①]，而不是由国家利用行政手段敛财夺利。

在文学看来，国家尤其应该有清晰的义利观，因为义利观不仅是一个简单的财政问题，而是涉及国家盛衰的问题：“古者，贵德而贱利，重义而轻财。三王之时，迭盛迭衰。衰则扶之，倾则定之。是以夏忠、殷敬、周文，庠序之教，恭让之礼，粲然可得而观也。”[②]尽管文学没有更为深入的讨论，但却清晰地表明，国家虽然是一姓之家，但国家不是一人、一家统治天下的工具，而是数以千万人、数以百万家组成的社会群体。皇帝、国家行政机构分别作为管理天下的象征和机构，既是社会群体利益的保障者，也是社会关系的调节者，因而国之稳定，取决于一县一郡的稳定；国之富足，取决于一家一民之富足。仓廪实而知礼节，百姓富足，才能有稳定的社会秩序，才能进行良好的教育，才能推广礼让之风，公共利益才能最大化，国家才能长治久安。

二是外交策略上，应该意识到和、战的选择在于是否合乎道义。两派围绕汉与匈奴的关系展开讨论，大夫们认为匈奴“反复无信，百约百叛”[③]，无法德服，也无须德服。而文学则秉持“义之服无义”的信念[④]，强调“地利不如人和，武力不如文德”[⑤]，主张在国际关系上确立一个明确的道义观，即以德服人，以威信人。在《世务》的讨论中，文学针对大夫不能对匈奴讲德的见解，明确说：“……诚上观三王之所以昌，下论秦之所以亡，中述齐桓所以兴，去武行文，废力尚德，罢关梁，除障塞，以仁义导之，则北垂无寇虏之忧，中国无干戈之事矣。”[⑥]认为三王、齐桓公之所以成就王霸之业，正在于其坚信以德服人，才能令人心服口服。针对大夫“欲以诚信之心，金帛之宝，而信无义之诈，是犹亲蹠、蹻而扶猛虎也”的疑虑，文学们坚信《春秋》中“王者无敌”的信念，认为一个国家要在国际上赢得尊重，不是打得过对方，而是让对方不敢打：“天下和同，君臣一德，外内相信，上下辑睦。兵设而不试，干戈闭藏而不用……正近者不以威，

① 王利器校注：《盐铁论校注》卷一《本议第一》，中华书局 1992 年版，第 3 页。
② 王利器校注：《盐铁论校注》卷一《错币第四》，中华书局 1992 年版，第 56 页。
③ 王利器校注：《盐铁论校注》卷八《和亲第四十八》，中华书局 1992 年版，第 514 页。
④ 王利器校注：《盐铁论校注》卷九《论勇第五十一》，中华书局 1992 年版，第 537 页。
⑤ 王利器校注：《盐铁论校注》卷九《险固第五十》，中华书局 1992 年版，第 525 页。
⑥ 王利器校注：《盐铁论校注》卷八《世务第四十七》，中华书局 1992 年版，第 507 页。

来远者不以武，德义修而任贤良也。”[①]这既是取胜于朝廷，又是取胜于道义。

但大夫们却从现实的角度认为：“自古明王不能无征伐而服不义，不能无城垒而御强暴也。”[②]任何道义必须辅助于军事手段才能实行，纯讲德义很难保全自己。文学则明确提出，尽管道义不能解决全部问题，但道义必须是军事行为的前提。他们比较了周秦安天下的策略：“武王之伐殷也，执黄钺，誓牧之野，天下之士莫不愿为之用。既而偃兵，搢笏而朝，天下之民莫不愿为之臣。既以义取之，以德守之。秦以力取之，以法守之，本末不得，故亡。夫文犹可长用，而武难久行也。”[③]武王用道义，以武力取天下，赢得天下的支持，故而周能长久；秦以武力取天下，成功后未能行道义，最终很快灭亡。文学们认为道义是夺取天下的充分条件，而武力则是必要条件。经过辩论，最终御史大夫们也承认应该以德义来应对匈奴：“夫中国天下腹心，贤士之所总，礼义之所集，财用之所殖也。夫以智谋愚，以义伐不义，若因秋霜而振落叶。”[④]以此表明西汉在外交策略上对道义原则达成了共识。

三是社会治理上，国家应该意识到德治和法治的互补。御史、大夫多为法吏，他们习惯性地认为刑罚是治国的有效手段：“绳之以法，断之以刑，然后寇止奸禁”[⑤]，坚持“令严而民慎，法设而奸禁。罔疏则兽失，法疏则罪漏”的传统[⑥]，将刑罚视为社会秩序调整的根本。文学则从法家的学理展开讨论，认为商鞅当初的变法，虽然让秦国迅速强大，但却有一个致命的缺点，即形成了重功利而轻道义、重强制而轻礼让的社会风气：“崇利而简义，高力而尚功，非不广壤进地也，然犹人之病水，益水而疾深，知其为秦开帝业，不知其为秦致亡道也。”[⑦]文学们认为这正是秦国能够忽兴忽亡的文化根源：“今商鞅弃道而用权，废德而任力，峭法盛刑，以虐戾为俗，欺旧交以为功，刑公族以立威，无恩于

---

① 王利器校注：《盐铁论校注》卷八《世务第四十七》，中华书局 1992 年版，第 508 页。
② 王利器校注：《盐铁论校注》卷九《繇役第四十九》，中华书局 1992 年版，第 519 页。
③ 王利器校注：《盐铁论校注》卷九《繇役第四十九》，中华书局 1992 年版，第 520 页。
④ 王利器校注：《盐铁论校注》卷九《论功第五十二》，中华书局 1992 年版，第 542 页。
⑤ 王利器校注：《盐铁论校注》卷十《大论第五十九》，中华书局 1992 年版，第 603 页。
⑥ 王利器校注：《盐铁论校注》卷十《刑德第五十五》，中华书局 1992 年版，第 565 页。
⑦ 王利器校注：《盐铁论校注》卷二《非鞅第七》，中华书局 1992 年版，第 94—95 页。

百姓，无信于诸侯，人与之为怨，家与之为雠……”[①]以此为基点，贤良文学彻底总结了秦法的弊端，认为国家要长治久安，必须推行仁义：“圣王之治世，不离仁义，故有改制之名，无变道之实。上自黄帝，下及三王，莫不明德教，谨庠序，崇仁义，立教化。此百世不易之道也。”[②]在文学眼中，制度是要与时俱进，但所有的变革必须合乎基本的道义，即国家不仅是统治的工具，而且要成为社会关系的协调者、社会矛盾的化解者和群体价值的体现者。

从这个角度看，国家的行政理念和行政决策必须担负起社会的期待，才能在行政过程中坚守正义。贤良们认为汉朝之所以能够立国，正是因为汉初的官员能够秉持道义，而汉武帝之后出现如此多的社会问题，恰恰是官员们缺少坚持道义的勇气：

> 高皇帝之时，萧、曹为公，滕、灌之属为卿，济济然斯则贤矣。文、景际，建元之始，大臣尚有争引守正之义。自此之后，多承意从欲，少敢直言面议而正刺，因公而徇私。故武安丞相讼园田，争曲直人主之前。夫九层之台一倾，公输子不能正；本朝一邪，伊、望不能复……[③]

贤良、文学将矛头直接指向御史、大夫，显然是受到汉昭帝和霍光的默许。也正是以此为契机，他们彻底提出国家必须建立明确的道义观，将之作为衡量国家政策的标准，不是完全遵从上意，更不能按照官场习气去行政。这就需要国家明确以礼义作为立国之本，而不是将权术、利益作为尺度：“礼义者，国之基也，而权利者，政之残也……当此之时，诸侯莫能以德，而争于公利，故以权相倾。”[④]

文学敏锐意识到，政府要担当起政治道义，必须重用有德之君子：“圣主设官以授任，能者处之；分禄以任贤，能者受之。”[⑤]才能使得国家决策出于公义而非出于私利。这是因为“君子时然后言，义然后取，不以道得之不居也。满而不溢，泰而不骄”，并举袁盎、公孙弘、东方朔、主父偃的例子，认为他们有

① 王利器校注：《盐铁论校注》卷二《非鞅第七》，中华书局1992年版，第96页。

② 王利器校注：《盐铁论校注》卷五《遵道第二十三》，中华书局1992年版，第292页。

③ 王利器校注：《盐铁论校注》卷六《救匮第三十》，中华书局1992年版，第401页。

④ 王利器校注：《盐铁论校注》卷三《轻重第十四》，中华书局1992年版，第178—179页。

⑤ 王利器校注：《盐铁论校注》卷四《毁学第十八》，中华书局1992年版，第230页。

君子之贤，是以身为国的榜样。[①]在文学看来，选用君子治国，国家便能够担负起社会道义，政府也容易形成高效的执政团队："上有辅明主之任，下有遂圣化之事，和阴阳，调四时，安众庶，育群生，使百姓辑睦，无怨思之色，四夷顺德，无叛逆之忧，此公卿之职，而贤者之所务也。"[②]汉武帝死后，之所以出现经济疲敝、社会松散的情况，正是因为贤者失位，国家不能承担社会道义，因而必须调整，才能够实现中兴。

任何辩论，如果能够进行，就必须有一个双方共同承认的前提作为讨论的起点；大家的争执是路径不同所形成的差异，这样的辩论才能不断深入，鞭辟入里；必须有一个共同遵循的逻辑，这样的辩论才能在一个维度内进行，而不是鸡同鸭讲般地自说自话。盐铁辩论中，尽管御史、大夫与文学、贤良对汉朝行政措施存在严重分歧，但却都意识到国家必须承担基本的社会道义，才能够获得百姓的支持，才能够合理解决国际冲突，才能够实现长治久安。有了一个基本前提，才能做到理越辩越明，盐铁辩论能够持续下去，就在于双方都在努力寻找如何建构更为合理的汉政，并作为依据改革或者调整。

盐铁会议的召开，尽管初衷是出于霍光与桑弘羊之间的斗争，但客观上却彻底讨论了汉朝立国以来的政治理念、外交策略和治国思路，虽然没有立刻改变汉昭帝时期的行政走势，却通过朝廷大臣与贤良文学的平等辩论，使得大家意识到治理国家，单纯依靠历史传统或者行政惯性，必然不能担负起救弊的责任，而只能走向覆亡，因此就必须适时调整。而这一调整，则需要政治自觉和行政理性。政治自觉，便是自觉意识到国家的性质及其定位，提高国家对公共事务的协调能力，对社会矛盾的调解能力，对百姓诉求的治理能力；而行政理性，则要从可执行的角度，实现行政手段、法律制度和道德教化的均衡发展。汉宣帝即位后所推行的连续大赦、司法改革、重用循吏，以及对匈奴注重德化的策略，正是对盐铁辩论所涉及弊政的回应，使得国家承担了更多的社会道义，得到了官员、百姓乃至匈奴、西域周边民族的响应，实现了西汉的中兴。

（曹胜高，陕西师范大学文学院教授、博士生导师。）

① 王利器校注：《盐铁论校注》卷四《褒贤第十九》，中华书局 1992 年版，第 242—243 页。

② 王利器校注：《盐铁论校注》卷五《刺权第二十》，中华书局 1992 年版，第 256 页。

天人思想与《史记》[1]

段永升

司马迁《史记》是在继承先秦史传散文创作经验的基础上，以“究天人之际”的创作理念，以包罗古今、总揽宇宙的心胸与气度创造出的新的纪传体史书体例，从而成为后世史传文学的圭臬。鲁迅曾云：“武帝时文人，赋莫若司马相如，文莫若司马迁，而一则寥寂，一则被刑。盖雄于文者，常桀骜不欲迎雄主之意，故遇合常不及凡文人。”[2]这里，鲁迅对两司马的文采给予了很高的评价，然对他们的人生际遇、时运却深表同情，同时也揭示了他们不遇的主要原因在于“常桀骜不欲迎雄主之意”，可谓切中肯綮。《史记》的出现创造了西汉史传文学的高峰。司马迁在《报任安书》揭示了《史记》的创作思路和宗旨：“网罗天下放失旧闻，考之行事，稽其成败兴坏之理，凡百三十篇，亦欲以究天人之际，通古今之变，成一家之言。”这样的胸襟气度与魄力，唯有强盛无比、寰区大定、海县清一的大汉王朝才能孕育得出来。

司马迁的《史记》创作于汉武帝时期，正是董仲舒天人感应理论风行的时期。司马迁曾师从董仲舒学习公羊《春秋》。因此，司马迁文学思想也深受董仲舒天人关系思想的影响，表现在《史记》创作中，有如下诸端。

一、君命天授思想与《史记》

司马迁生活在西汉国力最为强盛的汉武帝时代，对于帝国的长治久安抱有极

---

① 本文为国家社科基金重大项目“中外《史记》文学研究资料整理与研究”（项目编号：13&ZD111）阶段性成果。

② 鲁迅：《汉文学史纲要》，人民文学出版社 2005 年版，第 431 页。

强的责任感和使命感。司马迁曾从学于董仲舒，对董仲舒的天人思想多有接受。《史记》之中，也同样体现出了对君命天授思想的重视，并多次阐发，以维护西汉皇权的神圣性与合法性。

《史记》对天人思想的体现首先是其对“君命天授”思想的阐发上。《史记·高祖本纪》云：“故汉兴，承敝易变，使人不倦，得天统矣”①，即明确宣扬汉朝立国，乃是得了天意。此外，司马迁在《史记》的《殷本纪》《周本纪》《秦本纪》《高祖本纪》等篇中对于商、周、秦、汉等王权由来的叙述中，充分体现了他的“君命天授”思想。且看如下两段引文：

> 及西伯伐饥国，灭之，纣之臣祖伊闻之而咎周，恐，奔告纣曰：“天既讫我殷命，假人元龟，无敢知吉，非先王不相我后人，维王淫虐用自绝，故天弃我，不有安食，不虞知天性，不迪率典。今我民罔不欲丧，曰‘天曷不降威，大命胡不至’？今王其奈何？”纣曰：“我生不有命在天乎！”祖伊反，曰：“纣不可谏矣。”西伯既卒，周武王之东伐，至盟津，诸侯叛殷会周者八百。诸侯皆曰：“纣可伐矣。”武王曰：“尔未知天命。”乃复归。②

> 始皇推终始五德之传，以为周得火德，秦代周德，从所不胜。方今水德之始，改年始，朝贺皆自十月朔。衣服旄旌节旗皆上黑。数以六为纪，符、法冠皆六寸，而舆六尺，六尺为步，乘六马。更名河曰德水，以为水德之始。刚毅戾深，事皆决于法，刻削毋仁恩和义，然后合五德之数。③

这里无论是殷纣王相信自己的君权乃上天所授，还是周武王讨伐殷纣王时所宣扬的“尔未知天命”，抑或是秦始皇所信奉的五德终始之说，都是将天子的统治权与上天联系起来，以表明其皇权的合法性。

司马迁在《史记》中反复宣扬这种“君权神授”的思想，是有其明确的现实

---

① 司马迁：《史记》卷八，中华书局1959年版，第394页。

② 司马迁：《史记》卷三，中华书局1959年版，第107—108页。

③ 司马迁：《史记》卷六，中华书局1959年版，第237—238页。

政治目的的。那就是，为大汉王朝皇权合法性寻求理论依据，服务于现实政权。这一君权神授思想表现最为突出的则是对大汉天子政权合法性的宣扬。具体表现在两个方面：

首先，神化高祖刘邦的出身、相貌与经历。《史记·高祖本纪》①开篇即记载了刘邦出世的古朴浪漫的神话："高祖，沛丰邑中阳里人，姓刘氏，字季。父曰太公，母曰刘媪。其先刘媪尝息大泽之陂，梦与神遇。是时雷电晦冥，太公往视，则见蛟龙于其上。已而有身，遂产高祖。"这是说刘邦乃蛟龙之子，宣扬其乃真龙天子。随后又云："高祖为人，隆准而龙颜，美须髯，左股有七十二黑子"，进一步从相貌上神化刘邦。这样的宣扬有些近乎赤裸，于是《史记》又借助他人之口，进行侧面包装："（刘邦）常从王媪、武负贳酒，醉卧，武负、王媪见其上常有龙，怪之。高祖每酤留饮，酒雠数倍。及见怪，岁竟，此两家常折券弃责。"这是借王媪、武负两酒家之口对高祖进行神化，高祖不仅醉酒休息时有龙盘踞其上，而且只要每次留高祖在店内喝酒，酒店卖酒所得的钱就会翻倍，于是这两个酒店老板，每到年末则将高祖赊酒的账券全部撕毁，放弃酒债。此外，《高祖本纪》还通过吕公嫁女、老夫相面、"天子之气"等方法来神化高祖。在这些神话故事中，将高祖真命天子的身份神化到极点的则是"赤帝子"斩"白帝子"的故事：

> 高祖被酒，夜径泽中，令一人行前。行前者还报曰："前有大蛇当径，愿还。"高祖醉，曰："壮士行，何畏！"乃前，拔剑击斩蛇。蛇遂分为两，径开。行数里，醉，因卧。后人来至蛇所，有一老妪夜哭。人问何哭，妪曰："人杀吾子，故哭之。"人曰："妪子何为见杀？"妪曰："吾子，白帝子也，化为蛇，当道，今为赤帝子斩之，故哭。"人乃以妪为不诚，欲告之，妪因忽不见。②

其次，是以五德终始之说来论证汉天子政权的合法性。在秦汉之际，最为人们所普遍接受的君命天授思想是五德终始之说，此外还有三统说和明堂制度等。

---

① 司马迁：《史记》卷八，中华书局 1959 年版，第 341—347 页。

② 司马迁：《史记》卷八，中华书局 1959 年版，第 347 页。

五德终始之说是阴阳五行学说的一部分，是专门以五行相胜原理来解释王朝更迭的一套理论。这一套理论，最初由战国时期齐国人邹衍创立，被秦汉间人所广泛接受，并且将其运用到改朝换代的实际斗争中去。正如顾颉刚所云："汉代人的思想的骨干，是阴阳五行。无论在宗教上，在政治上，在学术上，没有不用这套方式的。……但他们的分类法与今日不同，今日是用归纳法，把逐件个别的事物即异求同；他们用的演绎法，先定了一种公式而支配一切个别的事物。其结果，用阴阳之说以统辖天地、昼夜、男女等自然现象，以及尊卑、动静、刚柔等抽象概念；五行之说，以木、火、土、金、水五种物质与其作用统辖时令、方向、神灵、音律、服色、食物、气味、道德等等，以至于帝王的系统和国家的制度。"①可见，阴阳五行思想已成为汉人的思维模式，渗透到汉人社会生活的方方面面。

司马迁《史记》也以五德终始之说来解释大汉政权合理性与合法性，从而为汉王朝的政权寻找到君命天授的神学依据。《汉书·郊祀志》载：

> 二年冬，东击项籍而还入关，问："故秦时上帝祠何帝也？"对曰："四帝，有白、青、黄、赤之祠。"高祖曰："吾闻天有五帝祠，而四，何也？"莫知其说。于是高祖曰："吾知之矣，乃待我而具五也。"乃立黑帝祠，名曰北畤。②

从这段生动的记载中，我们可以看出刘邦对于阴阳家的五帝系统相当熟悉。接着，刘邦就以邹衍的五德终始之说来解释自己政权的合法性。依据邹衍的理论，做天子的一定是得了五行中的一德，且这一德是能够克胜前一王朝的那一德的，此乃五行相胜原理。五行相生的顺序是：木生火，火生土，土生金，金生水，水生木，……；其相胜（即相克）的顺序则为：木胜土，土胜水，水胜火，火胜金，金胜木，……。如周为火德，秦取而代之，则秦为水德。依此而推，则汉当为土德。而刘邦或许因为秦朝国祚短命，不配在五德的大循环之中占有一席之地，故而以水德而自居，表明自己是直接克胜周之火德而来，遂沿

① 顾颉刚：《汉代学术史略》，东方出版社 1996 年版，第 1 页。

② 班固：《汉书》卷二五上，中华书局 1962 年版，第 1210 页。

袭了秦朝的服色制度。

汉文帝时，有儒士贾谊、公孙臣等便认为高祖之做法不妥，于是纷纷提出了改德的建议。他们认为秦得水德，汉受而代之，汉当为土德，并各自草拟了新的仪法。只因当时有张苍等一批老臣的反对，土德制度未能施行。

汉武帝时期，诏贤良对策，首先策问的就是天子受命问题。汉武帝向董仲舒提出天人关系的问题："三代授命，其符安在？灾异之变，何缘而起？性命之情，或夭或寿，或仁或鄙，习闻其号，未烛厥理。"[①]因此，受天命而改德仍然是汉帝国首先必须解决的问题。于是，汉武帝重用赵绾、王臧等大臣重新讨论改历法、易服色之事，因窦太后笃信"黄老之学"，从旁阻止，故改德之事一直未得施行。直到窦太后去世后，汉武帝才将改德付诸行动，并宣布公元前104年为太初元年，"以正月为岁首。色上黄，数用五，定官名，协音律"[②]，最终确立了土德之制。

那么，受命天子何以要改正朔、易服色呢？"就因新王是受命于天的，不是继承前王的。倘使一切照了前王的制度，那和继承前王的还有什么分别？受命的王原是上天所特别提拔的人，一个人奉事他的父亲尚且要先意承旨，何况是天。现在上天特别提拔了你，然而你竟没有把旧制度变更一点，显不出这提拔的好意，这是天的意思吗！所以迁都城、换称号、改正朔、易服色，都不为别的，只是为着上天的意思，表示自己是新受天命的人罢了。"[③]如此说来，受命天子即位后，所做的这些改制之事，目的只有一个，那就是以上天的名义宣告自己接受大统的合法性。

司马迁的君权神授思想与先秦时期所不同的是：他认为天意即为民心，统治者只有施行仁政，仁爱百姓，以百姓心为心，才有资格君临天下。司马迁在《秦始皇本纪》中引用贾谊《过秦论》全文就充分地论证了"天意即民心"的问题，民心向背决定了君权的稳固与否。司马迁的这一天人思想，在《史记》的其他篇章中也多有表现。

---

① 班固：《汉书》卷五六，中华书局1962年版，第2496页。

② 班固：《汉书》卷六，中华书局1962年版，第199页。

③ 顾颉刚：《汉代学术史略》，东方出版社1996年版，第44页。

二、天人合一思想与《史记》

天人合一思想在《史记》中表现得相当充分，具体而言，可以分为以天合人的人本思想和天人合一的散文结构两方面。

（一）以天合人的人本思想

以天合人的人本思想在《史记》中有充分的表现。《史记》是西汉史传散文的最高代表，以本纪、世家、列传、书和表五种体例相互配合，相互补充，构成一个有机整体。《史记》所开创的史传散文传统，既有极高的史料价值，又具有极高的文学价值。正如胡适评价史传文学价值时说："给史家作材料，给文学开生路。"[①]这话也同样适用于对《史记》史传之文的评价。《史记》创作体现出了鲜明的人本主义倾向。从天人关系思想角度来看，则是天人之际，以人为本。这主要体现在以下三个方面：

首先，以人物为中心，结撰全书的著述思想。《史记》五体之中《本纪》《世家》《列传》三部分占了全书五分之四的篇幅，皆以人物为中心，结构散文，安排事件的。这些人物传记的编排，有以人物名号为名者，如《高祖本纪》《吴太伯世家》《伯夷列传》；有以类为名者，如《五帝本纪》《外戚世家》《刺客列传》；有以朝代或国家为名者，如《夏本纪》《殷本纪》《楚世家》等，都从篇章结构上显示出《史记》的人本思想。司马迁以《史记》窃比《春秋》，但又能突破《春秋》的局限，对历史的记载由以事件为中心转移到以人物为中心，通过对人物命运的记叙和描写来表达自己对人生命运的思考和体验。朱自清曾云："《史记》共一百三十篇，列传占了全书的过半数；司马迁的史观是以人物为中心的。他最长于描写：首先，以人物为中心结撰全书。从结构上看，《史记》五体中《本纪》《世家》靠了他的笔，古代许多重要人物的面形，至今还活现在纸上。"[②]再者，从史书的角度来看，《史记》之纪传体与之前的编年体、国别体、语录体等史书皆不同，以人物为主体来结撰全书，本身就是对人的重视，凸显了《史记》的人本精神。

---

① 胡适：《四十自述 · 自序》，中国华侨出版社 1994 年版，第 4 页。

② 朱自清：《经典常谈》，中华书局 2009 年版，第 65 页。

司马迁生活于汉武帝时代，是儒家独尊地位尚未巩固之时，再加上其以儒、道为主博采众家之长的治学理念，使得其思想成分并非纯粹的儒家。因此，司马迁对人物的评价标准也自然不是纯儒家的。正如班固《汉书·司马迁传》中所批评的那样："其是非颇谬于圣人，论大道则先黄老而后六经，序游侠则退处士而进奸雄，述货殖则崇势利而羞贱贫，此其所蔽也。"①《史记》臧否人物并非以纯儒家伦理要求，而是以人性美丑为准据；并非以社会地位高卑，而是以历史功绩之大小为旨归；并非以穷通成败，而是以人格优劣为标准。如项羽是一个失败者，俗语云"成者王侯败者寇"，然而《史记》却将项羽列于本纪之中，以表彰其灭秦的历史功绩，并且将《项羽本纪》置于《高祖本纪》之前，司马迁对项羽和刘邦之评价便在这次序的排列上得以体现。再者，"文中又把项羽写成一个虽暴躁却又浑憨可爱的角色，其英雄末路，令人怜惜。与之相较，刘邦反像一个伪君子"②。不惟刘邦和项羽，《史记》中对于不得志的英雄如屈原、贾谊、李广等深切同情；对于失败的英雄如李陵、项羽等的扼腕叹息；对于成功的英雄如终军、傅介子、卫青、霍去病、苏武等大加赞赏。这些英雄人物身上所体现出来的都是人性之美与人格之高尚。《史记》所歌颂和赞扬的乃是纯美的人性，是对汉民族精神、民族正气的彰显与高扬。黄仁宇也说："司马迁和班固一样，自称是周公和孔子的信徒。可是今日我们一打开《史记》，随意翻阅三五处，即可以体会到作者带着一种浪漫主义（romanticism）和个人主义的作风，爽快淋漓，不拘形迹，无腐儒气息。"③司马迁对人物的评价虽"不拘形迹"，但有其一以贯之的标准。那便是人性的真善美。

其次，天意即民心，天下兴亡得失，在人不在天。《史记》在记述帝王朝代更替时，尤其强调统治者的人为，也就是修德。五帝三王均以修德而得天下，而桀、纣、幽三位暴君均以无德而失天下。《史记·殷本纪》云：

汤出，见野张网四面，祝曰："自天下四方皆入吾网。"汤曰："嘻，尽之矣！"乃去其三面，祝曰："欲左，左。欲右，右。不用命，乃入

① 班固：《汉书》卷六二，中华书局1962年版，第2737—2738页。

② 黄仁宇：《赫逊河畔谈中国历史》，三联书店1992年版，第17页。

③ 黄仁宇：《赫逊河畔谈中国历史》，三联书店1992年版，第17页。

吾网。”诸侯闻之，曰：“汤德至矣，及禽兽。”

西伯归，乃阴修德行善，诸侯多叛纣而往归西伯。西伯滋大，纣由是稍失权重。……纣愈淫乱不止。微子数谏不听，乃与大师、少师谋，遂去。……周武王于是遂率诸侯伐纣。纣亦发兵距之牧野。甲子日，纣兵败。纣走入，登鹿台，衣其宝玉衣，赴火而死。①

由此可知，汤与西伯之所以能够得天下，皆因能够修德以保民，而纣王之所以失天下，则因其淫乱而不纳谏。因此，司马迁认为天下得失的关键在于统治者的德行。这种思想其实就是对董仲舒的天人感应和符瑞灾异思想的继承。如《史记·天官书》云：“日变修德，月变省刑，星变结和。凡天变，过度乃占。国君强大，有德者昌；弱小，饰诈者亡。太上修德，其次修政，其次修救，其次修禳，正下无之”②，也是强调统治者在“天变”的情况下，修德、修政的重要性，即修德、修政甚至可以改变天意。

在《史记》中，司马迁有时直接将民心表述为天意。如《史记·六国年表》云：“秦始小国僻远，……然卒并天下，非必险固便形势利也，盖若天所助焉。”③这里所说的“天助”即是民心向背，秦国之所以能够统一天下，完全是因为其统治者能够修德，天下贤才归顺的原因。这一点我们可以通过《史记》的人物传记得到证明。《史记》七十列传中，为秦将所作的就有《商君列传》《苏秦列传》《樗里子甘茂列传》《穰侯列传》《李斯列传》《蒙恬列传》《范雎蔡泽列传》《吕不韦列传》《白起王翦列传》等九传，占到了全部列传的八分之一。而这些秦将，大多数都不是秦国人，却能为秦国所用，在秦国一展宏图，秦国统一天下当然就是“天助”的结果了。

关于这一点，《史记》借刘邦之口，表达得最清楚。刘邦在总结自己何以得天下，而项羽何以失天下的原因时说：“夫运筹帷帐之中，决胜于千里之外，吾不如子房。镇国家，抚百姓，给馈饷，不绝粮道，吾不如萧何。连百万之军，战必胜，攻必取，吾不如韩信。此三者，皆人杰也，吾能用之，此吾所以

① 司马迁：《史记》卷三，中华书局1959年版，第95、107—109页。

② 司马迁：《史记》卷二七，中华书局1959年版，第1351页。

③ 司马迁：《史记》卷一五，中华书局1959年版，第685页。

取天下也。项羽有一范增而不能用，此其所以为我擒也。”[①]不仅仅是这三位人杰愿意归顺刘邦，还有如曹参、留侯、陈平、绛侯、张耳、彭越、黥布、淮阴侯、韩王信等贤臣良将，皆归于刘邦麾下，为其打天下、治天下。司马迁通过自己对历史事实的叙述，对历史演变的剖析，对天人关系做出了新的诠释：天意即是人心，得天之助就是得人之助，天意就是人的集体意志的体现。司马迁“究天人之际”正是通过探究天人之间关系的方式，确立起了他自己“以人为本”的史传散文创作思想。

再次，对个体生命价值和意义的凸显。司马迁《报任安书》：“人固有一死，或重于泰山，或轻于鸿毛，用之所趋异也。”[②]司马迁对孔子所说的“君子疾没世而名不称”非常赞赏，还特别主张“君子”当排除一切艰难困苦，建功立业，扬名后世。司马迁对那些“倜傥非常之人”极为推崇：

> 昔西伯拘羑里，演《周易》；孔子厄陈蔡，作《春秋》；屈原放逐，著《离骚》；左丘失明，厥有《国语》；孙子膑脚，而论兵法；不韦迁蜀，世传《吕览》；韩非囚秦，《说难》《孤愤》；《诗》三百篇，大抵圣贤发愤之所为作也。此人皆意有所郁结，不得通其道也，故述往事，思来者。(《史记·太史公自序》)[③]

> 太史公曰：“先人有言：‘自周公卒五百岁而有孔子，孔子至于今五百岁，有能绍而明之，正《易传》，继《春秋》，本《诗》《书》《礼》《乐》之际。’意在斯乎！意在斯乎！小子何敢让焉！”(《汉书·司马迁传》)[④]

> 所以隐忍苟活，函粪土之中而不辞者，恨私心有所不尽，鄙没世而文采不表于后也。(《汉书·司马迁传》)[⑤]

以上引文，说明司马迁不仅对著书立说的历史人物个人价值的实现有着极高

---

① 司马迁：《史记》卷八，中华书局1959年版，第381页。
② 班固：《汉书》卷六二，中华书局1962年版，第2732页。
③ 司马迁：《史记》卷一三〇，中华书局1959年版，第3300页。
④ 班固：《汉书》卷六二，中华书局1962年版，第2717页。
⑤ 班固：《汉书》卷六二，中华书局1962年版，第2733页。

的评价，而且对自己个人人生价值的实现也极为重视。司马迁极为自信，认为自己就是继周公、孔子之后五百岁而诞生的能“正《易传》，继《春秋》，本《诗》《书》《礼》《乐》之际”且“能绍而明之”的那个人。这也是司马迁在遭到腐刑之后，能够隐忍苟活的真正原因：他的使命没有完成，他的“私心”没有满足，其人生价值和意义就在于要著述“成一家之言”的《史记》。不仅如此，司马迁对建立不世功勋的历史人物也是满怀激情地予以歌颂，诸如管仲、伍子胥、商鞅、苏武、卫青、霍去病等，而写得最精彩的则是那些失败的英雄，如陈涉、项羽、李广等。司马迁史传散文对风流倜傥的英雄人物的塑造和歌颂，本身就是对人的个体生命价值的体认和凸显。

《史记》的人物来源相当广泛，上至帝王将相、宫嫔后妃，下至贩夫游勇、市井俚俗等，无不刻画得惟妙惟肖、入木三分。可以这样说，一部《史记》就是一个自上古起三千年间历史人物的画廊，不仅塑造了大汉精神的脊梁，彰显了人性之美，同时也成为后世文学如戏剧、小说等文学样式的题材宝库。

（二）天人合一的散文结构

《史记》的结构深刻地体现了天人合一的思想。汉人的思想大都处于天人思想的影响之下，司马迁也不例外，天人合一思想已内化为他的一种思维模式。“史记五体”各体之数目均依据古代的数理理论而排定。这种依数编纂的结构框架和与天地并生、参天地之心而成章生文的思维模式，本身就体现了《史记》之结构安排具有“究天人之际”的沟通天道与人事、自然与社会的目的性。如《文心雕龙·原道》云：

> 文之为德也大矣，与天地并生者何哉！夫玄黄色杂，方圆体分，日月叠壁，以垂丽天之象；山川焕绮，以铺理地之形；此盖道之文也。仰观吐曜，俯察含章，高卑定位，故两仪既生矣。惟人参之，性灵所钟，是谓三才。为五行之秀，实天地之心，心生而言立，言立而文明，自然之道也。①

刘勰认为文之德极其广大普遍，与天地并生，日月乃天之文，山川为地之

① 刘勰著，范文澜注：《文心雕龙注》，人民文学出版社 1962 年版，第 1 页。

文。只有万物之灵的人与日月山川的大自然之文相配合，才能彰明文采。这讲的也是天人合一的道理。关于《史记》天人合一的结构思想，司马迁有着充分的自觉。因此，《史记》的总体构思有着明显的法天思想，以人事合天道，从而达到天人合一的境界。对此，《太史公自序》有一段明确的表述：

周罗天下放失旧闻，王迹所兴，原始察终，见盛观衰，论考之行事，略推三代，录秦汉，上记轩辕，下至于兹，著十二本纪，既科条之矣。并时异世，年差不明，作十表。礼乐损益，律历改易，兵权山川鬼神，天人之际，承敝通变，作八书。二十八宿环北辰，三十辐共一毂，运行无穷，辅拂股肱之臣配焉，忠信行道，以奉主上，作三十世家。扶义俶傥，不令己失时，立功名于天下，作七十列传。凡百三十篇，五十二万六千五百字，为太史公书。①

这是司马迁撰十二本纪、十表、八节、三十世家、七十列传的整体构想，其目的是以人事变迁与天道运行相吻合，充分体现出司马迁的法天思想。司马迁以众星拱月、车辐环轴来说明人间帝王之轴心和至尊地位，无论世道如何变化，君王的至尊地位永远不会改变。人间天子统御万民与神圣之天统御万物相对应，旨在阐明天子像天一样拥有统御人间权力的合理合法性。对此，张守节《史记正义·论史例》云：

作本纪十二，象岁十二月也。作表十，象天之刚柔十日，以记封建世代终始也。作书八，象一岁八节，以记天地日月山川礼乐也。作世家三十，象一月三十日，三十辐共一毂，以记世禄之家辅弼股肱之臣忠孝得失也。作列传七十，象一行七十二日，言七十者举全数也，余二日象闰余也，以记王侯将相英贤略立功名于天下，可序列也。合百三十篇，象一岁十二月及闰余也。而太史公作此五品，废一不可，以统理天地，劝奖箴诫，为后世之楷模也。②

① 司马迁：《史记》卷一三〇，中华书局1959年版，第3319页。

② 张守节：《史记正义》（出自中华书局1959年版《史记》），中华书局1959年版，第十册第13页。

张守节指出《史记》结构的天人合一思想是司马迁的自觉行为。司马迁通过撰写《史记》来探究天道与人事之间关系的目的相当明确。关于这一点，司马贞《补史记序》也有类似的看法："本纪十二，象岁星之一周，八书有八篇，法天时之八节，十表放刚柔十日，三十世家比月有三旬，七十列传取悬车之暮齿，百三十篇象闰余而成岁。"[①]司马迁《史记》结构对数理的运用，使得后代的阐释者见仁见智，直到现代，朱自清也给出了自己的看法："十二是十二月，是地支。十是天干，八是卦数，三十取老子'三十共一毂'的意思，表示那些'辅弼股肱之臣''忠信行道，以奉主上'。七十是人寿之大齐，因为列传是记载人物的。这也是用数目的哲学作系统，并非逻辑的秩序，和《吕氏春秋》一样。"[②]无论古今学者看法是否相合，然而都说明了一个问题，即司马迁《史记》结构对"五品"数字的选择，是完全符合古代数理理论的，是中国古代文化思想的反映，其深层次的理论背景则是以阴阳、五行、术数为基础的天人关系思想，也就是以人事合天道的天人合一思想。

以上所论，乃是《史记》结构之宏观构思，若从微观角度来看，司马迁的天人关系思想实际上是贯穿于《史记》的字里行间的。如《史记·天官书》云："自初生民以来，世主曷尝不历日月星辰？及至五家、三代，绍而明之，内冠带，外夷狄，分中国为十有二州，仰则观象于天，俯则法类于地。天则有日月，地则有阴阳。天有五星，地有五行。天则有列宿，地则有州域。三光者，阴阳之精，气本在地，而圣人统理之。"[③]司马迁的这种思想使得他将天与人视作同类，故两者可以合二为一。如顾颉刚所云：司马迁的"《天官书》，简直把天上的星写成了一个国家：人的方面有天王、太子、庶子、正妃、后宫、藩臣、诸侯、骑官、羽林天军；屋的方面有端门、掖门、阁道、明堂、清庙、天市、车舍、天仓、天库楼；物的方面又有帝车、天驷、枪棓、矛盾、旌旗之属。至于星辰示象，如南极老人星见则治安，不见则兵起；岁星色赤则国昌，赤黄则大穰，青白而赤灰则有忧；狼星变色则多盗贼；附耳星摇动则谗臣在侧；木星犯了土星

① 杨燕起、陈可青、赖长扬汇辑：《史记集评》，华文出版社 2005 年版，第 88 页。

② 朱自清：《经典常谈》，上海古籍出版社 1999 年版，第 100 页。

③ 司马迁：《史记》卷二七，中华书局 1959 年版，第 1342 页。

要内乱；火星犯了土星要战败”①，诸如此类的很多很多。司马迁以天人合一的思想把天上的星辰组成一个系统，然后在天道与人事（社会）之间建立起一一对应的关系，使得天人之间发生着密切的感应。

可以说，《天官书》整个就是对司马迁天人合一散文结构的反映。据赵继宁统计，《天官书》所记星官共97个。司马迁在记述这些星官时，总是将天上的星官与人世间的各种事物一一对应起来，并用这些事物的名称作为星官名称。赵继宁从“星官和人间社会的对应”与“星官和地域的对应（分野观）”两个方面，详细论述了司马迁天人感应思想在《天官书》中的体现。最后，得出结论“司马迁是相信‘天命’的，换言之，在‘天命’和‘人事’特别是王权更迭之间是否存在联系的问题上，他持承认态度而陷入了神秘主义的‘天命论’”②。对于这样的结论，我们认为有待商榷，暂且不论。而文中指出的天官与人事之间的对应关系则反映了其天人合一的散文结构方式。且看《天官书》：

角、亢、氐，兖州。房、心，豫州。尾、箕，幽州。斗，江、湖。牵牛、婺女，扬州。虚、危，青州。营室至东壁，并州。奎、娄、胃，徐州。昴、毕，冀州。觜觿、参，益州。东井、舆鬼，雍州。柳、七星、张，三河。翼、轸，荆州。③

以上引文，是司马迁用二十八宿来描述十三州分野情况。《史记正义》引《括地志》云：“汉武帝置十三州，改梁州为益州、广汉。广汉，今益州咎县是也。分今河内、上党、云中。”④由是观之，司马迁描述的人间分野正是汉武帝时期的状况。其实，在司马迁看来，以天上的二十八宿来描述人间分野的观念古已有之：“二十八舍主十二州，斗秉兼之，所从来久矣。”⑤古代占星家为了借星象来观察地面州国的吉凶，所以将天上的星宿分别指配于地上的州国，使其互相

① 顾颉刚：《秦汉的方士与儒生》，上海古籍出版社2005年版，第18—19页。

② 参赵继宁：《试论司马迁的天人感应观——以〈史记·天官书〉为视角》，《湖北社会科学》2014年第2期，第109—113页。

③ 司马迁：《史记》卷二七，中华书局1959年版，第1330页。

④ 司马迁：《史记》卷二七，中华书局1959年版，第1330页。

⑤ 司马迁：《史记》卷二七，中华书局1959年版，第1346页。

对应。这便是汉人以星宿代指地域分野的天人思想表现方式，是典型的天人合一思想。

三、参天两地的散文构思与《史记》

司马迁《史记》作为西汉史传散文之代表，表现出了西汉王朝极盛时期散文作家海涵地负，雄视天下，包括宇宙万物的心胸和气度。

这一点，清赵翼《廿二史札记》早有评说："司马迁参酌古今，发凡起例，创为全史。本纪以叙帝王，世家以记侯国，十表以系时事，八书以详制度，列传以志人物，然后一代君臣政事，贤否得失，总汇于一编之中。自此例一定，历代作史者遂不能出其范围，信史家之极则也。"①就史传散文的体制而言，《史记》开创了以本纪、世家、列传、表、书五种体例为"极则"的史书范型，后世之通史、纪传、纪事本末等各种史书体例均导源于此。就其散文内容的涉猎范围而言，十二本纪、三十世家、七十列传、十表、八书，将帝王、诸侯、人臣、典制等各个方面内容全部囊括在内。这种参天两地，包括宇宙的胸襟与气魄既与大汉王朝的声威气势有关，也与社会上风行的天人思想密切相关。对此，李长之在讨论《史记》的史诗性质时也说："试想史诗性的文艺之本质首先是全体性，这就是其中有一种包罗万有的欲求。照我们看，司马迁的《史记》是做到了的。他所写的社会是全社会，他所写的人类生活是人类生活的整体，他所写的世界乃是这个世界的各个角落。"②班固虽批评司马迁《史记》"是非颇谬于圣人"，但也服膺其《史记》体制规模之宏大，搜罗之完备，涉猎之广博："司马迁据《左氏》、《国语》，采《世本》、《战国策》，述《楚汉春秋》，接其后事，讫于天汉。……其涉猎者广博，贯穿经传，驰骋古今，上下数千载间，斯亦勤矣。"③今人张大可也指出："《史记》是一部体大思精的历史著作。体大，指《史记》的五体结构和系统性；思精，指《史记》内容的全面性和进步性。《史记》

① 赵翼著，王树民校证：《廿二史札记校证》卷一，中华书局 1984 年版，第 3 页。

② 李长之：《司马迁之人格与风格》，三联书店 1984 年版，第 300 页。

③ 班固：《汉书》卷六二，中华书局 1962 年版，第 2737 页。

体例完备，内容丰富，囊括中外，贯通古今。它上起黄帝，下迄太初，汇总古今典籍，‘网罗天下放失旧闻’，成为一部百科全书式的中国通史，从内容到形式都是划时代的伟大创新。”[①]这都是对《史记》海涵地负，包括宇宙的宏大散文构思与体制的评价。

综上所论，司马迁《史记》具有明确的“究天人之际”的创作目的，深刻全面地体现了司马迁的天人关系思想。君命天授思想反映了《史记》为汉王朝大一统政权服务的现实功利性；天人合一思想既有于天人之际对人的个体生命意识的强化和生命价值的凸显，又有对以人事合天道的天人合一散文创作思想的体现；参天两地的散文构思，不仅体现了天人思想对司马迁思想观念影响的深刻性，而且还体现了对其散文创作思维的规定性特点。

（段永升，咸阳师范学院文学与传播学院副教授，文学博士。）

① 张大可：《司马迁评传》，华文出版社 2005 年版，第 133 页。

论司马迁对韩非思想渊源的判断

韩艳秋

司马迁在《史记》中将先秦道家创始人老子与法家思想代表人物韩非并列于一传，即《史记》之《老子韩非列传》。在该传中，司马迁首先对于先秦的儒、道关系，以及道家由老子到庄子的思想源流做了阐述，在庄子之后，即继以法家前期人物申不害和法家后期集大成者韩非的记传。并传申不害、韩非和老子、庄子，说明司马迁对道家思想与申、韩一系法家思想关系的看法，司马迁并且在《老子韩非列传》中明确阐述道："申子之学本于黄老而主刑名"①，韩非"喜刑名法术之学，而其归本于黄老"②。

从发展历史考察，学术界一般将法家分为前期法家和后期法家。战国初期的李悝被尊为法家思想的实际始祖，他与吴起、商鞅、申不害是前期法家代表人物。前期法家与儒家有较为密切的关系：李悝、吴起都是子夏氏的弟子，商鞅的思想又受到李悝较大影响。③而前期法家中的申不害则"本于黄老而主刑名"，与道家思想关系密切。韩非子作为战国末年法家思想的集大成者，对于商鞅和申不害思想都有批判和吸收，而其思想被司马迁判断为"归本于黄老"，则司马迁的这一判断是否成立呢？申不害在韩昭侯时为相，韩非为韩国公子，"喜刑名法术"，思想上对申不害一系自然有所承续，除了这一显见的地缘原因外，更应就韩非思想的架构和基本主张进行辨析，并探讨儒家、道家和法家思想的异同，以辨明司马迁这一判断的理论根据之所在。

《韩非子》中有两篇文章：《解老》《喻老》，对老子思想做了较为系统的专

---

①《史记》，韩兆琦译注，中华书局 1978 年版，第 4445 页。

②《史记》，韩兆琦译注，中华书局 1978 年版，第 4447 页。

③ 张岂之主编：《中国思想史》西北大学出版社 1989 年版，第 102 页。

门诠释，直接体现出老子思想对韩非的深刻影响。司马迁的判断，与两篇文章的内容有较大关系。

《解老》是韩非对《道德经》中部分篇章的解释，在解释时对老子思想进行了法家色彩的改造和发挥，但保有了老子的基本哲学范式。其延伸性理论架构，也仍本于老子的基础理论，也即司马迁所说的“皆原于道德之意”，“归本于（黄）老”①。

老子思想的核心概念“道”，在《解老》中基本保持了形而上特性、无任何规定性、绝对性和永恒性的原意。韩非并且借助“德”和“理”这对范畴，共同建构和支撑起对“道”的社会性和自然性说明。

以形而上的“道”为依据，“德”在韩非的解释中，主要涉及人的自身修养和社会生活范围。对个体自身而言：“德者，内也”“得身也”，“身全之谓德”，就是保有自己内在的本质，精神不游移在自身之外，那么怎样达成“得身”呢，要“以无为集，以无欲成，以不思安，以不用固”②；拓展到社会生活层面，“身以积精为德，家以资材为德，乡国天下皆以民为德。今治身而外物不能乱其精神，故曰：‘修之身，其德乃真。’真者，慎之固也。治家，无用之物不能动其计，则资有余，故曰：‘修之家，其德有余’。治乡者行此节，则家之有余者益众，故曰：‘修之乡，其德乃长’。治邦者行此节，则乡之有德者益众，故曰：‘修之邦，其德乃丰’。莅天下者行此节，则民之生莫不受其泽，故曰：‘修之天下，其德乃普’”③。无论是个体修养，还是由“家”到“乡”到“邦国”到“天下”的全部社会生活，韩非显然都主张虚静内敛、含藏积累、与民生息，这与老子的人生主张和社会主张的基本取向是一致的。在解释《道德经》第三十八章内容时，韩非沿着老子的“德—仁—义—礼”的说明层次，对人的存在和社会生活给出了层级性的说明：“仁者，德之光”；“义者，仁之事”；“礼者，义之文也”，而其出发点和根本依据，则在于形而上之“道”：“德者，道之功”。④

在《解老》中，引文的顺序是“德经”在前，“道经”在后，韩非以“德”

---

①《史记》，韩兆琦译注，中华书局 1978 年版，第 4447 页。

②《韩非子》，高华平、王齐、张三夕译注，中华书局 2010 年版，第 187 页。

③《韩非子》，高华平、王齐、张三夕译注，中华书局 2010 年版，第 219 页。

④《韩非子》，高华平、王齐、张三夕译注，中华书局 2010 年版，第 190 页。

和“道”的关系梳理了人的个体修养及社会生活的准则和指引。在“道经”引文的解释中，韩非子特别提出“理”的观念，意图就“道”与世界，尤其是与自然界的关系给予更清楚和客观化的说明，并以“道”和“理”互相阐发。而韩非对老子思想的延伸和改造，也更多地借助于“理”这一范畴来呈现。

从“理”的内涵来看，“理者，成物之文也”①，万物各有其理，“凡理者，方圆、短长、粗靡、坚脆之分也”②，理是万物的方圆、长短、粗细、坚强或脆弱等的区别，“物有理不可以相薄，故理之为物之制。万物各异理”③，万物各有其理，不互相混扰，理制约万物、使得万物各自得到确定和说明。万物各有自己与众不同的“理”，即各自的特殊性和特殊规律。可以看出，韩非子是从普遍规律与特殊规律的关系角度解释“道”和“理”的，相应地，“道”是“万理之所稽”，道完全汇合了万物的理，从“理”的角度来反观“道”，则“万物各异理，而道尽稽万物之理，故不得不化；不得不化，故无常操。无常操，是以死生气禀焉，万智斟酌焉，万事兴废焉”④。

韩非对老子“道”的形而上特性、根本性和根据性给予了充分的阐述和肯定，其对道的解释基本符合老子的原意。“凡道之情，不制不行，柔弱随时，与理相应。万物得之以死，得之以生；万事得之以败，得之以成。”⑤而“理”这一范畴的提出，使得“不可道”“无常名”“无状之状，无物之象”的虚悬抽象的“道”，得以向下落实，并得到更明晰更切实的说明。在解释《道德经》中“道经”第一章“道可道、非常道”时，韩非子以“理”的具体性、明确性、暂时性，来显托“道”的恒久性、无限定性、包容性，意图从“理”的层面说明“道”的存在状况：“凡理者，方圆、短长、粗靡、坚脆之分也，故理定而后可得道也。故定理有存亡，有死生，有盛衰。夫物之一存一亡，乍死乍生，初盛而后衰者，不可谓常。唯夫与天地之剖判也俱生，至天地之消散也不死不衰者谓‘常’。而常者，无攸易，无定理。无定理，非在于常所，是以不可道也。圣

①《韩非子》，高华平、王齐、张三夕译注，中华书局 2010 年版，第 208 页。
②《韩非子》，高华平、王齐、张三夕译注，中华书局 2010 年版，第 211 页。
③《韩非子》，高华平、王齐、张三夕译注，中华书局 2010 年版，第 208 页。
④《韩非子》，高华平、王齐、张三夕译注，中华书局 2010 年版，第 208 页。
⑤《韩非子》，高华平、王齐、张三夕译注，中华书局 2010 年版，第 209 页。

人观其玄虚，用其周行，强字之曰‘道’，然而（不）可论，故曰：‘道可道，非常道。’”①

对于事物的处理，应当先得其理，“短长、大小、方圆、坚脆、轻重、白黑之谓理。理定而物易割也”②。所以要先研究清楚所要处理事物的“理”，“理”在这里，显现出客观规律和法则的意蕴，能成功地处理各种事项，正在于发现和遵循了这些客观的规律和法则。韩非对老子“不敢为天下先”的解释也因此少了人为的思虑和操纵意味，而被阐发为“圣人尽随于万物之规矩，故曰：‘不敢为天下先’”③。在有些地方，韩非将“道”“理”并称，进一步阐发掌握和遵循道理、规律是决定各种行事能否成功的最基本条件：“夫缘道理以从事者，无不能成”，“夫弃道理而妄举动者，虽上有天子诸侯之势尊，而下有猗顿、陶朱、卜祝之富，犹失其民人而亡其财资也。众人之轻弃道理而易妄举动者，不知其祸福之深大而道阔远若是也，故谕人曰：‘孰知其极？’”④对于福祸转化、道反而复的深远境界，只有掌握了“道理”，才可能了解其关键和边际。当一个人重视生命、看重事功，就会谨慎从事、深思熟虑，“得事理，则必成功”⑤，能够有见必行之道的明智，行之不疑的勇气。在这里，个体的性格特征的感性和主观色彩变淡，人的慈爱、明智和勇气，都得到了更客观的分析化的务实解释。

《喻老》用具体的历史事例、民间传说等解释说明《道德经》的抽象道理和哲学思想，意图使之与社会生活结合起来，具有较强现实性，反映出彼时代的精神；但也因此使《道德经》中丰富的哲学意蕴变得过于狭隘和质实，甚至干瘪和丧失。⑥《喻老》对老子思想的演绎，对老子思想中一些重要哲学范畴的解释，指向和定位于政治思想的现实化操控和应用，并纳入其“法、术、势”结合的政治哲学体系。如老子第二十六章：“重为轻根，静为躁君。是以君子终日不离辎重，虽有荣观，燕处超然。奈何万乘之主，而以身轻天下。轻则失根，躁则失君。”老

①《韩非子》，高华平、王齐、张三夕译注，中华书局2010年版，第211页。

②《韩非子》，高华平、王齐、张三夕译注，中华书局2010年版，第216页。

③《韩非子》，高华平、王齐、张三夕译注，中华书局2010年版，第216页。

④《韩非子》，高华平、王齐、张三夕译注，中华书局2010年版，第194页。

⑤《韩非子》，高华平、王齐、张三夕译注，中华书局2010年版，第214页。

⑥《韩非子》，高华平、王齐、张三夕译注，中华书局2010年版，第222页。

子借助“轻重、躁静”相对范畴，是批判当时统治者奢恣放纵、一无效准，立身行事草率盲动的轻躁作风①，而韩非则以赵武灵王“生传其邦”进行解释，认为“邦者，人君之辎重也”，赵武灵王在自己还活着时，就将王位传给小儿子，“无势之谓轻，离位之谓躁，是以生幽而死，故曰：‘轻则失臣，躁则失君’”②。老子说：“鱼不可脱于渊，国之利器，不可以示人”，是说权势禁令都是凶利之器，不可以用来耀示威吓人民③，韩非则认为“势重者，人君之渊也”，并以田氏代齐，六卿擅权于晋，说明“君人者，势重于人臣之间，失则不可复得”，并以赏罚之权为“邦之利器”，认为君主要牢牢地将这一权力掌握在自己手里，如果让臣子掌握了赏罚之权，或窥伺到君主赏罚的意图，都会“在臣胜君”，“用其势”而“乘其威”。④

从《解老》《喻老》而论，无论是对老子原文给出较为明确的理论或实例解释，还是对老子辩证思想中一些相反相对范畴、运用推理给予环环相扣的解说，韩非都意图使老子思想内涵明晰化、现实化，具有强烈的现实和社会政治指向意味，也不可避免地使老子思想在被解说后，变得狭窄化和功利化。

需要注意的是，司马迁以“黄老”称道家，在一定程度上是将先秦初始道家的思想，与战国末、汉初的黄老道家之学并为一谈了。黄老之学虽然继承了道家思想，但由于适应时代的要求，融会阴阳、名、法、兵等诸家思想，已经有了较多改变和发展，不能完全等同于先秦原始道家思想。司马迁著有的《论六家要旨》一文，对儒家、黄老道家和法家各自思想特点和内容进行了较为系统的总结性阐述，并对其优劣给出了评判。

司马迁认为，儒家“序君臣父子之礼，列夫妇长幼之别”，“虽百家弗能易也”。但儒者以六艺经传为基本，而“六艺经传以千万数，累世不能通其学，当年不能究其礼，故曰博而寡要，劳而少功，是以其事难尽从”。法家思想“正君臣上下之分”，“尊主卑臣，明分职不得相逾越，虽百家弗能改也”①。

---

① 陈鼓应：《老子注译及评介》，中华书局 1984 年版，第 173 页。

②《韩非子》，高华平、王齐、张三夕译注，中华书局 2010 年版，第 225 页。

③ 陈鼓应：《老子注译及评介》，中华书局 1984 年版，第 208 页。

④《韩非子》，高华平、王齐、张三夕译注，中华书局 2010 年版，第 227 页。

司马迁认为君臣父子、尊卑上下的社会秩序是应当维护和不能动摇的，儒家和法家在维持社会等级秩序这一点上都有可取之处。但法家思想和法治的基本精神，是“范天下之不一，而归于一”，与礼治精神的“氏所以别贵贱”，以血缘亲疏区别社会等级、地位尊卑的主张是相对的。[②]

法家“严而少恩”，因为它“不别亲疏，不殊贵贱，一断于法”的主张，“亲亲尊尊之恩绝矣”，所以司马迁认为法家思想“可以行一时之计，而不可长用也”。那么如何既能维持主尊臣卑的社会秩序，又不似儒家之“博而寡要，劳而少功”，司马迁认为黄老道家的思想主张能够兼二者之长，是最理想的。

司马迁认为，道家“其为术也，因阴阳之大顺，采儒墨之善，撮名法之要，与时迁移，应物变化。立俗施事，无所不宜。指约而易操，事少而功多”。司马迁还站在道家的理论立场上观照和批评儒家思想：“儒者则不然，以为人主，天下之仪表也，君倡而臣和，主先而臣随。如此则主劳而臣逸。至于大道之要，去健羡，绌聪明，释此而任术。夫神大用则竭，形大劳则敝。形神骚动，欲与天地长久，非所闻也”，认为儒家思想使得“主劳臣逸”神形劳弊。道家无为而无不为，“以虚无为本，以因循为用，无成势，无常形，故能究万物之情；不为物先，不为物后，故能为万物主；有法无法，因时为业；有度无度，因物兴舍”，并认为“因者，君之纲也；群臣并至，使各自明也。其实中其声者谓之端，实不中其声者谓之窾。窾言不听，奸乃不生，贤不肖自分，白黑乃形。在所欲用耳，何事不成！乃合大道，混混冥冥，光耀天下，复反无名”。这种思想如果被延伸和发生裂变，就容易与韩非所主张的“君主之术”发生联系。[③]

韩非作为战国末期法家思想的集大成者，总结了前期法家商鞅、申不害等的学说。申、商各有所重：“申不害言术，而公孙鞅为法”，“法者，宪令著于官府，刑罚必于民心，赏存胡慎法，而罚加乎奸令者也。此臣之所师也”[④]。术为君主驾驭群臣的权术，“术者，因任而授官，循名而责实，操杀生之柄，课群臣之能

---

①《史记》，韩兆琦译注，中华书局 1978 年版，第 7636—7645 页。

②《中国思想史》，张岂之主编，西北大学出版社 1989 年版，第 101 页。

③《史记》，韩兆琦译注，中华书局 1978 年版，第 7636—7646 页。

④《韩非子》，高华平、王齐、张三夕译注，中华书局 2010 年版，第 620 页。

者也。此人主之所执也”[①]。韩非分析了因为“徒术而无法”和“徒法而无术”，申不害与商鞅在治理国家方面各自的失误。在韩非看来，就如食物与天寒时的衣服都对人“不可一无也”，“法”与“术”“此不可一无，皆帝王之具也”[②]。韩非还认为，推行法、术必须要有权势地位，并在此基础上提出了法、术、势相结合的系统学说，重视赏罚，提倡耕战、主张君主牢固占据权势地位和运用权术。法、术、势的交互运用和互为支撑，使得君主在掌握权势、考察监视臣下，控制国家局势的实际操作中，确实有“无成势、无常形，故能究万物之情”，“因时为业”“因物兴舍”，“虚无为应、变化无为”的味道。如在《内储说》中，韩非提出君主控制臣下的七种权术：“一曰众端参观，二曰必罚明威，三曰信赏尽能，四曰一听责下，五曰疑诏诡使，六曰挟知而问，七曰倒言反事。”[③]“众端参观”和“一听责下”是要全面掌握情况，并分别一一考察臣下，具有“势”的意味；“必罚明威”和“信赏尽能”是信赏必罚、厚赏重罚，属于“法”的范围；其余“疑诏诡使”“挟知而问”“倒言反事”，使用假命令和诡计探测臣下；明白的装作糊涂，知道正确的故意说错，颠倒意图进行考察和试探等，都是“术”的运用。老子虚灵变化、无为无常的思想，与韩非对人性极恶的隐含认定相结合，产生出不择手段、诡诈机变的阴谋权术，这在韩非思想中“术”“势”的方面体现得尤为突出，并且与“法”的运用交织混成。这种实利化、权谋化的偏狭取向，斫断了老子思想中虚无弘远的意蕴，丧失了老子内蕴的对当时的社会现实的悲悯之情，以及对社会发展可能性的广远探问。这也是为什么司马迁会说“老子所贵道，虚无为应，变化于无为，故著书辞称微妙难识。……韩子引绳墨，切事情，名是非，其极惨礉少恩。皆原于道德之意，而老子深远矣”[④]。

（韩艳秋，渭南师范学院人文学院副教授，哲学博士。）

---

①《韩非子》，高华平、王齐、张三夕译注，中华书局2010年版，第620页。

②《韩非子》，高华平、王齐、张三夕译注，中华书局2010年版，第620页。

③《韩非子》，高华平、王齐、张三夕译注，中华书局2010年版，第318页。

④《史记》，韩兆琦译注，中华书局1978年版，第4466页。

司马迁对秦蜀栈道的体验与书写

梁中效

中国西南的蜀汉大地，不仅是秦统一全国的战略基地，更是西汉王朝发祥的圣地，还是司马相如等汉代文学大家的生长之地。因此，“少负不羁之才”“耕牧河山之阳”的司马迁，渴望沿着秦蜀栈道考察大西南，解读秦汉成功的奥秘。

一、一山两盆的“天府之国”

秦岭南北的关中盆地和四川盆地，雄踞于河、渭与江、汉的上游，背靠西部辽阔雄奇的高原，面向东部坦荡如砥的平原，形势险要，居高临下，虎视东方，是秦汉王朝统一全国的战略基地。司马迁对秦陇与巴蜀在文明发祥和秦汉帝国发展壮大中的地位有着深刻的认识。

首先，司马迁从秦之崛起，发现了秦蜀“雍州积高”战略地位的重要。《史记·六国年表》云：“秦始小国僻远，诸夏宾之，比于戎翟，至献公之后常雄诸侯。论秦之德义不如鲁卫之暴戾者，量秦之兵不如三晋之彊也，然卒并天下，非必险固便形势利也，盖若天所助焉。或曰‘东方物所始生，西方物之成孰’。夫作事者必于东南，收功实者常于西北。故禹兴于西羌，汤起于亳，周之王也以丰镐伐殷，秦之帝用雍州兴，汉之兴自蜀汉。”由夏商周三代的更替，到秦汉大一统帝国的建立，江、河上游的秦陇与巴蜀发挥了不可替代的作用，司马迁敏锐地发现了这一奇特的现象，从天人关系上追寻其中的答案。他在《史记·天官书》中说：“及秦并吞三晋、燕、代，自河山以南者中国。中国于四海内则在东南，为阳；阳则日、岁星、荧惑、填星；占于街南，毕主之。其西北则胡、貉、月氏诸衣旃裘引弓之民，为阴；阴则月、太白、辰星；占于街北，昴主之。

故中国山川东北流，其维，首在陇、蜀，尾没于勃、碣。”实际上自先秦以来，就流行着“天道多在西北”的观念，《左传》襄公十八年曰：“晋人闻有楚师，师旷曰：‘不害。吾骤歌北风，又歌南风。南风不竞，多死声。楚必无功。’董叔曰：‘天道多在西北，南师不时，必无功。’叔向曰：‘在其君之德也。’”天道，有宗教、命运、道义、自然等方面的含义。有人本意识、天道自然的意识。另一方面明确表达了“人法天”的观念，即人应当效法自然的天道。“西北”在地理文化上亦大有深意。古人为避水害，多择丘而居，天长日久，自然对山岳别有情怀，衍生出许多令人神往的山岳崇拜和神话。西北地高，故多神山。昆仑就是古神话中最重要的神山。“昆仑墟在西北，去嵩高五万里，地之中也。”（《水经·河水注》）“海内昆仑之墟，在西北，帝之下都。……百神之所在。”（《山海经·海内西经》）古人认为天门就在西方，“四方之门，其谁从焉？西北辟启，何气通焉？”（《楚辞·天文》）昆仑之巅，悬圃之地，天门九重，其名阊阖，是上通天庭唯一途径。凡欲问道通天者，无不神往西北。据说聪明睿智如黄帝者，为求“至道”，也不辞劳苦“西至于崆峒山，登鸡头”，求教于广成子。透过昆仑山岳神话，可以发现对“天道多在西北”的另一解读：通天之道在西北，即“天门在西北”。《周礼·大司徒》疏引《河图括地象》曰：“天不足西北，……西北为天门。”《文选·谢惠连〈雪赋〉》注引《诗纬含神雾》亦云：“天不足西北，无有阴阳，故有龙衔火精以照天门中也。”从“天道多在西北”到“西北为天门”，虽然尚未离天，但已落地。诚如史家所言，天人之际，关乎兴衰，不可不察。西北岐岍岳陇，冈峦绵亘，本为四岳古族居地。“崧高维岳”，“维岳降神”。（《诗·大雅·崧高》）山岳育人，维岳降神，可以说是形成西北地域文化特色的最重要因素。降至汉代，司马迁仍称“雍州积高，神明之陕，故立畤郊上帝，诸神祠皆聚云”。（《史记·封禅书》）这似乎表明西北地域文化已经积淀为足以影响历史的持久传统。《读史方舆纪要》卷五十二《陕西》：“章俊卿有言：自蜀江东下，黄河南注，而天下大势，分为南北，故河北、江南，为天下制胜之地。而挈南北之轻重者，又在川、陕。夫江南所恃以为固者，长江也，而四川据长江上游，下临吴、楚，其势足以夺长江之险。河北所恃以为固者，黄河也，而陕西据黄河上游，下临赵、代，其势足以夺黄河之险。是川、陕二地，常制南北之命也。”川、陕挈南北之轻重，制南北之命者也，而联系川、陕的咽喉是千里秦蜀栈道。

其次，司马迁从秦、汉更替，发现了秦蜀“天府之国”战略地位的重要。《史记·项羽本纪》记载，“人或说项王曰：‘关中阻山河四塞，地肥饶，可都以霸。’项王见秦宫皆以烧残破，又心怀思欲东归，曰：‘富贵不归故乡，如衣绣夜行，谁知之者！’说者曰：‘人言楚人沐猴而冠耳，果然。’”项羽没有采纳定都关中的建议，虽有客观上的因素，但在战略上给刘邦留下了发展的空间。他和范增密谋之后，封刘邦为汉王，同时又立章邯、司马欣、董翳为三秦王，企图防止刘邦一统秦蜀，像秦国那样高屋建瓴统一天下，“乃阴谋曰：‘巴、蜀道险，秦之迁人皆居蜀。’乃曰：‘巴、蜀亦关中地也。’故立沛公为汉王，王巴、蜀、汉中，都南郑。而三分关中，王秦降将以距塞汉王”。但事与愿违，刘邦集团早有占据秦、蜀，统一天下的战略。第一，刘邦从武关进兵关中时，就派郦商统兵控制了巴蜀与汉中。《汉书·郦商传》：“从下宛、穰，定十七县。别将攻旬关，定汉中。”“旬关”，颜师古注曰：“汉中旬水上之关也，在今洵阳县。”“先言攻旬关，定汉中，然后云沛公为汉王，是则沛公从武关、蓝田而来，商时别从西道平定汉中。”也就是说，刘邦主力在进占关中的同时，郦商也占领了汉中与巴蜀，证明刘邦比项羽更重视秦蜀大关中的战略地位。第二，萧何劝刘邦先到汉中为汉王，再夺取关中争天下。“臣愿大王王汉中，养其民以致贤人，收用巴、蜀，还定三秦，天下可图也。汉王曰：‘善。’乃遂就国，以何为丞相。”证明萧何也极为重视秦、蜀之间咽喉要地汉中的地位。第三，张良帮助刘邦取得了汉中郡，打开了消灭三秦的门户。《史记·留侯世家》：“汉元年正月，沛公为汉王，王巴蜀。汉王赐良金百溢，珠二斗，良具以献项伯。汉王亦因令良厚遗项伯，使请汉中地。”正是由于有了汉中，才有了汉王，才有了四百年汉室天下。第四，西汉定都关中，是秦蜀“天府之国”制衡天下的伟大实践。《史记·留侯世家》记载，刘邦身边多山东人，主张定都洛阳。同样是关东人的张良力主定都长安。留侯曰：“雒阳虽有此固，其中小，不过数百里，田地薄，四面受敌，此非用武之国也。夫关中左殽函，右陇蜀，沃野千里，南有巴蜀之饶，北有胡苑之利，阻三面而守，独以一面东制诸侯。诸侯安定，河渭漕輓天下，西给京师；诸侯有变，顺流而下，足以委输。此所谓金城千里，天府之国也。”定都关中的主要理由是：秦、蜀一体发达的农耕文明，“胡苑之利”广阔的游牧文明，“三面而守”“顺流而下”的险要地形。对此，首倡定都关中的刘敬讲得更形象。“且夫秦地被山带河，四塞以为固，卒然有急，百万之众可具也。因秦之故，资甚美膏腴之地，此所谓天府。陛下入关而都之，山东虽乱，秦之故地可全而有也。夫与人斗，不搤其亢，拊其背，未能全其胜也。今陛下入关而都，案秦之故地，此亦搤天下之亢而拊其背也。”汉六年，刘邦借游云梦而执楚王韩信，田肯贺因说高祖曰：“陛下得韩信，又治秦中。秦，形胜之国，带河山之险，县隔千里，持戟百万，秦得百二焉。地势便利，其以下兵于诸侯，譬犹居高屋之上建瓴水也。”

刘邦帝业的成功和汉初三杰的智慧，都不约而同地利用了秦、蜀一体化与农、牧一体化，而这两个一体化的大动脉是联系大西北与大西南的千里栈道。对此，司马迁有深刻的认识：“栈道千里，通于蜀汉，使天下皆畏秦。”“栈道千里，无所不通，唯褒斜绾毂其口。”因此，司马迁经行过栈道，对秦蜀栈道的认识非一般人所能企及。

二、“无所不通”的千里栈道

中华古典文明有一个自西向东、由西北到东南的推进过程，而近代资本主义文明有一个从沿海到内陆、从东南到西北的推进过程。汉唐是中华古代文明的极盛时代，这一文明的轴心就是秦、蜀千里栈道。司马迁在《史记·货殖列传》《史记·河渠书》及相关人物传记中，对千里栈道有着全面而深刻的认识。

首先，司马迁认为秦、蜀千里栈道是战国秦汉“天府之国”的经济文化大动脉。司马迁在《史记·货殖列传》中，将秦、蜀、陇右作为大关中的“天府之国”：“关中自汧、雍以东至河、华，膏壤沃野千里，自虞夏之贡以为上田，而公刘适邠，大王、王季在岐，文王作丰，武王治镐，故其民犹有先王之遗风，好稼穑，殖五谷，地重，重为邪。及秦文、德、缪居雍，隙陇蜀之货物而多贾。献公徙栎邑，栎邑北却戎翟，东通三晋，亦多大贾。昭治咸阳，因以汉都，长安诸陵，四方辐辏并至而会，地小人众，故其民益玩巧而事末也。南则巴蜀。巴蜀亦沃野，地饶卮、姜、丹砂、石、铜、铁、竹、木之器。南御滇僰，僰僮。西近邛笮，笮马、旄牛。然四塞，栈道千里，无所不通，唯褒斜绾毂其口，以所多易所鲜。天水、陇西、北地、上郡与关中同俗，然西有羌中之利，北有戎翟之畜，畜牧为天下饶。然地亦穷险，唯京师要其道。故关中之地，于天下三分之一，而人众不过什三；然量其富，什居其六。”司马迁将战国秦汉时期的华夏经济地理分为山东地区、山西地区、江南地区、龙门碣石以北四大地区，而大关中所在的山西地区，又分为关中盆地、巴蜀、陇右三大板块，在全国所占土地不到三分之一，人口不到十分之三，但财富却占全国的十分之六。而在大关中的“天府之国”中，褒斜栈道是沟通南北的经济大动脉，将“膏壤沃野千里”的关中平原与“巴蜀亦沃野”的四川盆地密切联系起来，“隙陇蜀之货物而多贾”，将大西北与大西南贯通起来，打破了秦岭南北两大盆地的封闭，“栈道千里，无所不通，唯褒斜绾毂其口，以所多易所鲜”。

其次，司马迁记载了汉武盛世开凿褒斜道，促进南北交通的盛况。褒斜道作为沟通西北与西南的官驿大道，在战国秦汉时期发挥了重要的作用。汉武帝时期，随着国家经济文化的全面繁荣，关东与关中、南方与关中的交通受制于“黄河砥柱之险”，“漕从山东西，岁百余万石，更砥柱之限，败亡甚多，而亦烦费”。《索隐》曰：“谓从山东运漕而西入关也。”因此，有人建议开凿褒斜道水路，实现水陆大联运，将关东黄河中下游的漕粮赋税运到南阳，再由汉水支流唐、白河运到襄阳，将南方的漕粮赋税由长江溯汉江而上运到襄阳，再由襄阳溯汉江而上输送到汉中，然后再经过褒斜道水运、陆转到国都长安，这样既可避开黄河干流上东西交通的“砥柱之险”，又可以将汉中、巴蜀钱粮、物产顺利转运到长安。这是一项涉及西汉国家经济大动脉，确保国家政治、经济、文化中心安全的大战略，也是栈道历史上第一次大规模开凿褒斜道漕运，所以汉武帝格外重视，亲自下令实施。司马迁在《史记·河渠书》中，翔实地记录了开凿的经过。“其后人有上书欲通褒斜道及漕事，下御史大夫张汤。汤问其事，因言：‘抵蜀从故道，故道多阪，回远。今穿褒斜道，少阪，近四百里；而褒水通沔，斜水通渭，皆可以行船漕。漕从南阳上沔入褒，褒之绝水至斜，间百余里，以车转，从斜下下渭。如此，汉中之穀可致，山东从沔无限，便于砥柱之漕。且褒斜材木竹箭之饶，拟于巴蜀。’天子以为然，拜汤子卬为汉中守，发数万人作褒斜道五百余里。道果便近，而水湍石，不可漕。”《正义》引“括地志云：‘褒谷在梁州褒城县北五十里。斜水源出褒城县西北九十八里衙岭山，与褒水同源而派流。’汉书沟洫志云：‘褒水通沔，斜水通渭，皆以行船’是也。”“山东，谓河南之东，山南之东及江南、淮南，皆经砥柱运，今并从沔，便于三门之漕也。”

这是秦蜀千里栈道第一次大规模地开凿水运通道，虽没有达到漕运的目的，但陆路更加畅通，成为南北方的经济大动脉和国都长安的生命线。

再次，司马迁在秦汉帝王《本纪》和多个人物传记中，描写了秦蜀千里栈道与秦汉帝国创建发展的关系。由《史记·秦本纪》来看，秦国在春秋末、战国初年已开始向秦岭之南渗透。“（秦）厉共公二年，蜀人来赂。”《史记·六国年表》：“左庶长城南郑。”（秦）躁公二年，“南郑反”。（秦）惠公元年，“蜀取我南郑”。《史记·秦本纪》：惠公“十三年，伐蜀，取南郑。”惠文君“十三年，庶长章击楚于丹阳，虏其将屈匄，斩首八万；又攻楚汉中，取地六百里，置汉中郡”。昭襄王十三年，以大力士“任鄙为汉中守”。十九年，任鄙卒。“二十年，王之汉中。”证明秦人由西北进入西南时，充分利用了栈道。《史记·张仪传》记载：苴蜀发生矛盾后互相攻击，给了秦国以可乘之机。“秦惠王欲发兵以伐蜀，以为道险狭难至，而韩又来侵秦，秦惠王欲先伐韩，后伐蜀，恐不利，欲先伐蜀，恐韩袭秦之敝。犹豫未能决。”《正义》引《华阳国志》云：“昔蜀王封其弟于汉中，号曰苴侯，因命之邑曰葭萌。苴侯与巴王为好，巴与蜀为雠，故蜀王怒，伐苴。苴奔巴，求救于秦。秦遣张仪从子午道伐蜀。王自葭萌御之，败绩，走至武阳，为秦军所害。秦遂灭蜀，因取苴与巴焉。”实际上是司马错主张伐蜀，张仪主张伐韩，秦惠王最终采纳了司马错的意见，夺取了巴蜀，“蜀既属秦，秦以益疆，富厚，轻诸侯”。因此，《史记·蔡泽传》说：“栈道千里，通于蜀汉，使天下皆畏秦。”刘邦由子午道就封汉王，由陈仓道出定三秦。千里栈道成就了刘邦的千秋帝业。公元前 206 年的春天，项羽与刘邦等诸侯各归封地。《史记·项羽本纪》：“汉之元年四月，诸侯罢戏下，各就国。”《史记·高帝本纪》：“四月，兵罢戏下，诸侯各就国。汉王之国，项王使卒三万人从，楚与诸侯之慕从者数万人，从杜南入蚀中。去辄烧绝栈道，以备诸侯盗兵袭之，亦示项羽无东意。”《正义》韦昭云：“杜，今陵邑。”《括地志》云：“杜陵故城在雍州万年县东南十五里。汉杜陵县，宣帝陵邑也，北去宣帝陵五里。《庙记》云故杜伯国。”集解李奇曰：“蚀音力，在杜南。”如淳曰：“蚀，入汉中道川谷名。”由上述记载可知，刘邦“从杜南入蚀中”，所经行的可能是子午道。在汉中褒斜道入口处的石门隧道中，有一块刻于东汉建和二年（148）的《石门颂》摩崖石刻明确记载：“高祖受命，兴于汉中。道由子午，出散入秦。”刘邦“出散入秦”，由故道攻入关中，学界已是定论。张家山汉墓竹简则进一步证明《史记》记载确凿。《张家山汉墓竹简·行书律》：“复蜀、巴、汉中、下辨、故道及鸡剬中五邮，邮人勿令徭戍，毋事其户，毋租其田一顷，勿令出租、刍稾。(简 268)”这条律文印证了刘邦由汉中挺进关中，行军路线为故道，因而才免除了故道线人“邮人”的徭役，也证明汉中是刘邦的革命根据地。

三、“兴于蜀汉”的大汉雄风

高祖受命与兴于汉中。高帝元年（前 206），二月，项羽分封天下王诸将。“立沛公为汉王，王巴、蜀、汉中，都南郑。”“而三分关中，王秦降将，以距塞汉路。”夏四月，汉王刘邦之国，八月，汉王引兵从故道出，袭雍，雍王章邯迎击汉陈仓。刘邦实际在汉中的汉国为汉王的时间不到四个月时间。时间虽短，但刘邦集团干了五件大事：其一，转危为机，奠定了奋发有为的大汉雄风的基础。汉初名儒陆贾曾说：“且夫秦失其政，诸侯豪杰并起，唯汉王先入关，据咸阳。项羽倍约，自立为西楚霸王，诸侯皆属，可谓至强。然汉王起巴蜀，鞭笞天下，劫略诸侯，遂诛项羽灭之。五年之间，海内平定，此非人力，天之所建也。”刘邦没有被项羽的气势和遏制的形势所压倒，正如司马迁所言：“子羽暴虐，汉行功德；愤发蜀汉，还定三秦；诛籍业帝，天下惟宁，改制易俗。”刘邦这种奋发有为的精神，也受到司马贞的称赞。“高祖初起，始自徒中。”“啸命豪杰，奋发材雄。”“王我巴蜀，实愤于衷。”“三秦既北，五兵遂东。”“威加四海，还歌大风。”其二，还定三秦，一统天下的战略完成于汉中。控制关中、汉中与蜀中，争夺天下是刘邦的既定战略。而这一战略的最终完成在汉中，韩王信对刘邦说：“军吏士卒皆山东之人也，日夜跂而望归，及其锋而用之，可以有大功。天下已定，人皆自宁，不可复用。不如决策东乡，争权天下。”其三，筑坛拜将，明修栈道，暗度陈仓的行军谋略形成于汉中。萧何对刘邦说：“至如信者，国士无双。王必欲长王汉中，无所事信；必欲争天下，非信无所与计事者。”刘邦“择良日，斋戒，设坛场，具礼”，拜韩信为大将。韩信的《登坛对》坚定了刘邦的信心，“于是汉王大喜，自以为得信晚。遂听信计，部署诸将所击”。其四，募发賨民，西汉王朝的民族融合政策奠定于汉中。巴人“天性劲勇”，是刘邦兵定三秦的急先锋。《华阳国志·巴志》说："汉高帝灭秦，为汉王，王巴、蜀。阆中人范目有恩信方略，知帝必定天下，说帝，为募发賨民，要与共定秦。秦地既定，封目为长安建章乡侯。""故世谓'三秦亡，范三侯'也。复除民罗、朴、昝、鄂、度、夕、龚七姓不供租赋。阆中有渝水。賨民多居水左右。天性劲勇，初为汉前锋，陷阵，锐气喜舞。"由此看来，刘邦军队的"前锋"是由賨民、氐羌等少数民族组成，他们既是还定三秦的功臣，又是刘邦民族融合政策成功的范例，产生了深远的历史影响。其五，在汉中、蜀中兴修水利，发展经济，足食足兵，建立了可靠的后方基地。《史记·萧相国世家》说："汉王引兵东定三秦，何以丞相留守巴蜀，填抚谕告，使给军食。"萧何在汉中盆地汉江支流褒河之上主持修建了著名的水利工程——山河堰，使汉中盆地变成了旱涝保收的粮仓。《华阳国志·蜀志》："汉祖自汉中出三秦伐楚，萧何发蜀、汉米万船而给助军粮，收其精锐以补伤疾。"汉中及蜀地丰盈的粮草和充足的兵源，为刘邦击败三秦、统一天下提供了可靠的保障。以上五大战略举措，使汉中成为西汉王朝的发祥地。司马迁在《史记·六国年表》说："禹兴于西羌，汤起于亳，周之王也以丰镐伐殷，秦之帝用雍州兴，汉之兴自蜀汉。"东汉摩崖《石门颂》也说"高祖受命，兴于汉中。道由子午，出散入秦，建定帝位，以汉诋焉"。

刘邦汉国建立起了大一统的文化谱系，上接三代，下启汉统。司马迁在《史记·高祖本纪》中，从文化谱系说明汉朝建立的意义。"太史公曰：夏之政忠。忠之敝，小人以野，故殷人承之以敬。敬之敝，小人以鬼，故周人承之以文。文之敝，小人以僿，故救僿莫若以忠。三王之道若循环，终而复始。周秦之间，可谓文敝矣。秦政不改，反酷刑法，岂不缪乎？故汉兴，承敝易变，使人不倦，得天统矣。"司马迁从天人关系寻求汉朝的合法性，找到了汉承夏、商、周三代的文化"天统"。刘向、班固等人则进一步将汉的文化正统追溯到尧、舜、禹时代。是以颂高祖云："汉帝本系，出自唐帝。降及于周，在秦作刘。涉魏而东，遂为丰公。"班固据此力证汉朝的"天统"，"由是推之，汉承尧运，德祚已盛，断蛇著符，旗帜上赤，协于火德，自然之应，得天统矣"。

（梁中效，陕西理工大学历史文化与旅游学院院长、教授，两汉三国文化研究所所长，陕西省司马迁研究会副会长。）

论《史记》对民俗的观照[1]

王麦巧

历史是记载人类过去发生的事件，它的内容涉及人类社会的方方面面，可以说“前言往行，无不识也；天文地理，无不察也；人事之纪，无不达也”[2]。所以，民俗学家钟敬文先生说：“历史学确实是一门很深广的学问，也包括民俗学的内容。”[3]因而，史书都会详尽地记载一定历史时期的民俗事象，诸如物产民风、传说掌故、习俗礼仪、宗教信仰等。通过民俗描写以弥补历史记载的不足，同时为研究古代民俗提供了翔实的资料，也有利于历史人物的塑造。《史记》作为一部史学宏著记载了各种各样的民俗事象，使《史记》成为一部“历史与民俗相遇的文化巨著”，具有较高的民俗学价值。

一

在先秦时期，并没有专门的民俗记载。关于民俗，散见于史书、地理、文学、风物纪等文献典籍中，司马迁汲取了其中关于民俗的记录，同时根据自己的实地调查增加了一些新材料，使《史记》成为一部“历史与民俗相遇的文化巨著”，具有较高的民俗学价值。《史记》所载民俗上至黄帝时代，下至汉武帝时代，长达三千多年。就内容而言，囊括了民间文学、巫术与民间信仰、人生礼仪、物质生产等方面的民俗，类型多样，资料丰富，为后人研究古代民俗提

① 本文为国家社科基金重大项目“中外《史记》文学研究资料整理与研究”（项目编号：13 & ZD111）阶段性成果。

② 白寿彝：《民俗学和历史学》，《思想战线》1985 第 1 期，第 17—20 页。

③ 叶涛：《钟敬文教授访谈录》，《民俗研究》2000 第 1 期，第 20—36 页。

供了依据。

民间文学包括神话传说、俗谚、方言等方面，这些内容在《史记》里都有体现，特别是神话传说，它们是司马迁用来补充史料的重要来源，具有重要的民俗价值和审美价值。神话传说多出现在先秦时期的帝王纪传中，因为史料不足，故采俗入史，秦汉以后，因为有历史记录，神话就很少出现，但是也有例外，例如帝王出生的神话。神话“所反映的内容是自然和社会，而支配自然和社会的是神和半神”①。《史记·高祖本纪》描写了刘邦“君权神授”的神话，支配神话的却并非神或半神，而是人——刘邦。这些神话介绍了刘邦不平凡的身世、长相、经历等。通过对它们的观察，便不难发现，这些神话最主要的功能，就是对“君权神授”观念的肯定、对封建统治的维护。

民间信仰是世代传承的民间文化，它规范着民众的思维与行为。中国的民间信仰呈现出多元化的特点。在夏、商、周三代，流行天神（上帝）与祖先崇拜，天神崇拜发展到先秦两汉，由于受当时占统治地位的阴阳五行观的影响，一种渗透着四方五行思想的五帝崇拜应运而起，赤白黄青黑五帝按不同方位排列着。中国宗教多神崇拜的特点，不惟表现在祭天地、敬祖宗等献祭崇拜中，还表现为源远流长、杂而繁多的巫术信仰的盛行，例如鬼神之祀、占卜、预知信仰等。两汉时期，宗教、谶纬迷信猖獗，巫术方士盛行，祭祀活动频繁，并且各项祭祀活动，在上承古制的基础上，有了很大的发展。《史记》所载西汉时期的祭祀活动不仅是当时普通人精神生活的头等大事，而且也是统治者政治生活的重要组成部分。秦始皇即位三年后，巡行东方，“祠邹峄山，颂秦功业，于是征从齐鲁之儒生博士七十人，至乎泰山下”，“除车道，上自泰山阳至巅，立石颂秦始皇帝德，明其得封也。从阴道下，禅于梁父”②。汉武帝在位，非常重视鬼神之祀，因此在他的周围有来自各个地方的巫祝从事鬼神的祭祀，如越国、齐国的巫祝。越人信鬼，越祠以鸡卜，“上信之，越祠鸡卜始用”。齐人少翁以鬼神见汉武帝，“上有所幸王夫人，夫人卒，少翁以方盖夜致王夫人及灶鬼之貌云，天子自帷中望见焉”。武帝想要与神通，文成就“作画云气车，及各以胜日，驾车辟恶鬼。又作甘泉宫，中为台室，画天、地、太一诸鬼神，而置祭具以致天神”

---

① 陶立璠：《民俗学》，学苑出版社 2003 年版，第 349 页。

② 司马迁：《史记》，中华书局 1982 年版，第 1366—1367 页。

[1]。汉武帝被齐少翁的巫术欺骗，相信他并予以重用。后来，武帝又听信胶东人栾大，以为他“有禁方，能神仙”，封栾大为“天道将军”，并把公主许配栾大。后来，少翁、栾大的骗术皆被识破，二人也因此被杀头。在这些民间信仰中，有对自然物、自然力的崇拜，比如天地日月、雷电风雨；有对幻想物的崇拜，比如神鬼精灵；有对附会以超自然力的人物的崇拜，比如神仙圣巫等。汉武帝前后六次举行封禅仪式，其祠“遍于五岳、四渎矣”。可见范围之广，祭神之多。

人生礼仪是指人在一生中几个重要阶段上所经历的不同的仪式和礼节，例如诞生礼、成人礼、婚礼、丧礼等。在这些方面，《史记》着重介绍了婚礼、丧礼。婚姻是一个人一生中的大事，它受思想观念、经济、社会环境等因素的影响，表现出鲜明的时代性特征。《史记》记载的婚姻形态有聘娶婚、再婚、自由婚、烝报婚等，为我们了解古代婚俗文化提供了丰富的资料。丧礼是人生的最后仪礼，汉代，人们笃信灵魂不灭，再加上慎终追远的儒家孝悌思想的影响，因而非常重视丧礼。丧礼包括发丧、吊丧、送葬、守冢等环节。《卫将军骠骑列传》记载：“骠骑将军自四年军后三年，元狩六年而卒。天子悼之，发属国玄甲军，陈自长安至茂陵，为冢象祁连山。”[2]这是关于送葬的记载。《史记·高祖本纪》载：“秦始皇帝、楚隐王陈涉、魏安釐王、齐湣王、赵悼襄王皆绝无后，予守冢各十家，秦皇帝二十家，魏公子无忌五家。”[3]这是关于守冢的记载。婚礼、丧礼等具有珍贵的文化价值，它们不仅再现了当时民众原生态的生活，而且因其蕴含着不同的伦理道德观念和民族文化心理，为我们探讨民族文化心理的变化提供了依据。

物质民俗是指与人们衣食住行相关的民俗事象，包括农业、商业、饮食、居住、交通、服饰等方面。中国古代是农业社会，农业生产是国家的命脉，因此对农业事象的关注成为史官义不容辞之责任。《史记》记载了农业时序、节令、耕种等民俗事象。春天播种，夏天生长，秋天收获，冬天储藏，这是农业生产的自然规律，作为帝王应该遵循万物生长的自然规律，建立一套顺应四时的天时。“夏正以正月”“殷正以十二月”“周正以十一月”“秦正以十月”，汉初沿用

① 司马迁：《史记》，中华书局 1982 年版，第 1387 页。

② 司马迁：《史记》，中华书局 1982 年版，第 2939 页。

③ 司马迁：《史记》，中华书局 1982 年版，第 391 页。

秦历，以十月为岁首，汉武帝太初元年，改正朔，易服色，改岁首为正月。改正朔之意义在于："昔自在古，历建正作于孟春。于时，冰泮发蛰，百草奋兴，秭鳺先滜。物乃岁具，生于东。次顺四时，卒于冬分。时鸡三号，卒明。抚十二节，卒于丑。日月成，故明也。"①

古代人重农轻商，司马迁通古今之变，成一家之言，他反对"重本抑末"，主张农工商虞并重，强调工商活动对社会发展的作用。"'农不出则乏其食，工不出则乏其事，商不出则三宝绝，虞不出则财匮少。'财匮少而山泽不辟矣。此四者，民所衣食之原也。"②也就是说，农、工、商、虞同样重要。司马迁认为做生意必须做到四点：首先，做生意的人在智慧方面能够随机应变，在勇气方面能够果敢决断，在仁德方面能够正确取舍，在意志方面能够有所坚守。其次，必须了解供需行情，岁在金时，就丰收；岁在水时，就歉收；岁在木时，就饥馑；岁在火时，就干旱。旱时，就要备船以待涝；涝时，就要备车以待旱，这样做符合事物发展的规律。再次，善于经营致富的人，也善于把握时机，物价贵到极点，就会返归于贱；物价贱到极点，就会返归于贵。当货物贵到极点时，要及时卖出，视同粪土；当货物贱到极点时，要及时购进，视同珠宝。最后，要想发家致富，必须精打细算、勤劳节俭，之外还必须出奇制胜。这些经验都是司马迁根据范蠡、子贡、白圭、猗顿、卓氏、程郑、孔氏、师氏、任氏等人的经验总结出来的，通过叙述他们的事迹，表述自己的经济思想，使后人"得以观择"。

二

《史记》记载了汉武帝以前三千年的历史和文化。在《史记》之前，比较著名的史书如《春秋》《国语》《左传》《战国策》等，虽然涉及了从古史传说一直到夏商周三代各方面的历史，但是史料并不完备，特别是上古历史。上古时代指文字出现以前的历史时期，即夏以前的三皇五帝时期，由于鲜有文字资料，主

① 司马迁：《史记》，中华书局 1982 年版，第 1255 页。

② 司马迁：《史记》，中华书局 1982 年版，第 3255 页。

要靠传说流传至今，因此这段历史对于后来的人们存在很多含糊不清之处。在这种情况下，民俗事象的搜集和使用就可以弥补史料的不足。

中国古代的上层社会对民间风俗一直是非常重视的，《诗经》就是统治阶层有组织地到民间去采风的结果。“孟春之月，群居者将散，行人振木铎徇于路以采诗，献之太师，比其音律，以闻于天子。故曰王者不窥牖户而知天下也。”①采诗是为了观览风俗，故又称“采风”。《五帝本纪》及夏、商、周始祖的神话传说就是司马迁采风的结果。司马迁从20岁左右开始第一次采风：“南游江、淮，上会稽，探禹穴，窥九疑，浮于沅、湘；北涉汶、泗，讲业齐、鲁之都，观孔子之遗风，乡射邹、峄；戹困鄱、薛、彭城，过梁、楚以归”②，足迹遍及长江流域、黄河流域、淮河流域。之后，他利用公务之便随驾出巡，西至空桐，北至涿鹿，东至渤海，南至江淮，搜集到关于黄帝、尧、舜的“风教”传说。《五帝本纪》采用了大量的神话故事和传说资料：黄帝战蚩尤征炎帝，居轩辕之丘而娶西陵氏之女，是为嫘祖。高辛氏生而神灵，自言其名，历日月而迎送之，明鬼神而敬事之。帝尧命羲、和，敬顺昊天，数法日月星辰。尧试用鲧治洪水，使舜入山林川泽，虽暴风雷雨但行而不迷。尧流放共工于幽陵，以变北狄，放逐欢兜于崇山，以变南蛮，移三苗于三危，以变西戎，诛鲧于羽山，以变东夷。舜耕历山、渔雷泽、陶河滨，作什器于寿丘。尧以二女为其妻，二女甚有妇道。父瞽叟趁舜筑仓廪之机，纵火焚廪，舜不死；瞽叟趁舜凿井之机，与象落井下石，舜复得生。除了五帝的神话传说，夏、商、周始祖的神话传说还有诸如此类的古史神话传说比比皆是。《夏本纪》记述了禹的事迹；《殷本纪》中记契母简狄三人行浴，吞食玄鸟卵而生契；《周本纪》记载：“周后稷，名弃。其母有邰氏女，曰姜嫄。姜嫄为帝喾元妃。姜嫄出野，见巨人迹。心忻然悦。欲践之，践之而身动如孕者。居期而生子”③，以为不祥，先后弃之于隘巷、山林、渠中冰上，皆化险为夷，终成大器。司马迁把这些神话传说材料应用于帝王本纪中，用以说明三皇五帝及夏、商、周各代祖先的来历，以填补史实的不足。这些始祖

① 班固：《汉书》，中华书局1962年版，第1123页。

② 司马迁：《史记》，中华书局1982年版，第3293页。

③ 司马迁：《史记》，中华书局1982年版，第111页。

神话、发明神话、征战神话以及感生神话等，都是我国上古时期极为重要的民俗观念。“其中反映的人类起源传说、人类文化的发生发展以及以山川之兆，验国家之兴亡，测社稷之安危等，对研究我国民俗的历史，也是极为重要的材料。虽然依然带有史俗不分的状况，有将古史神话传说历史化的趋势，但是这种记述价值是十分重要的。”①

《史记》将神话历史化，不但弥补了史书的不足，而且为以后的历代帝王编造神话奠定了基础，提供了素材。后世帝王感生神话很多，如《汉书·光武帝纪下》描述光武帝是感光而生：“建平元年十二月甲子夜，有赤光照入室中。光影如龙似凤，其母诞下光武帝。”北宋时，宋太宗“母曰昭宪皇后杜氏。初，后梦神人捧日以授，而有娠，遂生帝于浚仪官舍。宋太宗是夜，赤光上腾如火，闾巷闻有异香”（《宋史·太宗本纪》），宋太宗应该是感日而生。清世祖“母孝庄文皇后方娠，红光绕身，盘旋如龙形。诞之前夕，梦神人抱子纳后怀曰：‘此统一天下之主也。’寤，以语太宗。太宗喜甚，曰：‘奇祥也，生子必建大业。’翌日上生，红光烛宫中，香气经日不散。上生有异禀，顶发耸起，龙章凤姿，神智天授”（《清史稿·世祖本纪》），清世祖应是感龙而生。先秦时期的感生神话多为图腾崇拜，政治性不强，后世帝王的感生神话是基于帝王的政治目的而创造的，是把历史神话化，至此，这些人造神话对研究民俗已经没有任何价值。

《史记》列传中通过人物传记反映的民俗事象更多。《龟策列传》记载了古代龟策之风俗。古人比较迷信，有什么事都要占卜吉凶，占卜的方式很多，以龟策卜事即是其一。龟策卜事可以用来卜当行不当行、卜迁徙、卜居官、卜渔猎、卜天雨……司马迁总而论之，既全面展现了龟策之俗，又指出其用场之广，影响之大，遍及各族，遍及各地，信仰极深，因而不能不为之专门写传。《日者列传》介绍了卜筮的源流、功用以及卜人的活动情况。《货殖列传》是民俗之集大成者，内容涉及财货、物产、衣食、谣俗等，行业涉及农、工、商等各行各业，地域涉及长江流域、淮河流域、黄河流域、珠江流域。司马迁在介绍中把风俗文化与地域以及经济联系起来，开了区域经济民俗研究的先河。由于民俗资料的采入，后代

① 张紫晨：《中国民俗学史》，吉林文史出版社1993年版，第82页。

的学者一再批评司马迁“好奇”，批评《史记》太“杂”。刘知几认为《史记》“多聚旧闻，时采杂言，故使览之者，事罕异闻，而语饶重出”[①]。虽然古代那些正统的历史学家们不赞同司马迁采俗入史的做法，但对于全面搜集、整理和保存中国上古时代的文化成果而言，司马迁的做法非常可贵。

三

《史记》被称为“史家之绝唱，无韵之离骚”，这是对《史记》文学价值的高度赞誉，《史记》的文学价值与民俗的记载不无关系，传说、民间故事、方言、谣谚、名言等民俗的引用，增强了人物刻画的典型性，增加了故事情节的传奇性和生动性，提高了作品的抒情性。

《史记》是传记体通史，以人物为中心组织材料，为了增加人物的典型性，司马迁运用了大量民间传说，从而塑造出众多个性鲜明的人物，如才略过人、战功卓著的韩信，“运筹策帷帐之中，决胜于千里之外”的张良，才气超绝、自负不羁的李广，等等。在《淮阴侯列传》中，使用了三个传说故事：韩信为母亲选坟的故事，作为平民的韩信，在母亲死后无钱置办丧事，却要寻找又高又宽敞的坟地，而且要让坟地四周可安顿得下一万家，其不凡的抱负可见一斑；漂母舍饭的故事充分表现了韩信知恩图报的高贵品质；胯下之辱的传说体现了韩信的隐忍大度，成大事者必先“苦其心志，劳其筋骨”，如此方能百折不挠，固守自己的抱负。在《留侯世家》里，为了表现张良的智谋和为人，作者将“圯上纳履”“黄石公授书”的传说故事纳入了《史记》。此故事情节离奇近乎荒诞，却表现了张良隐忍、宽厚的品格和得之于“神力”的谋略，与日后帮助刘邦成大业有着不可分割的联系，成为塑造张良这一形象不可或缺的一笔。为了表现李广武艺高强的勇将形象，司马迁采用了李广射石的传说。“广出猎，见草中石，以为虎而射之，中石没镞，视之石也。因复更射之，终不能复入石矣。”[②]这个故事在民间流传非常广泛，《吕氏春秋》记载，有一次，养由基看到一块像兕的

① 刘知几：《史通》，时代文艺出版社 2008 年版，第 9 页。

② 司马迁：《史记》，中华书局 1982 年版，第 2871 页。

石头，于是一箭中石，箭杆射进石头中，只有箭羽露在外面；《韩诗外传》记载，熊渠子夜行，以石为虎，张弓射虎，结果“灭矢饮羽”。这些其实都是子虚乌有，但司马迁把民间传说的东西，嫁接到李广身上，使这位本来就精于骑射的飞将军，变得更加神采飞扬、活灵活现了。除了传说，司马迁还通过方言塑造典型人物。在《陈涉世家》里作者使用楚地方言：“(陈涉故人)入宫，见殿屋帷帐，客曰：‘夥颐！涉之为王沈沈者！’”《索隐》服虔曰：“‘楚人谓多为夥。’按：又言‘颐’者，助声之辞也。谓涉为王，宫殿帷帐庶物夥多，惊而伟之，故称夥颐也。”① “夥”这个词也通行于关东某些地区，扬雄《方言》卷一“大也”条曰：“凡物盛多谓之寇，齐宋之郊楚魏之际曰夥。”“夥颐”是陈胜故人的吃惊之语，他们地位卑贱，没见过世面，骤然看到富丽堂皇的宫殿，一方面吃惊，另一方面感慨陈胜称王后豪华富贵的气派，只是一个方言词语，就使陈涉故人的形象跃然纸上，鲜活欲出。

《史记》引用谣谚、名言等，增强作品的抒情性。谣谚之类往往结构相同，字数相等，读起来音节和谐，具有节律感，更兼表意凝练、抒情酣畅，因而颇受作者青睐。项羽的《垓下歌》是一首英雄末路的挽歌：“力拔山兮气盖世。时不利兮骓不逝。骓不逝兮可奈何！虞兮虞兮奈若何！”“力拔山兮气盖世”洋溢着干云的豪气，令人血脉偾张，慷慨激昂。“时不利兮骓不逝”却变奏为无奈的叹息，令人感叹世事的无常、个人的渺小。在命运多舛的绝境中，项羽不仅于战无计，而且连自己的爱妃虞姬也保护不了，所能做的就是悲叹：“虞兮虞兮奈若何。”如此悲叹，“有千载不平之余愤”。与《垓下歌》有异曲同工之妙的是刘邦的《大风歌》：“大风起兮云飞扬，威加海内兮归故乡，安得猛士兮守四方！”“大风起兮云飞扬”，气势恢宏，何等气魄！有大气魄才能成就大事业。威加海内的刘邦衣锦还乡，踌躇满志，内心却唱出了一种极其孤寂苍凉之音，这是胜利者的悲歌。宋代刘辰翁说：“自汉灭楚后，信、越、布及诸将诛死殆尽，于是四顾寂寥，有伤心者矣。语虽壮而意悲，或者其悔心之萌乎！”②与《垓下歌》《大风歌》类似的还有《留侯世家》中刘邦为戚夫人作的《鸿鹄歌》、《吕后本纪》

① 司马迁：《史记》，中华书局 1982 年版，第 1960—1961 页。

② 周振甫：《〈史记〉集评》，重庆大学出版社 2010 年版，第 42 页。

中赵王友所作的《赵幽王歌》、《伯夷列传》中伯夷叔齐所作的《采薇歌》等，这些歌谣都悲凉慷慨，具有浓厚的抒情色彩，突出地表现了作品中人物命运的悲戚性，展示了司马迁强烈的悲悯情怀。当我们阅读《史记》时，心弦会在悲楚中被重重地拨动。

传奇性是《史记》比较明显的文学特征，这种传奇性与民间文学关系密切。《史记》赵氏孤儿的故事曲折生动，充满了传奇色彩。屠岸贾以“赵盾弑君”为借口，诛杀赵家满门，只有赵朔的遗腹子逃过一劫。公孙杵臼以假婴顶替遗腹子瞒过了屠岸贾，隐藏深山；程婴假意卖友，供出公孙杵臼和假婴，结果公孙杵臼和假婴被众将杀死，而真的赵氏孤儿却被程婴隐藏深山。十五年后，赵氏复兴，程婴为报公孙杵臼而自杀。这个感人至深的传奇故事一直为人们津津乐道，屠岸贾斩尽杀绝的凶残、程婴和公孙杵臼舍己救孤的高义给读者留下了深刻的印象，使这篇文字成为后代小说、戏剧等文学作品取材的宝库，元杂剧《赵氏孤儿》就是取材这个故事，法国伏尔泰、德国歌德分别将这个故事改编为《中国孤儿》和《埃尔佩诺》，足见这个故事的影响之大。然而，经清人何焯、赵翼、梁玉绳等人考证，这个故事并不出自正史，而是司马迁从民间采集来的传说。清人何焯指出：“按程婴、公孙杵臼之事，最为无据，疑战国时任侠好奇者为之，非其实也。”[①]赵翼指出：“屠岸贾之事，出于无稽，而迁之于采遮，荒诞不足凭也。《史记》诸世家多取《左传》《国语》以为文，独此一事不用二书，而取异说。”[②]梁玉绳《史记志疑》卷二十三“晋景公三年”条也认为，此事“妄诞不可信，而所谓屠岸贾、程婴、杵臼，恐亦无此人也”。由此可见，这个故事并非采自信史，而是采自民间传说。正是民间传说的吸收和运用赋予了《史记》如此强烈的传奇色彩。

现在，《史记》的民俗价值已普遍被人们接受，无论是从《史记》出发研究民俗，还是从民俗出发研究《史记》，都具有重要的学术意义。

（王麦巧，渭南师范学院人文学院教授，文学硕士）

① 何焯：《义门读书记·史记》，中华书局 1987 年版，第 212 页。

② 赵翼：《陔余丛考（上册）》，中华书局 1963 年版，第 93 页。

司马迁的自然科学观研究

张　力

近年来,《史记》研究虽然取得了长足的进步,但司马迁的自然科学观是《史记》研究中的薄弱环节。司马迁为《史记》树立的标尺是“究天人之际,通古今之变,成一家之言”。站在这一逻辑起点上考察司马迁的自然科学观,不但利于进一步地澄清司马迁哲学思想的来源,重新发现司马迁与先秦学术思想的传承关系,而且还可以进一步认识司马迁在中国哲学史和科学史上的地位。

一、阐释了先秦自然观的基本思想

(一)理清了“自然”的基本观念

古人在长期从事生产实践中懂得,人的一切活动受制于自然界,因而在安排农事、制定法度时,朴素地、自发地效法天地。《太史公自序》指出:“维昔黄帝,法则天地,四圣遵序,各成法度。”[①]五帝(指黄帝、颛顼、帝喾、唐尧、虞舜)时期,已建立了社会法度效法天地的传统。古代天官主持祭祀日出,主管天象变化的观察记录,以授民时,指导农耕。天上日月五星谓之七政,地上春夏秋冬天文地理人道则是对应的七政。

司马迁对历代五行运行与天地相关的记述既肯定又批判。作为定季节、指导农事,他是充分肯定的,但对董仲舒等一些牵强附会的见解和记述,则予以否定,认为“多杂禨祥,不经,推其文,考其应,不殊”[②]。他对先秦至汉法则天

① 司马迁:《史记》,中华书局 1959 年版,第 3301 页。

② 司马迁:《史记》,中华书局 1959 年版,第 3306 页。

地思想演变采取了科学严肃的态度进行整理，其所坚持的“法则天地”思想传统，既肯定了尊重自然的客观规律性，坚持按客观规律办事，即“道法自然”的原则，但又抛弃荒诞不经之说。

（二）揭示了“和谐”的思维方式

《史记》关于古代法则天地、道法自然基本观念的载述，又从另一角度体现为一种天地阴阳和谐统一的思维方式。在《史记·扁鹊仓公列传》中：扁鹊“闻病之阳，论得其阴；闻病之阴，论得其阳”[①]，即是从脉象中分析阴阳是否失调以判断病情。《史记》记载汉代名医淳于意从公乘阳庆学医，其中就有“揆度阴阳外度”。阴阳交替是宇宙的根本规律，也是医道的根本规律，是中医判断脏腑属性、生理变化、诊断治疗、药性鉴别的基本思维方式。

（三）总结了“疏导”的系统思想

从《史记》关于大禹治水到春秋战国时期所修的水利工程详细记载中表明，中国古代不仅修筑了许多重大水利工程，积累了宝贵经验，更可贵的是很早就形成了水利疏导的整体系统思路，并运用于工程实践，创造了许多成功范例，其高度系统性、科学性与持续性构思，至今仍值得效法。《史记·越王勾践》载，“太史公曰：禹之功大矣，渐九川，定九州，至于今诸夏艾安”[②]。可见大禹治水注重根治，几千年受益于后世。

二、提出了科学求索论的创新见解

（一）阐明了“无为自化”为道

《史记》成书虽处于罢黜百家独尊儒术时代，然而司马迁仍坚持以道家的“无为自化”为道的根本。他深谙百家，“采儒墨之善，撮名法之要”[③]，即综百家

---

① 司马迁：《史记》，中华书局 1959 年版，第 2788 页。

② 司马迁：《史记》，中华书局 1959 年版，第 1756 页。

③ 司马迁：《史记》，中华书局 1959 年版，第 3299 页

精华。他又以“道家使人精神专一，动合无形”的见解研究了道家与其他各家的关系，认为“老子所贵道，虚无，因应变化于无为，故著书辞称微妙难识”。

司马迁还记述天象变化，也涉及天人感应，但不消极畏天，而重修德政。认为“国君疆大，有德者昌；弱小，饰诈者亡。太上修德，其次修政，其次修救，其次修禳，正下无之”①。这是指有道之君，注重修德爱民，减刑，修好周边关系，而不在于祈求上苍保佑；无道昏君，即使上天真的示警也不起作用。天有天道，人有人道，虽同是遵从无为自化规律之道有相关性，如天灾影响农事等，但又各别。人在天道变化面前不是无能为力的，大禹治水就是历史的明证，天道变化决不代表人道变化。“无为”的深刻含义在于只能遵循而不能主观随意去改变规律，违背规律无不受到惩罚。遵从无为自化规律不是消极的，而是在客观规律容许的可能性范围内因势利导，发挥人的自觉能动性，也可以达到最好结果。

司马迁在《报任安书》中云：“究天人之际，通古今之变，成一家之言。”这是他创作《史记》所坚持的三个宗旨，为古今学者所肯定。

（二）提出了信息世界的构想

人类在社会实践中，积累了关于自然规律和社会规律的认识成果，通过文字、符号把信息保存下来，以相互交流，传之后世。英国科学哲学家波普尔把这类精神世界的产物概括为区别于物质世界和精神世界的信息世界（或称知识世界），并称之为“世界 3”，以区别于前两者。“世界 3”反映人类共同知识的积累，从这一意义来说，先秦诸子百家的著述及司马迁的《史记》，也都为信息世界添砖加瓦，无不都是“述往事，思来者”②，以影响后世为目的。尽管任何人都避免不了主体与时代的局限，但又都在一定程度上体现信息的客观性。司马迁也不例外，作《史记》的三宗旨，也体现着他构建信息世界的基本宗旨。

① 司马迁：《史记》，中华书局 1959 年版，第 1351 页。

② 司马迁：《史记》，中华书局 1959 年版，第 3300 页。

三、记载了中国古代自然科学技术独创性发展的重要线索

（一）天文学研究与《天官书》

在《史记》中，对天文学给予了特别的关注。不但在许多篇本纪、表、传中记载了丰富的天文学资料，而且还写了《历书》和《天官书》，开创了中国史书系统地记述天文学资料的优良传统。司马迁分析了历代的月食记录，他一破月食不可预测的成见，总结出月食现象的发生存在一种周期性的规律。他在中国历史上第一次提出了交食周期。《史记·天官书》中说道："月食始日，五月者六，六月者五，五月复六，六月者一，而五月者五，凡百一十三月而复始。故月蚀，常也。"一般研究者都认为，司马迁的交食周期就是后来刘歆《三统历》里的数据，即，一百三十五个朔望月。如果是这样，那么上引《天官书》中的数字，自"六月者一"起可改为："六月者五，而五月者三，凡百三十五月而复始。"

正是由于司马迁发现了月食现象中有周期规律，人们此后才能自觉地去探求日、月食现象中的其他规律性，并由此而发展起中国传统的日、月食预报工作。

司马迁分析了汉兴百余年来的史官行星观测记录，并结合他自己的观测验证，他发现，在五个行星的运动中都有规律地出现逆行现象。进而他对每个行星都总结和建立了第一份动态完整的行星动态表，其中包括了每个行星在一个会合周期中的顺行、逆行和停留各个阶段的运行时间和所行度数。尽管司马迁所定的行星动态表精确度还不高，但是他把逆行和停留都归入到正常的、可计算的范畴里来，从而为我国的行星运动研究建立了一个新的起点。

（二）数学同律度量衡的原理与记数方法

《史记》中记载了先秦历代通过定音律以作为定度量衡基准的原理与方法。《律书》指出："王者制事立法，物度轨则，壹禀于六律，六律为万事根本焉。"①乐律是天地和谐的象征，阴阳律吕生养万物，故也为权衡的基准。舜代尧摄天

① 司马迁：《史记》，中华书局1959年版，第1239页。

子职之后，东巡至泰山，会同诸侯，调整东方各邦国的音律度量衡、礼仪、历法、验证礼器等，使全国统一。《史记·五帝本纪》所载的“同律度量衡”①，包括同律，即统一12音律；同度，即统一丈尺；同量，即统一斗斛；同衡，即统一斤两。

《史记》关于记数的记述，提供了与考古发现联系的线索。19世纪末，河南安阳小屯发掘的大批商代（前14—前11世纪）龟甲和兽骨中包含的数字，如记载俘敌或杀敌的数目，就是用十进制构成记数的概念体系和表达方式。而周代（前11—前3世纪）的青铜器铸刻及货币上的铭文也有很多类似甲骨文的数字或记法，但数字记法已有所演变。按照李约瑟的估计，“在西方后来所习见的‘印度数字’的背后，位值制早已在中国存在了两千年”②。

结　语

司马迁的自然科学观集中体现在《史记》等典籍中，其中涉及不少自然科学的思想与史实，反映了中国古代科学思想传统，反映了司马迁卓越的创见，传承了要向自然学习创造力的科学思想传统。

（张力，咸阳师范学院助理编辑，哲学硕士。）

---

① 司马迁：《史记》，中华书局1959年版，第24页。

② 李约瑟：《中国科学技术史》第3卷，科学出版社1978年版，第32页。

论《史记》中的生态智慧及其现实意义①

王晓红

马克思说："对和谐之美的追求是人类的本能。"社会和谐，自古以来就是人类的美好社会理想和愿景。社会和谐是中国特色社会主义的本质属性，党的十八大明确提出"推动社会主义和谐社会建设"重要任务。从生态文化学角度来看，"和谐社会"应强调人与自然、人与社会、人自身身心的和谐，即要处理好人和自然、人和人关系以及人自身的关系。发掘我国古代博大精深、丰富深刻的生态智慧资源，分析其历史实效和实现当代转换的意义及路径，对当下构筑"和谐社会"是大有裨益的。

作为中华元典之一的《史记》体大精深，意蕴深厚。司马迁在《史记》中思力最多、最执着的是探究天（自然）与人的关系，形成了以天人关系为思考对象，涵括自然生态、社会生态、精神生态的丰富生态文化内容，提出了富有启发性的生态智慧成果，成为中国古老的生态哲学的重要范本。

一、"取用有度，限度生存"的生态资源节用观

人与自然的关系是人类安身立命的重要命题。自然生态主义从一开始就成为我们祖先"思考自然宇宙与人类社会问题的一个根本性的立场"②，形成了以天人关系为思考对象，以"天人合一"为主要内容的先秦哲学思想，这一思想的核心是"人与自然的相通、相似，和谐共生"。司马迁继承和延续了这一思想，

---

① 本文为国家社科基金重大项目"中外《史记》文学研究资料整理与研究"（项目编号：13&ZD111）。

② 李夫生：《生态批评：一种以旧翻新的游戏》，《求索》2005 年第 4 期。

形成了“天人关系的和合相处，人既不受制于天，也不违背天理而为我所用”的“既合于天性之理亦合于人性之理的天人合一观”①，这一思想在现实生活层面上，即在实践观上，体现为“限度生存”的实践原则。就是在追求人与自然和谐共生的前提下，主张和提倡自然资源有限度、可持续的利用，反对对自然资源的违时获取和过度消费。

在人类早期就认识到自然资源的有限和人类需求的无限之间的矛盾，从持续发展、永续利用的原则出发，提出了“取之有度，用之有节”“取物不尽物”的生态伦理道德，在“昔者昊英之世，以伐木杀兽，人民少而木兽多。黄帝之世，不麛不卵”②，可见在轩辕黄帝时代原始生民就注意到树木、禽兽资源的稀少和有限，便不扑杀幼兽和掏吃鸟蛋，以维护人与自然的和谐。在《史记》中，司马迁明确倡导有节制地利用生态资源，反对掠夺性开发。《五帝本纪》所论“前轴心时代”先古圣王无不节制地开发和使用自然资源：（黄帝）节用水火材物；（帝颛顼）养材以任地；（帝高辛）取地之财而节用之。在《史记·越王勾践世家》中引范蠡的话“节事者以地”③，司马贞《索隐》：“言地能财成万物，人主宜节用以法地，故地与之。”司马贞的解释强调人与“地”也就是人与自然的关系，主张“以时顺休”，有节制地使用自然资源。这种解释似乎很符合司马迁的原意。墨子提倡“节用”，“用财不费”，司马迁对之给予充分肯定，认为“强本节用，则人给家足之道也。此墨子之所长，虽百家弗能废也”④，即墨家主张务实节用，讲兴家富足的方略，这是墨子的长处，虽百家也不能废弃。司马迁称颂节俭的汉文帝，“即位二十三年，宫室苑囿狗马服御无所增益”，“治霸陵皆以瓦器”。⑤晏婴以节俭力行重于齐，“食不重肉，妾不衣帛”，司马迁对之大加赞赏，“假令晏子而在，余虽为之执鞭，所忻慕焉”⑥，钦慕之情溢于言表。

“天育物有时，地生财有限”，如何才能保证生物资源的可持续利用，这是需

① 胡鹏程：《司马迁史学理论的价值》，《华中师范大学学报》2012年第3期。

② 胡鹏程：《司马迁史学理论的价值》，《华中师范大学学报》2012年第3期。

③ 司马迁：《史记》，中华书局1982年版，第1740页。

④ 司马迁：《史记》，中华书局1982年版，第3291页。

⑤ 司马迁：《史记》，中华书局1982年版，第433页。

⑥ 司马迁：《史记》，中华书局1982年版，第2137页。

要思考和解决的。在《史记·太史公自序》中，司马迁指出，“夫春生夏长，秋收冬藏，此天道之大经也，弗顺则无以为天下纲纪，故曰‘四时之大顺，不可失也’”①，所谓“天道”“四时”，不仅不能“弗顺”，而且应当“大顺”。司马迁认为生物都有自己固有的生长发育规律，人们只有按照自然的生态节律和动植物的生长特点，才能合理、有效地利用自然资源。《五帝本纪》记载，黄帝“时播百谷草木，淳化鸟兽虫蛾”，按照“时令”播种作物，驯养鸟兽蚕虫。夏禹时生态思想就更具体明确，《周书·大聚篇》记载：“春三月，山林不登斧斤，以成草木之长；夏三月，川泽不入网罟，以成鱼鳖之长。”认为自然资源各有其时，如能顺应生物的消长规律，“取之有度，用之有节”，就可以最大限度掌控自然，实现人类与自然的和谐相处。如果只顾眼前利益而采取杀鸡取卵、竭泽而渔的办法，以“一时之务”损害“百世之利”，“刳胎杀夭则麒麟不至郊；竭泽涸渔则蛟龙不合阴阳；覆巢毁卵则凤皇不翔”②，必然受到物种灭绝，无衣无食的惩罚。

司马迁主张的生态节用观体现了可持续利用的生态伦理思想。在当时生产力水平整体落后、直接可用资源有限的情况下，对维护大多数人的生存利益、保护生态资源，实现人类与自然的和谐相处产生过重要的影响。在当今，人类遭遇因对自然资源的过度开发、消费而造成日益严重的环境危机，在人口众多、资源相对不足、环境承载能力较弱的我国大力倡导建设资源节约型社会、环境友好型社会的时代背景下，这种生态节用观无疑有其积极的意义。

二、“仁爱礼让，重德尚和”的社会生态观

人是社会的人，社会是人的社会，“人与社会的互动史就是人与社会由片面发展走向全面发展的历史”③。人与人、人与社会之间的和谐是构建和谐社会的核心和根本。在《史记》中司马迁展现了以人与人、人与社会的关系为主线，

---

① 司马迁：《史记》，中华书局 1982 年版，第 3290 页。

② 司马迁：《史记》，中华书局 1982 年版，第 1926 页。

③ 刘远碧、税远友：《论人与社会的关系》，《辽宁师范大学学报》2012 年第 5 期。

"仁爱礼让，重德尚和"为重要内容的社会生态的理想图景。

人与社会的和谐从本质上说就是社会中人与人的和谐问题。在人与人的关系上，"仁"是中国古代儒家的核心思想，孔子说"仁者爱人"，孟子提出"亲亲，仁也"，基本都是以"爱人"为其基本内容。儒家的"仁学"为协调"人与人（包括民族与民族、国家与国家、地域与地域）之间的关系提供宝贵的有价值的资源"①，这种思想同时也是人与人之间实现和谐的基础和前提。司马迁继承了先秦儒家"仁"的思想，并赋予新的内涵。在人与人的关系上，司马迁倡导仁爱友爱、礼让诚实，批判世态炎凉、人情"市道"。在父子兄弟、叔侄等"骨肉"关系上，司马迁主张相亲、谦让。借孔子之口称赞"断发文身"，让位于弟的太伯"可谓至德矣。三以天下让，民无得而称焉"②。伯夷"奔义""让国"的嘉行懿德"天下称之"，司马迁把伯夷视为"节义最高者为列传首"。延陵季子三让王位，仁心可嘉，司马迁赞为"见微而知清浊"的"贤者"。在君臣关系上，司马迁认为"君使臣以礼，臣事君以忠"是一种理想的君臣关系。《乐毅列传》中燕昭王对乐毅优礼信任，乐毅对昭王忠心耿耿，君王敬重臣下，臣下尽忠主上，成为君臣道合的榜样和标本。在同学、同事、同辈关系上，司马迁主张以诚待人，彼此信任。赞扬管仲、鲍叔牙坦诚相待、相知相助、坚贞真挚的情谊。

在《货殖列传》中司马迁提出"民各甘其食，美其服，安其俗，乐其业。邻国相望，鸡犬之声相闻，民至老死不相往来"，其实是借老子之口说出了被他改造过和发展了的"与时迁移的至治理想"，"其核心是自然秩序和社会和谐"，这是"全体人民各尽所能各得其所而又和谐相处"社会图景。司马迁认为，要想达到至治的理想，要实现人与社会的和谐，必须以德治国作为治国的最佳方略，推行"德治为主、法治为辅"的治国思想。

在《太史公自序》中，司马迁明确表明了以德治国的政治主张："非兵不强，非德不昌"，认为没有军队，国家不能强盛，不以德治为本，国家繁荣昌盛无从谈起。在《天官书》中他总结出"国君强大，有德者昌；弱小，饰诈者亡"的

① 汤一介：《引领人与人之间的困境突围》，《国学》2008年第12期。

② 司马迁：《史记》，中华书局1982年版，第475页。

经验教训，并且把“修德”列为治国的三大方略之首，篇中云：“太上修德，其次修政，其次修救，其次修禳，正下无之。”[①]在分析汉朝形势时，司马迁指出“形势虽强，要之以仁义为本”[②]，认为“为政必以德，毋忘所以立”[③]。在司马迁看来，“有德而兴，失德而亡”，德治对于一个朝代的兴衰成败具有战略性意义。黄帝能“法天则地”，尧舜有“厥美帝功，万世载之”，禹“光唐虞际，德流苗裔”而天下大治，“汤修德”乃“践天子位”，武丁“行德”而“殷道复兴”；商纣王荒淫无道，不得善终。“桀不务德”，天下叛之；秦朝实行暴政，二世而亡。项羽不行德治，滥用武力，终于身死东城。

在极力推崇儒家德治时，司马迁也重视法治。管仲、吴起、商鞅是先秦法家的代表人物，司马迁高度肯定了他们法治的成效。齐桓公用管仲之谋，“通轻重之权，徼山海之业，以朝诸侯，用区区之齐显成霸名”[④]。吴起在楚国变法后，楚国国力强盛，“于是南平百越，北并陈蔡，却三晋，西伐秦，诸侯患楚之强”[⑤]。司马迁用了极度赞美的语气记载了商鞅变法之后的和谐景象：“行之十年，秦民大悦，道不拾遗，山无盗贼，家给人足。”

然而在司马迁看来，法治的重要弊端是容易走向酷法，“繁刑严诛，吏治刻深”，必将丧失民心，失却天下。要建立和谐社会，应以德治国，“德主刑（法）辅”，德治乃为“治清浊之源”为主，法治为“治之具”。[⑥]

平等友爱、融洽和谐的人际环境，是加强社会主义道德建设的重要要求，也是社会主义道德建设的一个理想状态。司马迁提倡的以“仁”为基础的友爱、谦让、诚实的人际关系原则，对目前全社会构建互帮互助、文明礼仪、团结友爱、诚实守信、融洽相处的人文环境可以提供丰富的启迪和借鉴。司马迁“以德治国”“德主刑辅”的治国方略是对儒家德治思想的继承和发展，传统的儒家德治思想蕴含的“超越历史、具有恒常生命力的积极因素”应该成为我们目前“以德治国”

① 司马迁：《史记》，中华书局 1982 年版，第 1351 页。

② 司马迁：《史记》，中华书局 1982 年版，第 803 页。

③ 司马迁：《史记》，中华书局 1982 年版，第 1774 页。

④ 司马迁：《史记》，中华书局 1982 年版，第 1442 页。

⑤ 司马迁：《史记》，中华书局 1982 年版，第 2168 页。

⑥ 司马迁：《史记》，中华书局 1982 年版，第 3131 页。

的文化营养和思维渊源，对构建社会主义和谐社会具有不可忽视的现实意义。

三、“自然人性，自我和谐”的精神生态观

马克思认为，人作为独立存在的个体，他自身的特性一方面体现在人与自然、人与社会的对象性关系中，另一方面也蕴藏在他自身的内部结构之中，即个人的自身和谐。人的自我和谐是“指构成自我需要的要素之间的最佳关系状态”，“精神世界的和谐统一是自我和谐的关键”。[①]生态学研究也表明，人不仅是自然性的存在，而且是社会性的存在，同时还是精神性的存在。在人与物之间的关系的自然生态，人与人之间的关系、人与社会关系的社会生态之外，还有更为深广的“精神生态”，精神生态则体现为人与其自身的关系，司马迁对人的精神生态给予了充分的关注。

人既是“自然界的一部分”，又“天生是社会动物”，“人是各种社会关系的总和”。人的“自我和谐”首先是强调人的“自然属性”和“社会属性”的统一、灵与肉的统一。在《史记》中司马迁“既承认了人的自然属性，又承认了人的社会属性，把人的社会属性置于自然属性的决定之下”[②]。克制欲求为规范的道德理性（理）和满足欲求为归结的感官享乐（欲）构成了人性最重要的两大组成部分。司马迁认为只有二者统一，才能涵养健康的生命个体。当合理自然性（欲）与正常的社会性（理）的和谐自适，即是生命本体的真、善，美；反之，当人性中“欲”缺乏“理”的节制与规范，出现生命的异化，精神生态的失衡，是假、恶、丑。

司马迁在详考史籍、编纂《史记》的过程中得出，求利、享乐是人的本能。“耳目欲极声色之好，口欲穷刍豢之味，身安逸乐，而心夸矜势能之荣使”[③]，“富者，人之情性，人所不学而俱欲者也”[④]，第一种本能是“一切为了财富”，

① 刘新军：《自我和谐的内涵及研究意义》，《山东师范大学学报》2008 年第 6 期。

② 贾行宪：《司马迁的人性思想初探》，《延安大学学报》1984 年第 4 期。

③ 司马迁：《史记》，中华书局 1982 年版，第 3253 页。

④ 司马迁：《史记》，中华书局 1982 年版，第 3271 页。

第二种本能是“要用自己的财富换取自己想要的一切”。“这两者相辅相成，共同构成人类社会经济生活的自然生态。”①在司马迁看来，遵循伦理道德和法律的逐利求富行为，无论“本富”“末富”都是应该受到鼓励和肯定的。精于谋算的计然、弃官经商的范蠡、以废著鬻财的子贡、巧用兵法致富的白圭，他们“皆非有爵邑俸禄、弄法犯奸而富”，而是“皆诚壹之所致”才获得成功。所以司马迁将他们称为“贤人”，记录他们的事迹，“令后世得以观择焉”。作为精神的自我，在这里，合理自然性（欲）与正常的社会性（理）的和谐自适，他们精神世界是充盈的、心灵是健全的，呈现出和谐的精神生态；反之，司马迁认为，在对财富的追求中，由“危身取给”而致富的“奸富”应予惩处，沉迷于物欲，精神堕落理应受到谴责。商纣“以酒为池，县肉为林，使男女裸相逐其间，为长夜之饮”，终日饮酒作乐，享乐纵欲，导致商朝覆亡。商纣人性中“欲”缺乏“理”的节制与规范，丧失了基本的道德水准，变成了没有道德的只有本能和欲望“躯壳”，精神生态出现严重的失衡，人蜕化为可怕的兽，甚至比兽更可怕。

在《史记》中，司马迁着力揄扬了众多历史人物“健康的人性”，赞扬了人性中真、善、美的内容。漂母施恩不望报的热肠，聂荌为弟扬名的壮烈，缇萦挺身而出为父纾难的果敢。“振人之命，不矜其功”游侠郭解，胆略过人、以国家大局为重的蔺相如，“正路直行，竭忠尽智”以身殉国的屈原，决然“不取媒因自嫁”的太史敫女，勇敢、主动追求情爱的卓文君，等等，这些人物“主要以道德精神立于史林的”，人性所蕴含的自然性和社会性始终处在自在自适的和谐之中，这种和谐自适中的审美倾向合乎情，不悖乎理，以和谐的精神生态感染读者。司马迁在颂扬美好的健康、自然人性，同时描述种种历史人物失衡的精神生态镜像，剖析历史人物灵魂的畸形化、精神的异化，揭露了人性中丑恶的一面。刘邦为了活命，多次“推堕孝惠、鲁元车下”；平原君杀掉“美人”来博取重“义”爱“士”虚名；酷吏王温舒杀人“至流血十余里”；汉武帝“内多欲而外施仁义”，虚伪成性；吕后残忍地“囚戚夫人”，炮制了“人彘”；骊姬因“欲立其子”而不择手段地阴谋策划、戕害他人。

① 吕庆华：《司马迁的货殖思想》，《光明日报》2009 年 9 月 8 日。

“《史记》所写的人，不只是历史的人，同时是人性的人。”《史记》最看重的是人性，在司马迁眼里，人性的光辉远胜世间功业。无论是展示人物道德的崇高、精神的充盈，还是剖析历史人物灵魂的畸形化、精神的边缘化，都“表达了司马迁对历史人物精神生态的关切和忧思，对建构理想的精神生态范型的期盼”①。

司马迁关注历史人物的精神世界，追求自由自在的精神生态，倡导自我和谐。人是社会发展的主体，社会成员的身心和谐是社会主义文化建设的重要任务，是构建和谐社会的基点。对现代而言，自我和谐即指人格健全、人性和谐、心理健康。司马迁关于自我身心和谐的思想对于我们化解现代社会中人与人由于过分的物欲追求所带来的冲突，使人的精神从他人与社会的驱使中解放出来，实现个体的全面而自由地发展具有重要作用。

结 语

对于困扰当今人类的两大难题——生态破坏与文明冲突，包括《史记》在内的我国古代许多典籍早已提出并提供了富有启发性的智慧成果，如何进一步挖掘并升华其思想，做到古为今用，以期为构建社会主义和谐社会提供必要的理论支撑和智力支持，是需要深入思考和努力的。

（王晓红，渭南师范学院人文学院教授、硕士生导师。）

① 王晓红：《试论〈史记〉对女性人物精神生态的观照》，《社会科学辑刊》2011 年第 5 期。

司马迁生命意识的当代启示

杨焕亭

意大利学者克罗齐说："一切历史都是当代史。"这意味着，当历史与现实形成某种逻辑意义上的观照时，它才获得了实在意义上的价值。对于远离我们两千多年的伟大史学家司马迁来说，他对于生存环境的坚韧抗逆，对生命价值的清醒认知，对生命终极的文化自觉，不仅仅在于缔造了中国历史上第一部全新结构的纪传体经典巨著，锻造了"人固有一死，或重于泰山，或轻于鸿毛"的生死观，更在于当我们一方面面对经济快速发展，工业和城市日益占据主导地位，另一方面，面对精神和道德被挤压在一个狭小的空间，人文生态迷乱，心理生态混乱，价值取向纷乱，使得生命陷入马克思和海德格尔所忧虑的"新时代的无家可归状态"的严峻现实时；当一个个年轻生命因为价值的失落而凋落在纷纭喧嚣的"在世之世"时，他总如烛光一样在我们周围燃烧和绚烂，引发我们对于人的生存尊严和生命意义的审美思考。本文试图就此谈一点个人的浅见，以就教于司马迁研究界的各位方家。

一

司马迁生命意识对当代人的启示之一，就是生命的价值在于对时代的担当。

司马迁对于自己所处时代经济、人文和政治生态有着明晰的感知。他在《报任少卿书》中说："盖西伯拘而演《周易》；仲尼厄而作《春秋》；屈原放逐，乃赋《离骚》；左丘失明，厥有《国语》；孙子膑脚，《兵法》修列；不韦迁蜀，世传《吕览》；韩非囚秦，《说难》《孤愤》，《诗》三百篇，大底圣贤发愤所为作业。"与其说这是对先贤生存状态和命运颠簸的感叹，毋宁说是作者对自己所处时代氛围主体认知的曲折表达。

元封四年（前 107），当 38 岁的司马迁接替父亲，被任命为太史令时，西汉王朝的政治生态，无论是统治集团上层的矛盾还是国内的阶级关系，都出现了不同于建元、元光年间的新特点，《汉书 · 公孙贺传》将之概括为："时朝廷多事。"这里所谓的"时"具有明显的"当下"性，是一个历史转折的符号，其集中地反映在四个方面。一是随着汉武帝进入知命之年，早年那种对内"罢黜百家，独尊儒术"，"思昭天地，内惟自新"；对外"凿空西域""刷耻改行，复奉正义""广地万里，重九译，致殊俗，威德遍于四海"的雄心勃勃和精进锐气渐渐转向对老去的恐惧、对包括太子在内的身边臣僚的多疑。自丞相公孙弘之后，"丞相李蔡、严青翟、赵周三人比坐事死。石庆虽以谨得终，然数被谴"。这几位丞相在任都不过三年，均因事发而死于自尽，一时间朝廷人人自危，朝不虑夕，以致公孙贺在被"拜为丞相"时，"不受印绶，顿首涕泣"，他对身边幕僚的解释是"主上贤明，臣不足以称，恐负重责，从是殆矣"，而内心则是皇权专制的恐怖。二是奢靡之风盛行。元狩元年，由桑弘羊主持的"尽管天下盐铁"，"作平准之法，令远方各以其物如异时商贾所转贩者，为赋而相灌输，置平准于京师，都受天下委输"等一系列改革，使得"一岁之间""太仓、甘泉仓满，边余谷"，"民不益赋而天下用饶"。然而与之相伴随的是挥霍无度，"天子巡狩郡县，所过赏赐，用帛百余万匹，钱金以巨万计"。更为甚者，基于朝廷对市场的垄断，桑弘羊获得汉武帝支持，让大农府官员从事经商活动，"贵则卖之，贱则买之"，又鼓励官员"入粟"补官，罪人交粟可以赎罪，由此而导致吏治腐败。以至于当时有一位叫卜式的关内侯上书汉武帝，对官员经商表示了深深的忧虑，说政府的官员就应该"食租衣税"，"今桑弘羊令吏坐市列肆，贩物求利。烹弘羊，天乃雨"。三是统治集团精英层居功自傲，弄虚作假，矛盾重重。曾经跟随大将军卫青出击匈奴、屡建战功的安乐侯李蔡，在继任丞相后，虽然在推进币制改革、盐铁统禁方面有所作为，然而，却最终失足于私侵景帝陵园"堧地"而自裁；特别是庄青翟与张汤因相位之争而相互构陷，办理文帝陵"瘗钱"被盗案时，一个夸大罪责，欲借汉武帝之手，消除政敌，一个为了自保，不惜罗织伪证，结果两败俱伤；而另外一位丞相赵周，也因牵连到"酎金案"中而以自杀结束了生命悲剧。天汉二年（前 99）浚稽山战役中，汉武帝曾派遣老将军公孙敖去接应，他根本没有见到李陵的面，就根据道听途说的消息断定李陵不但投降匈奴，而且助纣为虐，帮敌人练兵，从而导致李氏家族被诛杀的血案，由此而遭到司马迁的面斥。四是阶级矛盾尖锐，“上以法制御下，好尊用酷吏，而郡、国二千石为治者大抵多酷暴，吏民益轻犯法，东方盗贼滋起，大群至数千人，攻城邑，取库兵，释死罪，缚辱郡太守、都尉，杀二千石，小群以百数掠卤乡里者，不可胜数”。所有这些，都表明，西汉中期的政治生态呈现出复杂、紧张、恐怖、紊乱的局面，各种不稳定因素大大增加。因此，表面看来，司马迁为在前方的李陵辩护与汉武帝刘彻的冲突是围绕“投降”真伪而展开，本质上乃是西汉中期政治生态失衡的一种必然。

这些血淋淋的事实，都发生在司马迁担任太史令前后，作为记载朝事的官员，每日耳濡目染，无论是生存环境还是心理撞击，都让他感到极度窒息和重压。虽然在目前史料中没有看到司马迁对于自己为李陵辩护行为后果的估计，但依照事物逻辑，他的出庭直言绝非一时的情感冲动和心血来潮。他之所以不顾当时朝堂上“群臣皆罪陵”的舆情沸腾，冒着杀头的危险，出面为之洗冤，固然基于对李陵家世和其“事亲孝，与士信，常奋不顾身以殉国家之急”的品格的信任，也是出于对当时官德沉沦，吏治腐败的深恶痛绝。然而，最根本的是对儒家“别嫌疑，明是非，定犹豫，善善恶恶，贤贤贱不肖”的史官责任的传承，因而，尽管他也知道像他这样六百石的官吏假令“伏法受诛，若九牛亡一毛，与蝼蚁何以异”，仍然“即以此指推陵之功”，欲以“广主上之意，塞睚眦之辞”。至于“因为诬上”而致死还是服刑，司马迁当时是无法预料的。因此，班固在为其撰写的《传记》中，引用《诗经》，暗讽司马迁“既明且哲，能保其身”，显然是一种离开具体环境的主观臆断。

今非昔比，当我们把目光转向现实的时候，会发现司马迁没有远去，他就像一面镜子，映照出我们现存的人格缺陷和灵魂瑕玷。固然，工业时代，一方面，经济的繁荣使得社会旋转极度加快，另一方面，精神颓废、道德沉沦带来思想的混乱；一方面，极大丰富的物质不断刷新社会的消费理念，另一方面，社会结构的急剧变化和财富的高度集聚，使得许多人对生命价值取向处于一种迷惘和困惑状态；一方面，国民创新激情空前迸发，另一方面，国民的惰性日益严重。但它不能也不应该成为放纵生命存在、放弃生命价值、放流生命旅程的理由。那些危难时刻见义不为的冷漠，罔顾他人无视生命的冷淡，唯利是图为富不仁的冷酷，百念俱灰胸无大义的冷孤，让我们感受到国民担当精神衰退的忧患。司马迁无疑给予我们以历史的思考空间，以生命诗学的思考价值：作为在“在世之世”中绽出生命的“此在”——人，应该具有“修身”“爱施”“取予”“知耻”“立名”的人文品格和操行，才能真正站成人的尊严。

二

当今之世国民精神衰退的重要原因，在于理想信念的危机，更在于对生命终极价值的迷惘，对活着意义的困惑。然而，当我们将这个命题置于历史进程中考量的时候，就不难发现，对于“生与死”的美学思考，几乎是贯穿人类生命史的永恒课题，它最终取决于生命主体有无明确的价值目标。

如果说，当初在朝堂上，司马迁不顾自己官阶低微，不顾“群臣皆罪陵”的一边倒的局面，敢于犯言直谏，庭辩是非，是出于君子“取予”“立名”的凛然义气，那么，当他触怒龙颜，被汉武帝“卒从吏议”，投入廷尉诏狱并被施以“宫刑”后，其不能忍受的是那种“辱先”“辱身”“辱理色”“辱辞令”“屈体受辱”……“最下腐，极矣”的失去尊严的痛感，当他“为扫除之隶，在阘茸之中”，饱受阶下囚之屈辱的时候，他不是没有想到死。他在《报任安书》中这样描写自己死的心态“且夫臧获婢妾，犹能引决，况仆之不得已乎？”但他更清醒地领悟到要“死得其所”，而不愿意忍受世俗“不能与死节者次比，特以为智穷罪极，不能自免，卒就死耳”的鄙视的目光和对他生命终极的曲解。也正是在这样的背景下，司马迁提出了“人固有一死，或重于泰山，或轻于鸿毛”的生死观。它赋予人的终极关注以生命诗学的意蕴：一是“夫人情莫不贪生恶死”，坦率地承认求生是人的本能；二是当万不得已而赴死时，要“死”得尊严，不能“罪至罔加，不能引决自裁，在尘埃中”，而尊严的先决条件是不能让家族遭遇侮辱，这正是对儒家“三军可以夺帅，匹夫不可以夺志”人格底线的坚守；三是要死有所值，也就是所谓“至激于义理者”，为坚守真理而慷慨引颈，绝不做无谓的牺牲。当“死”影响到人生的价值目标时，则“勇者不必死于节”。这时候，选择活着，未尝不是一种勇气和胆识，未尝没有“重于泰山”的精神含量，在他看来，那些离开奋斗目标的死，“轻如鸿毛”，没有任何价值。

司马迁之所以最终选择了活着，是因为他从年轻时就确立了“亦欲究天人之际，通古今之变，成一家之言”的人生理想。这是一个包括探索“天地、阴阳、四时、五行”宇宙奥秘、穷通“上明三王之道，下辨人事之纪”的历史兴废机理，“述故事，整齐其世传”的历史叙事体系创新在内的庞大理想图。它是司马迁生命河流上的航标，是他身处暗夜的灯塔，是他“独身孤立”“身残处秽”之际，战胜自我的巨大精神力量。有了这座航标，才使他得以在屈辱愤懑中坚强地活着，时刻牢记父亲“今汉兴，海内一统，明主贤君忠臣死义之士，余为太史而弗论载，废天下之史文，余甚惧焉，汝其念哉”的殷殷嘱托，克服了“悲莫大于伤心，行莫大于辱先，诟莫大于宫刑”的巨大痛苦，以践行在父亲弥留之际而许下的“小子不敏，请悉论先人所次旧闻，弗敢阙”的庄严承诺；在生命遭遇不男不女的尴尬，“重为乡党所戮笑”的氛围中，他“隐忍苟活”，“就极刑而无愠色”，而绝不愿留下“鄙陋没世而文采不表于后世”的遗憾。

这样，司马迁就为我们缔造了一种践行“生死哲学”的思想和行为范式：这就是为人生理想而奋斗，不仅仅表现在弯弓疆场，披坚执锐，战功赫赫，也不仅仅表现为慷慨赴死，义无反顾，肝胆昆仑，更难在身处绝境而不轻言死，在别人的蔑视中获得成功，不但战胜了环境，更战胜了自己。诚如他在《报任安书》中所言：“仆诚已著此书，藏之名山，传之其人，通邑大都，则仆偿前辱之责，虽万被戮，岂有悔哉。”这样的人生选择，比之壮烈的死，更不容易被人理解，即所谓“于俗不信”，因而，也就愈显得难能可贵。

司马迁的生命意识和生命范式，深深地嵌入中国古代知识分子的灵魂深处，从后汉东吴大将陆逊的“忍辱负重”到唐代杜牧的“包羞忍耻是男儿”；从宋代陆游的“僵卧孤村不自哀”到明代王阳明的“志不立，如无舵之舟，无衔之马”，都无不彰显出理想信念作为生命支柱的意义。

西晋文学家、思想家傅玄说：“面歧路者有行迷之虑”，思故而鉴今，我们研究司马迁对于“生死”的解读，当然不是为了苍白的理论清谈，而是因为当代青少年的现状使得回答关于“活着”和“如何活着”的命题变得严峻而又迫切。

世界卫生组织提供的数据显示：“全球每年大约有 100 万人死于自杀”，而“在我国，每年约有 28.5 万人死于自杀”，其中“十五岁到三十四岁的人群中，自杀是首位的原因，有统计表明，目前我国大学生的自杀率已经达到万分之四”。有学者将之归因于“高等教育由精英教育向大众化教育转变，造成大学生就业竞争愈加激烈”“社会上的贫富差距、腐败堕落、坑蒙诈骗以及激烈的社会竞争，使心理发育不成熟、社会阅历浅的大学生对生命感到困惑，失去自信心，产生无助、自卑、挫败感”“家长的教育方式不合格，过分保护，过分监督，严厉惩罚、传统的打骂式”等。这些原因，客观上反映了当代中国教育中存在的问题。但在我看来，当前年轻一代的生存环境，与当年司马迁遭遇的残酷相比，不仅程度上差别甚大，而且有着质的不同，司马迁却因为坚韧地活着而名垂青史。最根本地在于面对剧烈的社会转型，多元思想的相互激荡，不少人陷入“行迷之虑”，无法判定“我是谁，我曾经是谁，我能够成为谁”，从而丢失了人生的价值目标，不是在浑浑噩噩中沉沦，就是在焦虑中酿出人生悲剧。林嘉文虽然早慧，并且脱颖而出，然而，由于缺乏理想支撑，他走进历史带有很大的随机性，并不知道自己的研究究竟要达到什么目的，与自己的人生命运有着怎样的必然联系，他究竟要从中华民族的历史遗产中发现些什么，如何使自己的研究服从于民族的复兴，这一切，在他看来都是盲目的。他从史籍中没有找到阳光，反而走向生命虚无主义。于此可见，将对司马迁生命方式的研究转向针对当下，不仅是历史研究方法论的本体要求，更是生命的呼唤，诚如克罗齐所说：“当生活的发展中逐渐需要时，死历史就会复活，过去史就变成现在的。”

三

对于生命存在的意义和价值的认知，归根到底是一个世界观问题。

司马迁的生命力量来自姹紫嫣红的先秦哲学特别是儒家学说。

现代主义学者弗雷德里希·杰姆逊指出：“启蒙时代的哲学家，如伏尔泰，对孔子的思想就特别推崇，他们认为孔子的思想没有来世的学说，只有行为实践，即没有超验这一范畴。”关注生命的“当下”状态，“朝闻道，夕死可矣”，关注对“当世”责任的担当，即所谓“未能事人，焉能事鬼”，“笃信好学，守死善道”正是中国传统哲学的鲜明特征，这使得它总是与人对于生命意义的追求紧紧联系在一起，也为司马迁的生命图谱所印证。

司马迁父亲司马谈对于先秦诸子学说有着熟稔的研判和把握，曾撰写了著名的《论六家之要》，对儒、道、法、墨等流派梳理提升，发掘其核心的价值观。如儒家“列君臣父子之礼，序夫妇长幼之别，虽百家弗能易也”；墨者“强本节用，则人给家足之道也。此墨子之所长，虽百家不能废也”；名家“控名责实，参伍不失，此不可不察也”；道家“虚者道之常也，因者君之纲也。群臣并至，使各自明也”；法家“‘严而少恩’。若尊主卑臣，明分职不得相逾越，虽百家不能改也”。这种提纯显然立足于西汉社会秩序的构建，赋予诸子学说以“现实”的气息。司马迁从晓事起就跟随父亲熟读诸子，“年十岁则诵古文”，后来，又秉承父亲的教诲，游历名山大川，“上会稽，探禹穴，窥九疑，浮沅湘。北涉汶泗，讲业齐鲁之都，观夫子遗风，乡射邹峄；厄困蕃、薛、彭城”，经受了顺境和逆境的历练，从而为他后来正确看待人生奠定了坚实的认识论基础，认为只有通晓了诸子治学，才能够“守经事”而知“其宜”，“遭事变”而知“其权”，即使在身陷绝境时仍然恪守“罔（网）罗天下放失（佚）旧闻，王迹所兴，原始察终，见盛观衰，论考之行事”的价值理想。

“把历史提高到对永恒的现在的认识时，历史就突显出同哲学议题的一致，而哲学不过是永恒的现在的思想。”司马迁给予我们深刻的意义之一，就是揭示了哲学对于生命的指导价值。因此，解决当前年轻一代成长教育问题的根本途径在于从传统文化中汲取精华，从马克思主义哲学中汲取力量，以正确的世界观、人生观为导引，以司马迁等先贤为人生坐标，校正并设计好人生轨迹，从而写出属于自己也属于这个精彩时代的青春篇章。

（杨焕亭，中国作家协会会员，陕西省文艺评论家协会理事，咸阳师范学院兼职教授，陕西青年职业学院客座教授。）

司马迁思想与人格的力量
——《史记》与社会主义核心价值观初探

程永庄

司马迁终其一生著《史记》，其目的就在于“究天人之际，通古今之变”，总结天人关系、古今社会现象的变迁与发展，形成自己的“一家言”思想。古为今用，其思想对我们今天的社会主义核心价值观的培育具有相当大的裨益。

一、司马迁思想的创新性

大家知道春秋战国时期，是一个混乱动荡的年代。周王朝建立后实行的是分封制，通过裂土分封亲属、功臣、世家，广建诸侯，实现对庞大国土的有效统治。我们韩城两周时期就先后存在过一个韩侯国和一个梁伯国。这一纲纪起初倒是行之有效，但后来随着周王室势力日渐衰微，自平王东迁雒邑后，周天子虽然名义上还是天下的共主，但实际上早已失去了对诸侯国的驾驭能力。诸侯之间强并弱，仅《左传》中记载的动乱及战争竟然达 550 次之多。

在这个动荡的年代，中国的思想学术领域却出现了少有的“百家争鸣”繁荣局面。诸侯之间战乱不断，人民渴望能够过上安宁的日子。“夫阴阳、儒、墨、名法、道德，此务为治者也”，学者们纷纷发表自己的意见，都想拿出济世的良方，于是产生了诸子百家学说。孔子“脩旧起废，论《诗》、《书》，作《春秋》”，大力提倡“克己复礼”，树立“仁、义、礼、智、信”等道德观念，来规范人们的社会行为，以清除祸乱。其他如老子、墨子、孟子、荀子、庄子、驺衍、商鞅、韩非等，也无不著书立说，发表自己的“一家言”治国主张。

汉帝国的建立，使得诸子百家争鸣的客观社会条件的消失，为适应新兴封建中央集权国家巩固政权的需要，思想界出现了文化整合的潮流。汉初黄老无为，董仲舒“罢黜百家，独尊儒术”皆是这个时代的产物。

司马迁生活在汉武盛世，继父职为太史令，他有感于史家之职，对先秦诸子百家学说进行了系统整合。他结合汉代社会实际，从政治、经济、军事、外交、文化等方面，提出了自己新的思想，为当政者开一剂治世的良方。他引用孔子的话，“子曰：‘我欲载之空言，不如见之于行事深切著明也’”。并认为讲空洞的道理无济于事，不如寓褒贬于历史事实的记述之中，通过考察历史上各个朝代兴盛与衰亡，探究出历史发展规律，总结出社会兴替经验、教训，“述往事”而“思来者”，为后世治国者提出为政之鉴。司马迁所树立的传记史学，以及创立的纪传体史学五体结构，已成为我国两千年来正统史学效法的范本，《汉书》以降二十四史皆尊其宗而撰之，其开中华史学先河之功不可磨灭。

二、司马迁思想的核心

（一）司马迁的爱国思想

1. 中华一统学说

“天下为公”“大同”的思想最早见于《礼运》，是儒家学说提出的政治理想。司马迁生活在汉武帝大一统时代，他继承儒家“天下大同”的思想，把中国人的爱国思想升华到了“大一统”的境界。他述史从黄帝开始，认为中华各民族都是黄帝的子孙，从此黄帝子孙的观念便深入到了中国人的心内，这对于我们这个多民族国家的统一起到了巨大的作用

他主张各民族平等。儒家正统派，长期以来对少数民族是歧视的，《诗经》上说“戎狄是膺，荆舒是惩”。西汉大儒董仲舒在《春秋繁露·精华》上也说：“是故小夷言伐而不得言战，大夷言战而不得言获。”而司马迁却认为各民族是平等的，他对张骞通西域的功绩大加赞赏。甚至在《匈奴列传》上说道：“匈奴，其先祖夏后氏之苗裔也，曰淳维。”为匈奴、南越、东越、朝鲜、西南夷、大宛等少数民族写了列传，记载了各民族的地域、经济、文化、风俗，以及与汉族交往、通使、通婚、战争、迁徙、归附等情况，所以司马迁被有些少数民族尊为民族史学鼻祖。

2. 弘扬爱国主义

在他的笔下为我们记载了屈原、廉颇、蔺相如、田单、李广等许多栩栩如生的爱国人物形象，一部《史记》堪称爱国人物的画廊。

王蠋死不仕燕。战国齐愍王时，燕军在开始攻入齐国的时候，听说画邑人王蠋有才有德，就命令军队说："在画邑周围三十里之内不许进入。"这是因为王蠋是画邑人的缘故。不久，燕国又派人对王蠋说："齐国有许多人都称颂您的高尚品德，我们要任用您为将军，还封赏给您一万户的食邑。"王蠋坚决推辞，不肯接受。燕国人说："您若不肯接受的话，我们就要带领大军，屠平画邑！"王蠋说："尽忠的臣子不能侍奉两个君主，贞烈的女子不能再嫁第二个丈夫。齐王不听从我的劝谏，所以我才隐居在乡间种田。齐国已经破亡，我不能使它复存，现在你们又用武力劫持我当你们的将领，我若是答应了，就是帮助坏人干坏事。与其活着干这不义之事，还不如受烹刑死了更好！"然后他就把自己的脖子吊在树枝上，奋力挣扎，扭断脖子死去。齐国那些四散奔逃的官员们听到这件事，说："王蠋只是一个平民百姓，尚且能坚守节操，不向燕人屈服称臣，更何况我们这些享受国家俸禄的在职官员了！"于是他们就聚集在一起，赶赴莒城，寻求齐愍王的儿子，拥立他为齐襄王。

（二）他主张以德治国

司马迁著《史记》以人为中心，一论治国，二论做人，认为当政者道德素养的高下，对社会秩序好坏具有巨大的风向标作用。《史记》一百三十篇，开篇即为《五帝本纪》，黄帝擒杀蚩尤，败炎帝，一统天下；颛顼"有圣德"；帝喾"其德巍巍"；尧舜"禅让"，他们都是道德完人。司马迁记述这些传说帝王的丰功伟绩，就是为后世树立道德标杆，形成以德治国的思想观念。

1. 义不食周粟

《伯夷列传》记载：伯夷叔齐是孤竹君的两个儿子，其父欲立叔齐。父亲死后，叔齐避让伯夷，伯夷说："这是父亲的意志。"于是就逃走了，叔齐也不肯继位亦逃走，国人共立其中子。伯夷叔齐听说西伯昌善于赡养老人，于是就去投奔。等到到达时，西伯昌已经去世，武王载着其父的木主，号称文王东伐商纣王。伯夷叔齐拦在马前劝诫说："父亲死了不葬，却大动干戈，是孝的表现吗？以臣子之位弑杀君主，是仁德的表现吗？”左右欲杀之，太师姜子牙说：“这是有道德的人！”将他们扶开。等到武王已经平息殷乱，天下共尊周室。而伯夷叔齐却以此为耻，坚决不食周粟，隐居于首阳山，采薇而食，最后饿死。

2. 吕后虐杀戚夫人

在争夺皇权的斗争中，汉朝开国皇帝刘邦的皇后吕雉表现得异常凶残暴戾。刘邦为汉王时，非常宠爱戚夫人，几次都欲另立戚夫人的儿子赵王如意为太子，以代替吕后所生、性格懦弱的惠帝，吕后对此一直耿耿于怀。刘邦死后，她下令将戚夫人囚禁在永巷，同时派人去召赵王如意来京。当赵王如意已经上路，但还没到京城时，惠帝仁慈，知道吕后怀恨赵如意，就亲自到霸上去迎接，和赵如意一同进宫，一道起居饮食，亲自保护赵如意。吕后想杀掉赵如意，但一直得不到下手的机会。惠帝元年十二月的一天清晨，惠帝出去射箭，赵如意年幼，不能早起同去。吕后打听到赵王如意独自在宫中，就派人鸩杀了他，等到惠帝回来，赵王如意已死。吕后让人砍断戚夫人的手脚，挖去她的眼睛，熏聋她的耳朵，给她灌了哑药，把她丢入厕所，管她叫人彘。吕后让惠帝去观看“人彘”，惠帝知道是戚夫人后，放声大哭，从此病了一年多。吕后的凶残忌刻连她的亲生儿子惠帝都看不下去，他派人对吕后说：“这不是人干的事，作为太后的儿子，我没脸面再治理天下。”

（三）司马迁为政以“仁”的民本思想

“仁”是孔子儒家学派首先提出的哲学观点，在孔子看来，仁必须具备五种美德：恭，庄重；宽：宽厚；信：诚实；敏，敏捷；惠，慈惠。因为庄重就不会受到侮辱，宽厚就会得到大众拥护，诚实就会得到别人信任，敏捷则容易成功，慈惠则能使唤人。

司马迁继承了儒家为政以仁的主张，主张为政爱民，治国以仁。在《太史公自序》中指出：“《春秋》之中，弑君三十六，亡国五十二，诸侯奔走不得保其社稷不可胜数。察其所以，皆失其本也”（本即根本，仁义之风）。在《五帝本纪》中称颂尧帝“其仁如天，其知如神”，记大禹为了消除危害老百姓的水灾，“居外十三年，过家门不敢入”，为后世之君树立了仁政的楷模。记汉文帝在位“常衣绨衣，所幸慎夫人，令衣不得曳地，帏帐不得文绣，以示敦朴，为天下先”。

1. 防民之口，甚于防川

周朝传到了周厉王时，他为人残忍而凶暴，国都的人都非议王。召公劝说周厉王说：人民承受不了您的政令了。周厉王听后大怒，找到卫国的一个巫师，派他监视非议王的人，巫师报告非议了王的人，王就将他杀掉。非议减少了，诸侯不再来朝见。厉王三十四年，王的控制更加严厉，国都中没有人敢说话，道路以目。厉王很高兴，告诉召公说："我能平息人们的非议了，他们不敢讲话了。"召公说："这是因为把人们的口堵住了。堵人民的口比堵水还危险，水被堵塞决堤就会泛滥，伤人一定多，人民也是一样的。所以治水的人要决开壅塞对水加以疏导，治理人民的人要让他们畅所欲言。"王不听，在这种情况下国都内没有人敢讲话，过了三年，爆发了叛乱，国人袭击厉王，厉王出奔逃到彘这个地方。

2. 仁义不施而攻守之势异也。

秦王朝是中国历史上第一个中央集权的强大国家，但也是一个短命的王朝，贾谊写了一篇《过秦论》，在总结秦亡的教训时，曾说过一句话："仁义不施而攻守之势异也"，指出为政不仁，刑苛令酷，民必弃之。司马迁说他同意贾谊的说法。认为秦亡的一个重要原因就是"酷刑法"，重用的商鞅、李斯诸人无不是法家的代表人物，他们治国重法不重德，忽视礼乐教化作用，制定了严苛的秦律约束天下，管束黎民。秦当时全国的人口不过两千余万，但修建阿房宫、骊山陵的"隐宫刑徒"却高达七十余万，足可见当时犯法的人之多，秦律之繁苛。秦王朝的严刑峻法直接把人民推向了自己的对立面，威胁到秦王朝的统治。陈涉、吴广领导的秦末农民大起义，就是不堪秦的严刑峻法而引发的。

3. 李斯"阿顺苟合"

司马迁在总结秦亡的原因时，提到一个人——李斯。认为秦二世而亡李斯负有很大的责任。司马迁讥笑他一生奉行"老鼠"哲学，苟合取容于当世。李斯年少时，做郡府小吏，看见吏舍厕所的老鼠吃不洁的东西，看见人犬走近，每每惊慌异常。再人官仓，看到仓中鼠，有吃不尽的仓粮，处在大厦安全之处，没有人犬惊扰。于是李斯便感叹说："人之贤不肖，譬如鼠矣，在所自处耳。"他学驾驭帝王之术于荀卿，看到六国都很弱小无法施展自己的才能，便西入秦，以法家的学说游说秦王，以一个街巷平民的身份，择诸侯，以其智聪，辅佐秦始皇完成国家的统一，位及三公，可以算是受到重用了。他的长子李由任三川守，他的儿子都娶了秦的公主，女儿都嫁于秦公子为妻。他的长子三川守李由告假回到咸阳，李斯设宴于家，百官长吏都来祝贺，门庭车骑以千数。秦始皇出游，到沙丘时，病得很厉害，命令赵高写诏书给公子扶苏，要他回京赴丧，诏书未发始皇就去世了，只有胡亥、赵高、李斯及五六个亲信宦官知道始皇去世的消息。胡亥、赵高阴谋篡位，并胁迫李斯就范。李斯负有托孤立长的重任，本来可以制止胡亥、赵高的阴谋，但因为害怕失去既得利益，患得患失，甘心屈服于胡亥、赵高的淫威，让两个阴谋家得了逞，听信赵高的邪说，协助其发动沙丘政变，秘不发丧，与胡亥、赵高合谋私改诏书，杀掉扶苏，后拥立残暴凶戾的胡亥为帝，最终导致了秦王朝的衰亡，连他本人也为赵高所谗，被处以极刑。司马迁说道："人皆以斯极忠而被五刑，察其本，乃与俗议之异"。认为"不然，斯之功且与周召列矣"。

（四）司马迁奉法循理的法治思想

1. 德为主，法为辅

他在《史记》中反复强调道德教化的作用，认为法律只能起约束的作用，而道德教化却能起引导作用。认为以政令引导，以刑法约束只能让百姓免于犯罪，却不知道犯罪是可耻的；而用道德教化，用礼仪约束，却可以使百姓既知道可耻，而且还能自我约束。并进而说法令只是统治百姓的工具，而不是让政治变得清明或混浊的根源，极富哲理性，对法律的地位和社会作用做了准确定位。

商鞅是卫国人，姓公孙氏，"少好刑名之学"。他侍奉魏惠王的相公孙座，做到中庶子，却不得重用，还险些被杀死。他听说秦孝公下令国中求贤，将重整秦穆公的霸业，向东收复失地，于是就西入秦，通过秦孝公宠臣景监求见孝公。

秦孝公即用商鞅，任他为左庶长，下达了变法的命令。新法实行一年，秦国人到国都投诉新法不便的数以千计。正当这时，太子触犯了新法。商鞅说："新法行不通，是由于上面的人先犯法。"将依法惩办太子。太子是国君的继承人，不能施刑，就处罚了太傅公子虔和太师公孙贾。第二天秦人都守法了。新法施行十年，秦人非常满意，路不拾遗，深山内也没有了盗贼，家家富裕，人人饱暖。百姓勇于为国作战，不敢私斗，社会安定。秦人当初说新法不当的，又有人转过来说新法的好处。任秦相十年，很多宗室贵戚都很怨恨他。商鞅却夸耀说："当初秦国风俗同戎狄一样，父子没有分别，同室而居。如今我改变了这种风俗，使他们男女有别，又大筑冀阙，经营得像鲁、卫一样，你看我治秦，和五羖大夫比谁更好？" 赵良劝他："《书》曰：恃德者昌，恃力者亡。" 商君没有听从。

五个月后，秦孝公去世，太子登位。公子虔的党徒告他谋反，派兵逮捕他。商君逃跑到边关，想住店。店主人不知他是商鞅，说："商君法令规定，留宿没有证件的人，店主要连带受罚。" 商君感慨说："嗟，为法之敝一至此哉！" 商君后来被秦惠王五马分尸，说："莫如商君之反者"，杀了他全家。司马迁说他读商君《开塞》《耕战》书，和他的为人很相似，惋惜商君的人生结局。

2. 他主张"守法不阿意"

作《循吏列传》，写公仪休、石奢、李离等人执法公正的事例。公仪休为鲁相"奉法循理"，恐伤及工商者利益，不让家人种葵织布。

在《张释之列传》中，写了张释之为汉文帝时廷尉秉公执法的两个事例。其一，一次文帝骑马过中渭桥，有一人从桥下跑出，使文帝的马受了惊吓。文帝将其交给廷尉处理，张释之问明原因，只处了罚金。文帝大怒，"这个人惊了我的马，幸亏马性温顺，要不然就摔伤了我，你怎么只处他罚金呢？" 张释之回答说："法者天子所与天下公共也，今法如此而更重之，是法不信于民也。" 良久，上曰："廷尉当如是也。" 同意了张释之的判决意见。其二，有人偷了高祖庙内神座前的玉杯，被逮住。文帝大怒，交给廷尉治罪，张释之依法奏请当处斩首。文帝勃然大怒："那人胡作非为，居然偷起先帝宗庙内的器物。我之所以交你审理，是想灭其族，而你却按照常法奏请。" 张释之赶忙脱帽叩头谢罪说："法如是足也。且罪等，然以逆顺为差。今盗宗庙器而族之，有如万分之一，假令愚民取长陵一抔土，陛下且何以加其法乎？" 过了很久，文帝给太后讲明了这件事，认可了廷尉的判决。

3. 司马迁对酷吏政治的厌恶

司马迁基于自身的遭遇，对严刑峻法的酷吏政治深恶痛绝。在《酷吏列传》中，史公对郅都、赵禹、张汤、王温舒、杜周等汉初酷吏的执法严苛，进行了无情的挞伐。

酷吏宁成“操下如束湿薪”，做关都尉时，关东各郡国往来过关的官吏传曰：“宁见乳虎，无成宁成之怒。”郅都执法太过苛深，但他用法不避皇亲国戚，颇有法不阿贵的名士气节，列侯和皇族见了郅都只敢侧目而视，称他为“苍鹰”。

张汤是杜县人。他的父亲任长安县丞时，有一次出门，留张汤看家。回来后老鼠偷吃了肉，父亲很生气，鞭打了张汤。张汤挖洞捉到老鼠和剩肉，起诉老鼠的罪状，拷打审问，记录供词，处死老鼠，判决的文书像老练的官吏所写，其父十分吃惊，就让他学习刑狱文书。

王温舒是一个杀人不眨眼的刽子手。他九月到河内上任太守，命令郡府准备本郡专用马匹五十匹，组成一条河内到长安的驿道，传递消息，又部署官员逮捕郡里的豪强奸猾，罪及跟他们相连坐的一千余家。大贼至少杀一家，小贼只杀本人。由于有专用驿道，奏章上报不过两三天就得到批准，案件处决执行很快，血流十里，河内的人都惊讶他奏章上报、批复、处决犯人的神速。十二月结束，郡里鸦雀无声，野外也没有盗贼了，有些没有捉到的罪犯也跑到附近的郡国去了。汉律规定，只在冬天处决犯人，王温舒恨冬日太短，杀人太少，跺脚叹息道：“唉！假使冬天再延长一月，就够我办事了。”何其毒也！司马迁叹息道：“其好杀伐行威不爱人如此。”

法令在阿谀奉承的酷吏们看来，不过是人主统治国家的工具，他们执法全凭人主之喜好、意愿，毫无是非曲直、执法公正可言。法令是怎么产生的？酷吏杜周说得再明白不过了，还不是先君认为正确的便制定成律条，后主认为正确的便记录成为法令，只要迎合君主的意愿便是，又何必拘泥于既定的法令条文呢！在刀笔吏的眼中法令原来如此，其谄媚之丑恶嘴脸跃然纸上。

三、司马迁人格的魅力

司马迁继父职为太史令，为此，他假太史令掌天官星历图库书籍之便利条件，“紬史记石室金匮之书”，广泛搜罗先秦典籍资料；“网罗天下放失旧闻”，游历大江南北，遍访历史遗迹，掌握写史第一手资料，开始了《史记》的编修工作。“七年而太史公遭李陵之祸，幽于缧绁”。

天汉二年（前 99）秋，汉武帝遣贰师将军李广利带骑兵三万攻打匈奴，想派李陵为李广利军监护辎重。李陵坚决辞谢，表示愿率所部直捣单于主力，武帝应允。李陵率五千名弓箭手从居延北出发，遭匈奴且鞮侯单于八万主力骑兵围困，李陵遂降匈奴。其部下几乎全部战死，仅有四百余人回到了汉境。李陵战败投降后，群臣皆言李陵有罪。司马迁却盛言："陵事亲孝，与士信，常奋不顾身以殉国家之急。"这就激怒了汉武帝，将其腐刑下狱。

视生死如粪土的司马迁，之所以屈节"隐忍苟活，幽于粪土之中而不辞者"，乃"狠私心有所不尽，鄙陋没世而文采不表于后世也"，史记还没有完成，所以他"就极刑而无愠色"，隐忍苟活了下来。"怜才膺斧钺，吐气作霓虹"，司马迁忍辱著书精神得到当代文豪郭沫若的肯定。他在对史公的遭遇表示惋惜的同时，对其面对人生挫折，幽而发奋，终成《史记》的精神深表钦佩。

确实遭受腐刑对司马迁的打击太大了，他感于自身遭遇，对人间正义、清明政治的内心向往更增强了，他不满于"窃钩者诛，窃国者侯"的社会现实，大胆为游侠、卜者、刺客等社会下层人士立传；他主张治国"义利并举"，重视工商业者的经营活动，作《平准书》《货殖列传》；作《酷吏列传》，为后世国君治理国家提供前车之鉴。

司马迁的思想合于礼义，切中时弊，并非班固等儒家正统学者所讥刺的"论大道则先黄老而后六经，序游侠则退处士而进奸雄，述货值则崇势利而羞贱贫"。"高山仰止，景行行止。"司马迁的"一家言"思想，对于我们今天的社会建设仍大有裨益，我们要很好去继承，以使其发挥出应有的作用。

（程永庄，韩城市文体广电局干部。）

《史记》文献研究

《班马异同》通过比较《史记》与《汉书》对应的篇目，考其字句异同，以观二书得失，从而创造出一种新兴的史书研究体例与模式，在『班马异同』比较史上有较高价值。

文摘部分

（之51）

《班马异同评》刘辰翁评语考述

王晓鹃

《班马异同》是南宋倪思所撰，元代刘辰翁评语与之合刻，则题为《班马异同评》。《班马异同》通过比较《史记》与《汉书》对应的篇目，考其字句异同，以观二书得失，从而创造出一种新兴的史书研究体例与模式，在“班马异同”比较史上有较高价值。刘辰翁的评语是此书的重要组成部分。本文就刘辰翁的几条评语做一些考证。

一

《班马异同评》有明嘉靖十六年李元阳刻本和明万历韩敬序刻本两种版本系统。明嘉靖十六年（1537）李元阳刻本是《班马异同评》诸本祖本。此本经李元阳校，汪佃序，福建刊本，每页18行，行19字，单鱼尾，左右双栏。此本原是清代藏书家汪启淑（1728—1799）“开万楼”藏品，后归孙星衍（1753—1818）“平津馆”。傅增湘《藏园订补郘亭知见传本书目》卷四曾著录，现《〈史记〉考证文献汇编》所采用的底本即为明嘉靖十六年李元阳刻本。此刻本现藏国家图书馆和浙江大学图书馆。明万历韩敬序刻本是《班马异同评》的另一刻本，此本明天启甲子年（1624）曾经重新刊刻。此种明刻本现藏于北京大学图书馆和上海图书馆。陕西师范大学也藏有一种明万历韩敬序刻本，2函12册，每页18行，行20字，单鱼尾，单边。

明嘉靖李元阳刻本和明万历韩敬序刻本的区别主要有二：一是次序不同。李元阳刻本卷三三为《滑稽》，卷三四为《日者》，卷三五为《货殖》。韩敬序刻本卷三三为《货殖》，卷三四为《滑稽》，卷三五为《日者》。其他各卷次序相同，只是叙述偶有异者，如嘉靖本卷二为《汉高》，万历本卷二称《高祖》；嘉靖本卷一二为《张苍周昌赵尧任敖申屠嘉》，万历本卷一二称《张苍周昌任敖申屠嘉》，题目缺少“赵尧”；嘉靖本卷三一为《鲁朱家剧孟王孟郭解》，万历本卷三一则称《鲁朱家剧孟郭解》，题目缺少“王孟”等。二是两本所附序跋不同，嘉靖本有杨士奇跋和汪佃序文，万历本附有韩敬序文和杨士奇跋文。

经过校勘，笔者惊奇地发现嘉靖本和万历本所收刘辰翁评语居然并不相同，差异处甚至达到20多处！其中，嘉靖本没有而万历本却忽然冒出来的三条评语，尤其使人疑窦丛生，现一一列举如下①：

1.〔项王〕(羽)〔即日〕因留沛公〔与〕饮。〔项王、项伯东向坐，亚父南向坐。亚父者，范增也。沛公北向坐，张良西向待〕。【眉批】叙楚汉会鸿门事，历历如目睹，无毫发渗漉，非十分笔力，模写不出。范增数目〔项王〕(羽)，〔举所佩玉玦以示之者三〕(击沛公)，〔项王〕(羽)〔默然〕不应。——第1卷《项籍》

2. 陆贾〔者〕，【眉批】贾比他说士最情实温厚。楚人也。以客从高祖定天下，名〔为〕有口辩〔士〕，居左右，常使诸侯。——第13卷《郦食其陆贾朱建》

3. 吴楚已破，上更以元王子平陆侯礼为楚王，〔袁〕(以)盎为楚相。尝上书〔有所言〕，不用。〔袁〕盎病免〔居〕家(居)，与闾里浮〔沈〕(湛)，相随行，鬭鸡走狗。雒阳剧孟【眉批】又增剧孟，无故生问，答甚高。尝过〔袁〕盎，盎善待之。——第17卷《袁盎晁错》

以上这三条万历本新增的评语，大都属于对历史事件和历史人物的评析：

【眉批】叙楚汉会鸿门事，历历如目睹，无毫发渗漉，非十分笔力，模写不出。

① 本文所引《班马异同评》系陕西师范大学所藏万历刻本。《史记》本文原书大字书写，今用宋体；凡《史记》无而《汉书》所加者原书以细字书写，今则按原书以圆括号标注；凡《史记》有而《汉书》所删者原书以墨笔勒字旁，今则以细方括号标注；刘辰翁评语一律用黑方括号外加“眉批”标注。本文引《班马异同评》之文，均出自该本，不一一详注。

【眉批】贾比他说士最情实温厚。

【眉批】又增剧孟，无故生问，答甚高。

其中，第一条被今人广泛引用，如：王怀让《〈鸿门宴〉评析三疑》[①]、陈金霞《论〈史记〉“鸿门宴”的真相》[②]、杨燕起等《历代名家评〈史记〉》[③]、笔者《〈班马异同评〉研究三题》[④]，均认为是刘辰翁的评语。事实上，这条评语嘉靖本《班马异同评》中根本不存在。那么，此条评语是否真的出自刘辰翁之手？是嘉靖本无意遗漏了，还是万历本有意（或无意）误将他人的评语混入其中？如果真是混入的，作者是谁？原因又是什么？

查阅史料，果然发现这条评语见明朱之蕃汇辑、汤宾尹校正的《百大家评注〈史记〉》：

《百大家评注〈史记〉》卷二《项籍本纪》文宪公学士宋濂评：叙汉楚会鸿门事，历历如目睹，无毫发渗漉，非十分笔力，模写不出。[⑤]

两相对比，万历本的评语与宋濂的评语居然相差无几，只是将宋濂的“汉楚”二字改成了“楚汉”，且在文中所处位置也完全相同。这绝非偶然巧合。那么，这条评语的作者也就耐人寻味了。要弄明白这些，就有必要明确《百大家评注〈史记〉》一书的编者和结构。

二

《百大家评注〈史记〉》的编者朱之蕃（？—1624），字元介，号蓝嵎，聊城茌平人，明代书画家，万历二十三年（1595）科举状元，官终礼部右侍郎，任上

① 王怀让：《鸿门宴》评析三疑，《齐鲁学刊》1987年第2期。

② 陈金霞：论《史记》“鸿门宴”的真相，《社科纵横》2012年第5期。

③ 杨燕起等：历代名家评《史记》，北京师范大学出版社1986年版，第345页。

④ 王晓鹃：《班马异同评》研究三题，《陕西师范大学学报》2016年第1期。

⑤ 朱之蕃汇辑，汤宾尹校正，焦丽波整理，赵望秦审定：《百大家评注〈史记〉》，陕西师范大学出版社2016年版，第86页。

曾奉命出使朝鲜，有《君子林图卷》及文集《奉使稿》《纪胜诗》《雨山编》等传世。校正者汤宾尹，字嘉宾，号睡庵，安徽宣州人，万历二十三年（1595）榜眼及第，授翰林院编修，后成为“宣党”首领，世号之“汤宣城”，颇负文名，亦善诗，著有《睡庵文集》《宣城右集》《再广历子品粹》十二卷等。

《百大家评注〈史记〉》便出自朱之蕃、汤宾尹二人之手。《百大家评注〈史记〉》汇集了历史上近百位大家学者对《史记》相关评论，并从文字、结构、字词等方面对《史记》中的84篇文章进行了详细的解读。其中，“百大家评注《史记》总评”始于“马先生”，讫于“茅坤”，共辑录十四人的评语二十四条；“百大家评注《史记》姓氏”，由汉至明，依次排列，汉一人，唐一人，宋十人，明四十三人，共计五十五人；再为“百大家评注《史记》目录”，共计八十三条题目；最后为“百大家评注《史记》卷之一”至“卷之十”的正文[①]前言。

《百大家评注〈史记〉》中，刘辰翁和宋濂的评语都曾收录。刘辰翁（1232—1297），字会孟，号须溪，庐陵（今属江西）人，景定三年进士，曾任濂溪书院山长，宋亡不仕，有《须溪词》等存世。宋濂（1310—1381），字景濂，号潜溪，浦江（今浙江浦江）人，明初文学家。刘辰翁和宋濂虽然都是著名文学家，但是刘辰翁尤以评点闻名。如果这条评语真的出于刘辰翁之手，《百大家评注〈史记〉》没有理由代以宋濂之名，而从嘉靖本《班马异同评》中根本没有这条评语的事实来看，此条评语的作者应该属于宋濂。

无独有偶，万历本《班马异同评》增加的另外两条评语，亦见于《百大家评注〈史记〉》：

> 《百大家评注〈史记〉》卷六《郦生陆贾列传》宗伯王世贞评：此传有写生意态。又评：贾比他说士最情实温厚。[②]
>
> 《百大家评注〈史记〉》卷七《袁盎晁错列传》翰林编修邹德溥评：按师古云，分皆一时各去也。又评：皆《史记》草创之妙，又增剧孟，

① 朱之蕃汇辑，汤宾尹校正，焦丽波整理，赵望秦审定：《百大家评注〈史记〉》，陕西师范大学出版社2016年版，前言。

② 朱之蕃汇辑，汤宾尹校正，焦丽波整理，赵望秦审定：《百大家评注〈史记〉》，陕西师范大学出版社2016年版，第410页。

无故生问，答甚高。[①]

显然，万历本《班马异同评》只是节录了王世贞和邹德溥的两条评语而已。其中的原因，可能是刻者有意补入，也有可能是无意混入。在讨论原因之前，不妨来看看《班马异同评》万历本的刊刻情况。

三

查阅资料，发现明清目录资料中，有关于明万历韩敬序刻《班马异同评》本的零星信息，见丁丙《善本书室藏书志》：

旧有李元阳校，弋阳汪佃跋本。此则韩敬所序刊也。思字正甫，归安人，乾道二年进士，历官宝文阁学士，《宋史》有传。有“沈令闻印”“歙鲍氏知不足斋藏书”“鲍廷博印”三印。廷博，字以文，号渌饮，本歙人，寄居桐乡，嘉庆十八年特恩赏给举人。“知不足斋者”，其藏书处也。所丛书，多人间秘本。[②]

丁丙记载《班马异同评》韩敬序刻本曾经经过明清两个藏书家沈令闻和鲍廷博的收藏。鲍廷博（1729—1814），字以文，号渌饮，清代藏书家。沈孚闻（1535—1583），原名沈令闻，万历丁丑（1577）进士，明代藏书家。《万历五年进士登科录》载：“沈孚闻，贯直隶苏州府吴江县民籍。国子生。治《易经》。字贞孺，行一，年四十三，三月十二日生。”[③]王世贞《河南汝宁府光州商城县知县沈君孚闻墓志铭》中载：“……四十三而始成进士，……四十九而弃我。……君初讳令闻，后改孚闻，字贞孺，自号翼亭，后亦更号芷阳。”[④]因此，沈令闻的生卒年是清楚明白的。如果明万历韩敬序刻本所钤“沈令闻印”真实可信的话，《班马

① 朱之蕃汇辑，汤宾尹校正，焦丽波整理，赵望秦审定：《百大家评注〈史记〉》，陕西师范大学出版社2016年版，第441页。

② 丁丙：《善本书室藏书志》，清光绪刻本，卷六。

③ 明礼部《万历五年进士登科录》，明万历刻本。

④ 焦竑：《献征录》，上海书店1987年版，第93卷，第4047页。

异同评》万历本的刊刻下限最晚也在万历十一年（1583）。这一年，沈孚闻辞世，而这一年的韩敬刚三岁，就算是天才，也绝无可能给《班马异同评》写序言。这既有可能是丁丙误将嘉靖本和万历本弄混了，也有可能是印章有误。不管是哪一点，要从此入手去考证《班马异同评》万历韩敬序刻本的时间和刘辰翁这三条评语的真假也就失去依据。

更令人棘手的是，韩敬本人的生平也模糊不清。不过，其生平事迹在其他典籍中还是有迹可循，如明张弘道《明三元考》卷十四、陈建《皇明通纪集要》卷三十九、高汝栻《皇明续纪三朝法传全録》卷八、黄景昉《国史唯疑》卷十一、黄宗昌《疏草》卷上、黄尊素《黄忠端公集》说略卷六、蒋平阶《东林始末》、焦竑《玉堂丛语》卷六、《明史》卷二百三十六、清成瓘《（道光）济南府志》卷四十和卷四十一、陈和志《（乾隆）震泽县志》卷十九人物七、鄂尔泰《（雍正）云南通志》卷二十上等，都曾简单记载。综合起来看，韩敬（1580—？），浙江归安（今浙江湖州）人，字求仲，一字简与，号止修，己酉（1609）乡试第八名，万历三十八年（1610）三月廷试，与马之骐、钱谦益等同时及第，并成为庚戌科状元。韩敬早年从学于汤宾尹，以文才出众闻名遐迩。父韩绍，辛未（1571）进士，行太仆寺卿。不幸的是，才华横溢的韩敬却不慎卷入了一场科场公案，见《明史》卷二百三十六·列传第一百二十四“孙振基”条：

> 韩敬者，归安人也，受业宣城汤宾尹。宾尹分校会试，敬卷为他考官所弃。宾尹搜得之，强总裁侍郎萧云举、王图录为第一。榜发，士论大哗。知贡举侍郎吴道南欲奏之，以云举、图资深，嫌挤排前辈，隐不发。及廷对，宾尹为敬夤缘得第一人。后宾尹以考察褫官，敬亦称病去，事三年矣。①

万历三十八年（1610），侍郎王图主持会试，汤宾尹以庶子为分校官。举人韩敬，曾受业汤宾尹。会试时，韩敬的试卷为其他考官所弃，汤宾尹越房搜得此卷，与各房互换闱卷，凡十八人，强图录韩敬为第一。此举无疑是导火索，令政治对手疑窦丛生，由此引发以汤宾尹为首的“宣党”与“东林党”之间的派

① 张廷玉：《明史》，中华书局 1974 年版，第 6153 页。

系之争，直接导致宣党领袖汤宾尹在万历三十九年（1611）被罢免。随之，韩敬也被迫称病辞职，闲居家乡，以著述自娱。韩敬工书法，且能诗善文，但著作多散佚。韩敬与汤显祖（1550—1616）为密友，汤显祖去世后，是韩敬将其诗文辑成《玉茗堂集》。

结合韩敬的生平和遭际来看，《班马异同评》万历本可能是韩敬官场失意，辞官回家后所刊刻。而从韩敬的序言中，好像也能看出一丝端倪：

> 乡先正宋倪文节公有《班马异同》一书，当时馆阁极贵重之，又得须溪先生评定，遂使龙门、兰台精神面目从故纸生动，真读史者一快助也。文节以直谏著光、宁时，重华之对，姜氏之讲，明大伦于天下，皆言人所不能言。当侂胄柄国，士大夫捐弃廉耻，匍匐私门，恩主、恩父之称遍于缙绅，谁感以骑虎不下面斥之者。既弥远拜相，制词僭错，公抗疏引董贤事折之，遂得罢归。其生平如此。归而逍遥兼山、霅水之间，读书谈道，自谓有十五乐而无一忧，有三十幸而无一败；意此其胸次洒洒，真足上下千古，宜乎为须溪先生所服膺也。余又尝见元人张浩赠须溪诗曰："首阳饿夫甘一死，叩马何曾罪辛巳。渊明头上漉酒巾，义熙以后全无人。"

盖宋祀既移，终身不出，与《史记》之避纣、《汉书》之不事莽者，同一风致，岂独以赏鉴擅长耶？先生视文节为前辈，偶得其书，亲为品骘，条分缕析，比他秩更精；繇其姜桂性合，兰茝臭同，故于操觚之中，寓执鞭之意。不然，当日蓬山、风池之间，著述殊夥，岂无有作南园记，撰元龟策者，何足辱先生一唾哉？余既为文节乡人，而发先生遗书颇多，故尚论其世以告世之善读班马者。西吴后学韩敬题。

作为湖州后学，韩敬对乡前辈倪思的人品十分仰慕，对刘辰翁评语也评价很高，认为评语体现了刘辰翁高洁的性情和渊博的学识。倪思（1147—1220），字正甫，南宋湖州归安（今浙江湖州）人，乾道二年（1166）进士，曾任礼部侍郎、兵部尚书和礼部尚书等职，著有《齐山甲乙稿》《兼山集》《经锄堂杂志》等。倪思性情耿直，曾经因斥责宰相韩侂胄而被革职，后又被丞相史弥远两次罢官。从韩敬的字里行间，如"当侂胄柄国，士大夫捐弃廉耻，匍匐私门，恩主、恩父之称遍于缙绅，谁感以骑虎不下面斥之者”“归而逍遥兼山、霅水之间，读书谈道，自谓有十五乐而无一忧，有三十幸而无一败”，也隐约暗示出韩敬当时的赋闲处境和倪思被革职后的生活及刘辰翁隐居不仕的日子有着某些相似之处，故而惺惺相惜。因此，韩敬刻本应该不会早于万历三十八年（1610），这一年，韩敬三十岁。

四

《百大家评注〈史记〉》十卷，刻于万历辛卯年（1591）。从现有资料看，此书在明代只有这一刻本，流传并不广泛，但作为汤宾尹的门生，韩敬应该看到过此书。《百大家评注〈史记〉》刊刻在前，《班马异同评》韩敬本出现在后。一般而言，先出现的书籍不可能抄录后出之书，而从普通人的阅读习惯和审美积淀来看，对先出现的书籍自然有“先入为主”的认识。因此，韩敬将宋濂、王世贞、邹德溥的三条评语有意置于刘辰翁评语的可能性就较小。客观地看，应该是无意混入。原因有四：

第一，此本是韩敬亲自校订本。韩敬序言曾说：“先生视文节为前辈，偶得其书，亲为品骘，条分缕析，比他秩更精；繇其姜桂性合，兰茝臭同，故于操觚之中，寓执鞭之意。不然，当日蓬山、风池之间，著述殊伙，岂无有作南园记，撰元龟策者，何足辱先生一唾哉？余既为文节乡人，而发先生遗书颇多，故尚论其世以告世之善读班马者。”韩敬爱屋及乌，对《班马异同评》做了“条分缕析”的订正工作。如果这三条真是刘辰翁所评的话，韩敬应该不会疏忽，更不会从别人的评语中去节录。

第二，这三条万历本新增的评语，大都涉及著名历史事件。围绕这些事件，历史上产生了很多评语，如“鸿门宴”，一直被视为千古“第一宴”，仅从《百大家评注〈史记〉》来看，先后就有王世贞、全天叙、王直、董份、温托斋、蔡昂、陈于阶、宋濂、申时行、章懋、李廷机、王鏊、汤宾尹等 14 人的 17 条眉批，此外还有 40 条正文中辑录的其他“大家”的评语。刘辰翁点评《班马异同》五万余言，仅第一卷《项籍》，就有 56 条评语，“鸿门宴”也有十余条评语。据笔者统计，《班马异同评》约涉及汉代人物 106 人（不包括第 23 卷《匈奴》），刘辰翁点评 85 人，评点条数高达 1171 条。这三条只占评点总数的千分之一。在明代书籍刊刻技术相对低下的情况下，万历年间重刊时偶然混入几条评语，实属正常。

第三，这增加的三条评语虽然仅有 47 字，但是字字珠玑。再以“鸿门宴”为例。为了整体领略刘辰翁的评点风格，不妨将刘辰翁关于“鸿门宴”（从“沛公军霸上”至“沛公至军，立诛杀曹无伤”）的评语列举如下：

1.【眉批】范增语与曹无伤不同，增盖得之。此樊哙、张子房谏后所见闻，增乃知“其志不在小”。使羽于此有见，何至秦人一日失望哉！曹无伤谗语也，不足信。羽知不实，怒，亦怠增此语，故以为沛公游说耳。羽所重乃窃在此。使人望气之谓好奇，既知其如此，又曰“急击勿失”，徒自可笑。

2.【眉批】或如龙如虎，或青或黄。独指为龙，过矣。

3.【眉批】服虔曰：“鲰音浅，小人貌也。”（嘉靖本无此条评语）

4.【眉批】此处问答如见，备极情事。削此，岂他有功哉。

5.【眉批】《史记》婉。

6.【眉批】“遣将”“出入与非常”，一字岂可少。

7.【眉批】“然不自意能”甚善，于此有力。

8.【眉批】“生此”好“至此”。

9.【眉批】叙楚汉会鸿门事，历历如目睹，无毫发渗漉，非十分笔力，模写不出。（嘉靖本无此条评语）

10.【眉批】项王为人不忍，于此可见。此伯之所以敢语，增之所以不敢怒也。

11.【眉批】还军霸上，本非初意，然谋臣之谏是，基帝王之业，息奸雄之心，独籍此耳。

这 11 条评语中，有些解释音义，有些评论人物，有些评点事件，有些评价句法，或长或短，或虚或实，但都体现出刘辰翁“以意断制，无所考证”的评点倾向。不过，反复玩味，发现这 11 条评语中，最好的一条显然就是：“叙楚汉会鸿门事，历历如目睹，无毫发渗漉，非十分笔力，模写不出。”此条评语境界宏大，既有宏观概括，也有微观叙述，画龙点睛，作为“鸿门宴”一节的总评语，当之无愧。相比之下，刘辰翁对这一节的评语就稍显琐碎和拖沓，正如四库馆臣所说：“辰翁人品颇高洁，而文章多涉僻涩。其点论古书，尤好为纤诡新颖之词，实于数百年前预开明末竟陵之派。此书据文义以评得失，尚较为切实。然于显然共见者，往往赘论，而笔削微意罕所发明。又倪思原书，本较其文之异同。辰翁所评，乃多及其事之是非，大抵以意断制，无所考证。既非论文，又非论古，未免两无所取。杨士奇《跋》，以为臻极精妙，过矣。”①馆臣认为刘辰翁的不足之处是对熟悉的情节和已成定论处，往往赘论，所论并无新意。从“鸿门宴”一节的评语来看，馆臣此言甚是。因此，韩敬将此条评语“无意”混入，也能理解。

第四，刘辰翁是评点大家。在刘辰翁、宋濂、王世贞和邹德溥四人中，刘辰翁时代最早，又是评点的集大成者，曾对《大戴礼记》《越绝书》《老子道德经》《荀子》《庄子》等都做过评论，而将这三条评语置于其名下，一般士人是难以觉察的。正如叶德辉《郎园读书志》卷三所说：

> 《文献通考》以为倪思撰者，明引陈氏曰，即《直斋书录解题》也。陈氏先于须溪，使果为须溪之书，《直斋》胡为著录？缘当时须溪评点诸书风行，坊肆刻是书者，但题须溪名，不题撰人名，故士奇未之深考，遂有此两可之词。亦足见须溪议论入人之深，故使读者数典而忘其祖矣。②

叶德辉高度认同刘辰翁评语，甚至认为刘辰翁评语太过精彩，导致读者数典忘祖，忘了《班马异同》的真正作者是倪思。

总之，嘉靖本和万历本所收刘辰翁评语的差异有二十多处，有些是嘉靖本有万历本没有的，有些是嘉靖本没有万历本增加的。其中，万历本新增加的三条评语，并不是刘辰翁的原评，而来自明朱之蕃汇辑、汤宾尹校正的《百大家评

① 四库全书研究所：《钦定四库全书总目》，中华书局 1997 年版，第 642 页。
② 叶德辉：《郎园读书志》，明文书局 1990 年版，第 270—271 页。

注〈史记〉》。结合《班马异同评》万历本的刊刻情况和校订者韩敬的生平，发现韩敬在校订时，无意中将宋濂、王世贞、邹德溥的三条评语误置于刘辰翁评语中，以致以讹传讹。

（王晓鹃，陕西省司马迁研究会秘书长，陕西师范大学教授、博士生导师。）

日本学者编撰《史记钞》选本综论①

凌朝栋

《史记》作为史学经典，文学名著，早在汉代就有选择篇目做推荐阅读的做法。到了西晋时期，著名学者葛洪（284—364）就钞录篇目形成选本《史记钞》。这种做法不仅在国内学术界成为传统，单就《史记钞》一名，中外学者所选就有不少。葛洪《史记钞》十四卷，明高似孙在《史略》中指出："又有葛洪《史记钞》十四卷，撷其精语者。"他不仅对《史记》进行了钞撰，而且对《汉书》也是如此，如有《汉书钞》三十卷、《后汉书钞》三十卷等。其书虽没有保存下来，《新唐书》均有记载。而且影响到东洋扶桑日本对《史记》研究与阅读，甚至被借鉴与编撰了许多名为《史记钞》的选本。我们结合这些《史记钞》选本的编者情况、编选思想、体例、选目、篇幅等进行一些比较。

一、日本学者早期编撰的《史记钞》选本

据有关学者陈桐生先生研究，《史记》早在公元600—604年之间，就已经传到了日本。从《史记》中选录出若干篇目，按照编选者的想法与愿望，编撰而成名曰《史记钞》的著作，日本学者的著作中也有多种《史记钞》（钞与抄通假）的名称，早期就有英房《史记抄》、桃源《史记抄》、幻云《史记抄》等。这些所谓的《史记抄》在某种意义上是中国《史记钞》影响的结果。其中英房《史记抄》二卷，小三册，为日本南北朝时期写本。根据水泽利忠博士考证，其抄写时期为正平三年（1347），时值英房五十五岁。这部书大致是日本人汉文记录

①本文为国家社科基金重大项目"中外《史记》文学研究资料整理与研究"（项目编号：13&ZD111）；国家社科基金项目"《史记》选本研究"（项目编号：11XZW005）。

《史记》注解本最古老的读物，它选录了从《五帝本纪第一》到《项羽本纪第七》以及八书的全部内容，没有选录表、世家、列传，为集解、索隐、正义合刻本，即大部分是从彭寅本注解抄录而成。它对后面的桃源《史记抄》、幻云《史记抄》有着很大的影响。

幻云《史记抄》室町时代，寿桂，字月舟，亦称幻云。幻云抄全部用汉文体例记录解说，据说全部为写本，并且没有完本。依据日本足利学校遗迹图书馆藏本，零本大四册（庆元间钞本），现存本纪第四至第十二、列传第二十一至第四十五。收录有大量的《史记正义》佚文。具体完成的年代，依据记载被推定为永正十一年（1514）以前。

桃源《史记抄》十九卷，依据池田四郎次郎和池田英雄《史记研究书目解题》（稿本）所记载，亦名《史记桃源抄》十九卷，桃源瑞仙著。桃源瑞仙，延德元年（1489）十月二十八日殁，六十岁。现存的桃源《史记抄》版本有多种，最早者为“文明丁酉夏初九日抄毕”，则其时间为1477年。现在米泽文库所藏的《史记桃源抄》古写字本二十册为永正十三年至十四年（1516—1517）相国寺桃源和尚手抄本。而池田父子《史记研究书目解题》对其《史记抄》所选录的内容，不是很明确。

二、日本学者晚近以来编撰的《史记钞》选本

日本学者井井竹添抄录于明治十七年（1884）高嵣的《史记钞》，署上自己的大名，形成了和刻本《史记钞》。从该书的扉页上可以看出，其为丛书名为井井竹添抄录《评注历代古文钞》第四集《史记钞》五册。该丛书总目录为《左传钞》四册、《国语钞》一册、《国策钞》二册、《史记钞》五册、《汉书钞》四册、《八家钞》十册、《归余钞》四册。该书与高嵣《史记钞》相比，有以下几方面的特点：一是该书《史记钞·序》基本内容为高嵣《史记钞·序》，只是部分文字稍有不同。例如，高嵣《史记钞·序》开始为：“《史记》一书，易编年之体而创为纪传书表。”而井井竹添《史记钞·序》开头一句为：“龙门《史记》创为纪传之体。”而其后的总评《史记钞·杂说》基本相同。二是该书只有《史记钞》的分卷目录，并置于每卷之前，而没有总目录。三是卷数未变，每卷篇

目数量有所减少。高嵋《史记钞》原书是五卷共录文七十七篇；而井井竹添也是五卷，共选录四十篇，几乎减少了一半。从评点的方法和内容上看没有什么区别，只是将篇目数量减少了。评点方法主要有：一是采用不同的标识符，圈点相应的内容。二是评点内容分层次，分别有对地名概念解说的夹注，有对某一句话进行评点夹批文字，有针对某一部分进行眉批文字，还有将整个文章划分为若干部分，对每一部分进行评点。三是在文末引用前代学者的选本评语，总体上对该篇选文评价。

日本学者秋山四郎于明治二十九年（1896）编选《史记钞》上下册，由东京金港堂书籍株式会社出版，线装本。秋山四郎虽然生卒不详，我们从有关资料可知，他是一位著名的汉学家，曾经在明治三十五年编有《汉文教科书》。其编撰目的可以从其《史记钞·引》得知："是书夙传于我国（日本），学者爱读焉。然卷帙浩繁，非专攻汉学者，则不可毕读。今撰择适初学者十篇，厘为两卷，以充中等教育课本，初学熟读有得，其所裨益，盖不鲜浅矣。"所选篇目大致按时代顺序，并不是按照体例类别编排，上卷为平原君列传、信陵君列传、廉颇蔺相如列传、项羽本纪、萧相国世家；下卷为留侯世家、陈丞相世家、淮阴侯列传、张耳陈馀列传、滑稽列传。该书版式是每半叶十行，每行二十字，有上栏用于评点，全部选文有句读而无分段，眉批评点只是对选文中部分内容的注释，没有真正意义上的评点文字。

森山书店于1934在上海内山书店发行的《史记钞》。在日本国内也是由森山书店发行。该书的具体编撰者不详，总共选取《史记》文章二十九篇。按时代、按体例类别编排，包括本纪三篇即秦始皇本纪、项羽本纪、高祖本纪；表一篇六国表；书一篇为河渠书；世家四篇为越王勾践世家、孔子世家、陈涉世家、留侯世家；列传二十篇为伯夷列传、管晏列传、老庄申韩列传、孙子吴起列传、商君列传、张仪列传、孟子荀卿列传、廉颇蔺相如列传、屈原列传、刺客列传、淮阴侯列传、扁鹊仓公列传、李将军列传、匈奴列传、朝鲜列传、酷吏列传、滑稽列传、货殖列传、太史公自序等。该书没有前言后记，有句读而无注释、评点。书的扉页上署了一个"阿九津"的名字，应该是该书的购买者。从该书的选篇来看，本纪里重视秦汉，世家和列传在兼顾先秦与秦汉。

日本学者、文学教授土桥文夫编选有《史记钞》小一册，于1934年2月在京都平野书店刊行，该书是将本纪、表序、列传进行了一定程度的删节并加以排列，应该为练习汉语而编辑的读物。该书将钦定《四库全书》总目提要内容罗列在前作为《史记》解题和前言，但看不出其编选的目的。主要篇目十六篇：项羽本纪、六国表序、伯夷列传、管晏列传、司马穰苴列传、孙子吴起列传、商君列传、信陵君列传、乐毅列传、田单列传、淮阴侯列传、李将军列传、儒林列传序、游侠列传序、货殖列传序、太史公自序论六家之要指。整个选文有句读无标点，采用脚注的形式对选文中出现的概念进行注释。

另外日本部分高校中国古典文学作品教材，有用名为《史记钞》或相近的名称，如东京高等师范学校教授儿岛献吉郎编写于大正五年的《史记钞本》（东京光风馆藏版，1916 年）。该书的编撰目的很明确，儿岛献吉郎则在其《绪言》中称："本书编纂目的，欲与中学校、师范学校即高等女学校现行汉文教科书并用，以供多读之用也。然单用本书，以兼取精读多读两方便，亦庶几可乎。"从其目录看出分体选录《史记》文字，本纪一篇为项羽本纪；世家二篇为陈涉世家节录、留侯世家节录；列传七篇孙子吴起列传、孟尝君列传、信陵君列传、廉颇蔺相如列传、鲁仲连列传节录、淮阴侯列传、李将军列传节录。

三、日本当代学者编选的《史记钞》选本

日本当代学者编选的《史记钞》则是以前面的为基础，多为高中汉文教材。与前者相比更为明显的变化：对所选文章内容，按照主题进行集中命名。例如由日本文部省检定教科书小林信明教授编的高等标准汉文《史记钞》（1973 年讲谈社出版），作为教科书，从其前言中看出，其编选的目的是学习中国上古史，特别是探究春秋战国时代以前的人世。包括春秋五霸的时代、霸力时代、乱臣贼子的时代、周代遗风的存续，还有战国时代、秦连续的隆盛及合纵连横之说的流行等。尽管小林信明是文学博士，但其编选是从史学角度来考虑的。从该书的目次上可以看出选文主要有齐之霸业、孔子、吴越之抗争、孙武之兵法、合从连衡（与"合纵连横"有所不同）、刎颈之交、强秦之难等七个主题，并附录句型略例、当用汉字体与旧字体对照表。另外在书扉页上附有春秋战国形势略图、书后附有春秋战国时代诸王侯年表。其中每个主题之下可能选自同一篇《史

记》文章，也可能选自不同的篇章。例如齐之霸业选自《管晏列传》分别有小标题：管仲之功业、晏婴之危行，还附有杜甫的《贫交行》作为参考；而强秦之难分别有四个小标题：孟尝君善遇客、先从隗始、风萧萧兮易水寒、秦王环柱而走，这四篇分别选自孟尝君列传、燕召公世家、刺客列传，并加以删修等。

所选《史记》文章，其结构大致是这样的。标题之下先有一段文字解题，然后是选文正文部分，正文的部分的汉字有日语训读发音标注，个别难懂的概念或利用脚注的形式标注，或随文在相应的页面附有图片，便于读者对《史记》故事文章的理解。选文后面附有“注意”重要语句，接着是学习思考题以及参考。以《刎颈之交》为例，开始先对“刎颈之交”做以解释，标注该选文来自《廉颇蔺相如列传》，接下来是三个故事，即完璧归赵、渑池之会、将相和。第一个故事附有古玉璧图与来自《金石索》的蔺相如奉璧图，第二个故事附有战国时代木瑟图，第三个故事附有作者不明的廉颇负荆请罪图，即《将相和》图，附有“注意”重要语句提示里含有加点的词汇，例如“秦昭王使人遗赵王书”等。

从以上看这本《史记钞》虽然是从史学角度选取了《史记》文章，但我们看到相关结构后认为，是文史兼顾的，尤其是在选文后附录的“句型略例”分别罗列了《史记钞》选文中汉语常见的句型例子，如否定、疑问、反语、役使等十五种句型。

日本大修馆书店出版的《史记抄》，特别标注为精选高等汉文，经过日本文部省检定的高中国语科古典Ⅱ（汉文）用教材。出版时间为昭和四十九年（1974），昭和五十二年又修订再版，变为《史记抄》附录《十八史抄》。主要编撰者为诸桥辙次和镰田正。两人均为东京教育大学名誉教授和文学博士。同时参与本书编撰的还有从和歌山大学、东京大学等高校聘请的学者组成编撰委员会。该书选取的内容有伯夷叔齐、管仲晏子、孟尝君、平原君、廉颇蔺相如、韩信、张良、高祖等八篇，每篇前选录司马迁《太史公自序》中对选文传主的评价文字，本书末尾还选了《司马迁与〈史记〉》短文一篇。每篇选文分别有小的故事标题，正文后还有参考内容。像伯夷叔齐中列有“饿死于首阳山”“天道是邪非邪”，参考有《论语》一章、《孟子》一章。每篇文章均有注释，日文标注汉字读音。图文并茂，从其他资料中选录的实物或地理图片，如北京故宫博物院藏长信宫灯照片、巴黎国民图书馆藏《敦煌史记钞本》书影、元刊本《史记》书影、日本室町时代三条西富隆《史记古钞本》等。有选日本江户时代汉学家安井衡的《题蔺相如奉璧图》文字，司马迁《廉颇蔺相如列传》论赞作为参考。没有选取失败者项羽本纪的文章。从编选内容看出，这是侧重从语言文学方面选取的。

总而言之，日本学者所编撰的以《史记钞》命名的《史记》选本数量较多，均是从中国有关《史记钞》名称借鉴而来。编选思想有的明确，有的不明确；有的是从史学角度，有的是从文学角度来选取文章；还有的是从专题较多选取，尤其是高中汉语教材。这些多样化的《史记钞》选本，展现了《史记》选择阅读在日本的情况，不同学者有自己心目中不同《史记》精彩篇章。

（凌朝栋，渭南师范学院人文学院院长、教授，文学博士。）

王玉树史汉研究文献九则

郑继猛

王玉树，字廷桢，号松亭，陕西安康人，清代学者，生卒年不详。《安康县志》《安康历代名人录》有传。今人李厚之先生撰写有关于王玉树生平的考证文章《惠安先生王玉树》。乾隆五十四年（1789）拔贡生。就职州判，尝权惠州通判，又署湖州通判、南海县丞，代理阳江县事，补广粮厅通判等，为官一方，颇有政绩。王玉树长于经学，喜好考订文字之学，学识渊博，在学术方面自成一家。一生著述丰富，其作品有五种：《说文拈字》《退思易话》《经史杂记》《志学录》《芗林草堂诗文钞》。其中《说文拈字》有单行本，《退思易话》《经史杂记》被收入《续修四库全书》，2011 年被收入《清代诗文集汇编》。

《经史杂记》共八卷，卷三有九则关于《史记》《汉书》方面的研读心得。徐德明《清人学术笔记提要》评价说："卷三《史记各本互异》条，可供《史记》版本研究者参考。《史胜汉处》《汉胜史处》条，引征广博，足资参考。《后汉书铺叙有法》条，反映出作者的史籍编纂见解。"由此可见这几则文献的价值。兹录如下：

《史记》各本互异

王应麟云："'五者来备'，《史记》作'五是来备'。"今刻《史记》仍作"五者来备"，盖应麟所见独裴骃本。今考《洪范》经文，上文列"庶征"五目，继以"曰时"云云，言其"休一极"云云，言其咎，当以"曰时，五者来备"为句，言是五者皆备至也。"时是"本释诂文，此以"时"为是，与上"立时人"之"时"同也。《后汉书·李云传》云："得其人，则五氏来备。"《荀爽传》云："五韪咸备，各以其叙。"

李贤两注皆引《史记》，一作“五者”，一作“五是”。又释“踶”为“是”，“氏”与“是”通。李、荀约举经文，故云尔，此汉学也。伪孔以“曰时”属上读，如此则“时即以叙”何用重言耶？司马迁传孔安国学，必从古读。王应麟误以作“是”，为传写之误。裴骃又误，采伪孔《传》，不采郑《注》，致《史记》诸本互异，皆俗儒所乱也。

《史记》纪年体例

案《魏世家》裴骃引《纪年》曰“梁惠成王九年四月甲寅徙都大梁”，“四月”上不见“夏”字，乃知古人文各有例。纪年体虽似《春秋》，终有不尽同处。马迁踵《秦记》成《秦本纪》，颇书时，然多略，不似《汉书》于秦二世元年书“秋七月”，汉元年书“冬十月”，尽从而整核其体。疑后代史册遵《春秋》例者，自班氏始。

《史记》有后人羼入者

案《司马相如传赞》有“扬雄以为，靡丽之赋劝百讽一”语，雄乃哀平、王莽时人，史迁何由豫引其言？又《公孙宏传》中有“平帝元始中诏赐宏子孙爵”语，《贾谊传》中有“贾嘉最好学，至孝昭时列为九卿”语，亦皆史迁所不及见。今《汉书》各传赞与《史记》正同，当是班书所有而后人反移入《史记》传赞中，并非少孙所补也。若《田儋传赞》忽云：“蒯通辨士，著书八十一篇，项王欲封之而不受。”此事与儋何涉？而赞及之，当亦是后人所羼入者。

史、汉互异处

案《汉书·高帝纪》及诸王侯年表、诸臣列传多与《史记》同，并有全用《史记》文一字不改者，其间亦有互异者。如《史记·项羽纪》、《高帝纪》皆言项羽徙义帝长沙，都郴，使衡山王、临江王击杀义帝；《汉书》则云羽使九江王布击杀义帝于郴。《史记》田荣击杀济北王田安，并王三齐；《汉书》则云彭越击杀田安，荣遂王三齐。《史记》项羽立田都为齐王，田荣怒，乃杀都自立为齐王；《汉书》则云荣攻都，都走降楚。《史记·项羽纪》楚军败于定陶，项梁死，楚怀王恐，乃从盱眙徙彭城，并项羽、吕臣军自将之；《汉书》谓羽与沛公等闻项梁死，乃徙怀王，都于彭城。《史记·任敖传》高后崩，敖不与大臣共诛诸吕，故免官；《汉书》则云与大臣共诛诸吕，后坐事免官。《史记》沛公破丰，命雍齿守之，齿以丰降魏。沛公攻之不能下，项梁益沛公五千兵攻丰，而不言攻之胜负；《汉书》则云攻丰拔之，雍齿奔魏。《史记·李陵传》陵降匈奴，汉闻单于以女妻陵，遂族其母、妻子；《汉书》则云汉闻李陵教匈奴为兵，遂族其母、妻子，后乃知教兵者李绪，非李陵也。

至纪事年岁，亦有不同处。如韩信击魏豹，《史记》在汉三年，《汉书》在二年。韩信袭杀龙且，《史记》在三年，《汉书》在四年。诸侯会垓下，《史记》在四年，《汉书》在五年。项羽使海春侯曹咎守成皋，为汉王所虏，《史记》在刘、项同军广武之后，《汉书》在同军广武之前。徙王韩信于楚，《史记》在汉王即帝位后，《汉书》在杀羽未即位前。萧何造未央宫，《史记》在八年，《汉书》在七年。黥布封九江王后，《史记》谓七年朝陈，八年朝洛阳，《汉书》谓六年朝陈，七年朝洛阳。二史纪事，亦每差一年矣。

史胜汉处

案《汉书》不及《史记》处甚多，姑就易见者约举数条焉。如彭城之战，《史记》取汉王父母、妻子置宫中，《汉书》则但云取太公、吕后而不言父母妻子，不知高祖母虽已前死（高祖起兵时，母死于小黄），而楚元王为高祖异母弟，则高祖尚有庶母也。孝惠帝有庶兄肥，后封鲁，为悼惠王。当时既未与孝惠、鲁元偕行，又别无投归之事，则必与太公、吕后俱同为楚所得者，则是高祖尚有子在项军也。《汉书》止云太公、吕后，转疏漏矣。《高帝纪》垓下之战，《史记》叙韩信、孔将军、费将军等战颇详，《汉书·高帝纪》但撮叙数语。灭项羽是汉王一大事，《汉书》略之，殊失轻重。七国反时，《史记》谓胶西听吴王计，约同反，遂发使约齐、临菑、胶东、济南、济北，皆许诺。是七国同反也。而《汉书》独无济北。夫济北王以城坏未完，又为郎中令劫守，不得发；与齐孝王因汉兵且至，遂坚守不敢发，同为约反而未成反也。何以齐王自杀，遂坐以谋反，济北免罪不列党内？并其欲反不得反之处，亦概为隐讳耶？失其实矣。四国攻临淄时，《史记》

谓胶西为渠率，与胶东、菑川、济南共攻临菑。《汉书》则云胶西、胶东为渠率，与菑川、济南共攻临菑。夫胶西实听吴王之谋，约诸王同反，是主兵者胶西也，《汉书》增胶东，亦非。《淮南厉王传》，《史记》高帝过赵，赵王献美人，帝幸之，有身。会贯高等谋反，帝令尽捕赵王家属。美人亦在系中，告吏曰："得幸上，有身。"而《汉书》叙事同，而改美人告吏曰："得幸上，有子。"是时厉王尚未生，何得豫言有子？《高帝纪》，《史记》高祖为亭长，以竹皮为冠，令求盗之薛，治之。《汉书》但云令求盗之薛治，删一"之"字，便不明晰。又《帝纪》，《史记》秦始皇以东南有天子气，乃东游以厌之。高祖即自疑，隐于芒砀山泽之间，"即自疑"三字，正见高祖以匹夫而以天子自疑，志气不凡处，《汉书》删此三字，便觉少味。《韩信传》，《史记》汉王之败彭城，信收兵与汉王会荥阳。《汉书》谓信发兵，与汉王会荥阳。是时信未有分地，何从发兵？盖收合溃卒耳，《史记》"收"字得实也。

案《史记》采众说成书，征引浩博，间有抵牾，后人往往驳摘。惟绍泰衢《史记疑问》谓《高祖纪》解纵罪人，坦然回沛之非情实；《留侯世家》诸将偶语沙中之不可信；《李陵传》兵矢既尽，尚杀匈奴万余人之言为夸诞。据《功臣表》，汉九年吕泽已死，而驳《留侯世家》所纪汉十一年不应又有吕泽。数条皆据理校勘，尚属得间。

汉胜史处

《史记》亦有不及《汉书》处，姑就易见者约举数条焉。如荆王刘贾，《史记》谓不知何属，《汉书》谓高祖从父兄。燕王刘泽，《史记》谓诸刘远属，《汉书》谓高祖从祖兄弟。《周仁传》，《史记》谓仁以不洁清得幸。景帝崩，仁尚在郎中令，终无所言。景帝以此再自幸其家。案既云"景帝崩"，又云"景帝再幸其家"，文义不顺，《汉书》则删去"景帝崩"三字便明。《循吏传》，《史记》载周、秦间人孙叔敖、子产、公仪休、石奢、李离。《汉书》则载则文翁、王成、黄霸、朱邑、龚遂、召信臣，皆汉人也。《田蚡传》，《史记》景帝后三年，封蚡为武安侯。《汉书》则云武帝初即位，以舅封武安侯。案景帝后三年正武帝即位之年，实是武帝所封，特是时尚未改元耳。《高帝纪》末，《史记》

但记其诸子。《汉书》则总叙高祖之明达好谋，虽日不暇给，而规模宏远，《史记》少此议论。《吴王濞传》，《史记》先云削吴之豫章、会稽，下又方议削吴，是又于二郡外再议削矣，下文所谓及削豫章、会稽书至，作何解耶？《汉书》则删去削豫章、会稽字，但云削楚及赵胶西地，廷臣方议削吴，及削豫章、会稽书至，吴王遂反，较为明析。厉王以罪徙蜀，《史记》谓一路传送者不敢听发封。王谓侍者曰："吾以骄故，不闻过至此。人生一世间安能邑邑如此！"乃不食死。至雍，雍令发封，以死闻。案既不发封，王在车中与谁语？若有人共语，饿死岂又有不知，直至雍发封乃知耶？《汉书》先叙王语，后方叙传送者不敢发封，以致饿死，文义较明。又有增益处，如《楚元王传》，《汉书》增元王少时尝与穆生、申生、受诗于浮邱伯，后随高祖军中，出入卧内。及封楚王，又遣子郢至长安，与申公仍从浮邱伯卒业云云。《史记》但载其封国、生卒及子孙承袭而已。淮南王安好文学及神仙事，本贤王也。《汉书》则增其好学，作内书二十一篇，外书甚多，书中八篇，言神仙黄白之事。武帝好文，每作报书，必令司马相如等视草。及安入朝，献赋颂等事。《史记》但叙其父厉王死，怨望欲叛，初不述其贤行，并谏伐南粤之事也。景帝子为王者十三人，《史记》以同母者为一宗，作《五宗世家》。《汉书》则十三王皆增立传，而《河间献王传》详叙其好古爱儒，所积书与汉朝等。《鲁共王传》叙其好治宫室，坏孔子宅，广其宫，因得壁中古书。《史记》皆不载。《王陵传》，《史记》吕后欲王诸吕，问陵，陵曰："不可。"问平，平曰："可。"《汉书》增陵责平负先帝约，及平自解之语。《石庆传》，《汉书》增武帝责丞相一诏。《李广传》，《汉书》增广斩霸陵尉自劾，武帝不责，反加奖誉一诏。《公孙弘传》，《汉书》增弘没后为相者，李蔡等十人尽诛，惟石庆得善终，正以见弘之能得君也。惟《卫青传》，《汉书》增青初为平阳公主骑奴，及后贵为大将军，而平阳主以夫曹寿有恶疾，当另嫁，问左右列侯谁贤，左右皆以大将军对，主笑曰："是常骑从我，奈何用为夫。"左右曰："于今尊贵无比。"遂以青尚主。此班氏从褚少孙《外戚世家》所补者增之也，史迁当日实目击其事而不载入传者，盖其时青正贵盛，不敢直书以取怨耳。

案：固作是书，有受金之谤，又有窃据父书之议。然观刘勰《文心雕龙·史传篇》云："徵贿鬻笔之愆，公理辨之究矣。"《韦贤》《翟方进》《元后》三传俱称"司徒掾班彪曰"。《颜师古注》发例，于《韦贤传》曰："《汉书》诸赞皆固所为。其叔皮先论述者，固亦显以示后人。而或者谓固窃盗父名，观此可以免矣。"据此是皆无其事也。

荀悦《汉纪》

汉荀悦《汉纪》(共三十卷)，顾宁人《日知录》惟取其宣帝赐陈遂玺书一条，及元康三年封海昏侯诏一条，谓能改正《汉书》三四字。其余则病其叙事索然无味，或首尾不备。其小有不同，皆以班《书》为长。又云纪王莽事自始建国元年以后，则云其二年、其三年，以至十五年，以别于正统而尽没其天凤、地皇之号。不知班《书》莽自为传，自可载其伪号。荀书以汉系编年，岂可以莽纪元哉？宁人之说似非确论。盖荀书词约事详，论辨多美。唐宋人甚重其书。刘知几《史通·六家篇》，以悦书为《左传家》之首。其《二篇体》又称其历代宝之，有逾本传。班、荀二体，角力争先。故唐人试士，以悦《纪》与《史》《汉》为一科。《文献通考》载李焘《跋》曰："悦为此《纪》，固不出班《书》，亦时有所删润，而谏大夫王仁、侍中王闳《谏疏》，班《书》皆无之。"又称司马光《资治通鉴》，书太上皇事及五凤郊泰畤之月，要皆舍班而从荀。又称其"君兰""君简""端""瑞""兴""誉""宽""竟"诸字与《汉书》互异者，先儒皆两存之。其中若壶关三老茂，《汉书》无姓，悦书云姓令狐。朱云请上方剑，《汉书》作"斩马"，悦书乃作"断马"。证以唐张渭诗"愿得上方断马剑，斩取朱门公子头"句，知《汉书》字误。其足资考证者甚多。后人偶有纠正，究不足为悦病也。

《史记》书金縢事

案《史记·鲁周公世家》所载金縢事，其抵牾甚多，而尤异者有二说焉。其前一说则云："作诗贻王之后，营成周洛邑以朝诸侯。七年之后，还政成王。初，成王少时，病，周公乃自揃其蚤沈之河，以祝于神曰：'王少未有识，奸神命者乃旦也。'亦藏其策於府。成王病有瘳。及成王用事，人或谮周公，周公奔楚。成王发府，见周公祷书，乃泣，反周公。”此一说也。其后一说则曰：“周公病，将没，曰：‘必葬我成周，以明吾不敢离成王。’公卒，王葬周公于毕，从文王，以明予小子不敢臣周公。周公卒后，秋未获，暴风雷雨。王开金縢见书，曰‘朕小子其迎’云云。”此又一说也。又《蒙恬列传》秦二世令人赐恬死，恬对使者称引周公之事，其说与前一说同。谯周谓秦既燔书，时人欲言金縢之事，失其本末，故有此说。王充《论衡·感类篇》亦并载二说，与《史记》略同。而以其一说为古文家说，则后一说为今文家说。前说于“代武王”外增“代成王”，“居东都”为“奔楚”，虽误，犹近之。后说所云“公欲葬成周，王葬之于毕”，《出亡篇》《亳姑》序事诚有之，然是周公致政、退老归丰以后事，与风雷示变、金縢见书无涉，乃合而为一。且周公既卒，所云亲迎又何迎乎？此不可信也。

《后汉书》铺叙有法

范书体例多仿班书、马史，有时代不同，而各就其人之生平以类相从者。如郭汲、杜诗、孔奋、张堪、廉范国初人，王堂、苏章安帝时人，羊续、贾琮、陆康桓灵时人，因其皆治行卓著，即同为一卷。张纯国初人，郑康成汉末人，因其皆深于经学，即同为一卷。张宗、法权国初人，度尚、杨璇汉末人，因其皆为郡守能讨贼，即同为一卷。王充国初人，王符、仲长统汉末人，因其皆著书恬于荣利，即同为一卷。又如邓彪、张禹、徐防、胡广，因其皆和光取容，人品相似，即同为一卷。袁安、张辅、韩陵、周荣、郭躬、陈宠，因其皆能决狱平允，即同为一卷。班超、梁慬，因其皆立功绝域，即同为一卷。杨终、李法、翟辅、应奉，因其皆有文学，即同为一卷。杜根、刘陶、李堂，因其皆仗节直谏，即同为一卷。苏竟、杨厚、郎顗、襄楷，因其皆明于天文，能规切时政，即同为一卷。周燮、黄宪、徐稚、姜肱、申屠蟠，因其皆高士，即同为一卷。惟樊宏、樊谦、樊准、阴识、阴兴、阴就，皆外戚，因其皆有功绩可纪，故不入《外戚》，而仍为同一卷也。此编次之详慎也。有详简得宜以避繁复者。如《吴汉传》叙其破公孙述之功，故《述传》不复详载。《耿弇传》叙其破降张步之功，故

《步传》亦不复详载。宦者孙程以张防诬枸虞诩，上殿力争，事已见《诩传》矣，则《程传》不复载。张俭奏劾中常侍侯览，籍没其家，事已见《览传》矣，则《俭传》不复载。俭避难投孔褒，褒弟融藏之，事泄，褒兄弟争相死，事已见《融传》矣，则《俭传》不复载。《公孙瓒传》不载刘虞以十万众来攻，以事已见《虞传》矣。《袁绍传》不载绍尽诛宦官二千余人，无少长皆死，以事已见《何进传》矣。此皆悉心核订，无叠出之弊也。然亦间有小误者。如《光武纪》书帝崩，年六十二。然纪中又书帝起兵时年二十八，更始元年破王寻、王邑，持节渡河，镇慰州郡，二年诛王郎，更始拜帝为萧王，明年六月，始即位改元建武，是帝年三十一矣。建武凡三十二年，又加以中元二年始崩，则应是六十四岁。本纪所云六十二，不相符矣。又安帝以延光元年三月崩，阎后立北乡侯懿即位，是年十月薨。北乡侯在帝位已阅八月，应有本纪，而《范书》无之，或以未逾年、未改元故也。然殇帝在位仅一年，冲帝在位近半年，何以皆为立纪耶？凡史传叙事皆书名，未有以字行者。惟光武兄縯字伯升，凡纪传皆书其字，盖因帝亲兄首事舂陵，其功最大故也。且《班书·王莽传》内已书伯升矣。然范式、张劭合传,前半篇叙劭事则称元伯,叙式事则称巨卿,何复自乱其例耶？

案范撰是书以《志》属谢瞻，范败后，瞻悉蜡以覆车，遂无传本。今本八《志》为司马彪所撰。洪容斋《随笔》、孙北海《藤阴劄记》俱误引为《后汉书》，盖因唐以后以《续汉志》并入《范书》耳。

以上为清代安康地域文献中有关《史记》《汉书》的九则笔记。公之同好，以为交流。

（郑继猛，安康学院中文系教师，文学博士。）

《吕不韦列传》字词及疑难辨析

梁建邦　张　晶

《史记·吕不韦列传》记载了吕不韦传奇的一生，也记载了秦庄襄王、秦始皇、赵姬及嫪毐等人的诸多轶事，人们对其中一些文字的理解存在着一定分歧，本文试就有关问题做如下辨析。

一、吕不韦籍贯之辨

史书中对吕不韦籍贯的记载，主要有三种情况：

1.《史记·吕不韦列传》云："吕不韦者，阳翟大贾人也。"①"阳翟"，县名，即今河南省禹县。《史记索隐》云："《地理志》县名，属颍川。"②《史记索隐》所言的《地理志》指的是《汉书·地理志》。《汉书·地理志》原文云："颍川郡，户四十三万二千四百九十一，口二百二十一万九百七十三。县二十：阳翟，昆阳……"③颜师古注曰："颍川郡，秦置，高帝五年为韩国，六年复故。莽曰左队。阳翟有工官，属颍川。阳翟：属禹国。周末，韩景侯自新郑徙此。户四万一千六百五十，口十万九千。莽曰颍川。"④阳翟，即今指河南省禹县。张大可《史记全本新注》曰："吕不韦，战国末阳翟（今河南禹县）人，为大贾。"⑤韩兆琦《史记笺证》曰："阳翟：韩国前期景侯、烈侯、文侯时代的都城，即今

① 司马迁：《史记》，中华书局 1982 年版，第 2505 页。

② 司马迁：《史记》，中华书局 1982 年版，第 2505 页。

③ 班固：《汉书》，中华书局 1962 年版，第 1560 页。

④ 班固：《汉书》，中华书局 1962 年版，第 1560 页。

⑤ 张大可：《史记全本新注》，三秦出版社 1990 年版，第 1569 页。

河南禹县。”[①]也言吕不韦为阳翟人，即今河南省禹县人。

2.《战国策·秦策五》“濮阳人吕不韦贾于邯郸”条则云：“濮阳人吕不韦贾于邯郸，见秦质子异人（子楚），归而谓父曰：‘耕田之利几倍？’曰：‘十倍。’‘珠玉之赢几倍？’曰：‘百倍。’‘立国家之主赢几倍？’曰：‘无数。’曰：‘今力田疾作不得暖衣余食，今建国立君，泽可以遗世。愿往事之。’”[②]于是又有了吕不韦为濮阳人的说法。濮阳，地名，在今河南省濮阳市西南。《史记索隐》即云，“按：《战国策》以不韦为濮阳人，又记其事迹亦多，与此传不同。班固虽云太史公采《战国策》，然为此传当别有所闻见，故不全依彼说。或者刘向定《战国策》时，以己异闻改彼书，遂令不与《史记》合也”[③]。司马贞在此对《史记》和《战国策》的分歧记载，进行了两种猜测，但其似乎倾向于司马迁的记载。

3. 东汉人高诱《吕氏春秋·训解序》云：“吕不韦者，濮阳人也，为阳翟之商贾，家累千金。”[④]则把《战国策》和《史记》的记载进行了综合，说吕不韦起先家在（祖居或原籍）濮阳，后来举家迁徙或经商到阳翟，成为阳翟大贾人。但其所据何在，并没有言之。

高诱之说不言所据，缺乏证据支撑，为推测假设之言。《战国策》早于《史记》，其吕不韦者为濮阳人的记载，司马迁理应见到。那么，司马迁究竟以据什么而改“濮阳”为“阳翟”，已经不得而知。因此，究竟吕不韦乡里为何处，由于资料有限，目前仍无从考察，姑且“阳翟”“濮阳”二说并存为好。

二、“此奇货可居”之“奇”字解

《史记·吕不韦列传》云：“子楚，秦诸庶孽孙，质于诸侯，车乘进用不饶，居处困，不得意。吕不韦贾邯郸，见而怜之，曰‘此奇货可居’。”[⑤]对其中的

① 韩兆琦：《史记笺证》，江西人民出版社2004年版，第4561页。

② 刘向：《战国策》，上海古籍出版社1998年版，第275页。

③ 司马迁：《史记》，中华书局1982年版，第2505页。

④ 吕不韦：《吕氏春秋》，上海古籍出版社1989年版，第2页。

⑤ 司马迁：《史记》，中华书局1982年版，第2506页。

“奇”字该作何理解，施之勉《史记会注考证订补》引黄生曰：“奇，当音奇偶之奇，单也，独也。言此货有一无二，我得居之以获利也。若作奇异之奇，便不类贾人语。”[①]黄生认为“奇”字应作“单”意理解。施之勉《史记会注考证订补》注释黄生语云：“犹今市人言此货缺，可以囤积之类。”[②]又将“奇”解释为奇“缺”的意思。其实，“奇”为稀奇、罕见的意思。“居”指囤居、积存。“奇货可居”是说，罕见的货物可以积存着卖大价钱。这是吕不韦借用商人的行话，比喻子楚是个可以谋取巨大利益的人物。它是吕不韦见到子楚后的自思自叹语，完全出自商人的思维模式和腔调，可见其深谙经商之道，不愧为“大贾人”。由此又可知吕不韦平时亦十分留意于秦国政治和秦国宗室争斗情况，富有政治远见，不仅善于捕捉商机，也善于寻觅和抓住政治机遇。吕不韦人生的一大转折由此开始，其政治生涯的帷幕也由此拉开。成语“奇货可居”“囤积居奇”即由此而来。

三、“且自大君之门”之“且”字解

《史记·吕不韦列传》云：“（吕不韦）乃往见子楚，说曰：‘吾能大子之门。’子楚笑曰：‘且自大君之门，而乃大吾门！’吕不韦曰：‘子不知也，吾门待子门而大。’子楚心知所谓，乃引与坐，深语。”[③]对“且自大君之门”之“且”字，王念孙《读书杂志》曰：“‘且’当为‘盖’，字之误也。盖，何不也。言何不自大君之门，而乃大吾门也？若作‘且’，则与‘而乃’二字意不相属矣。《太平御览·居处部》引此作‘盖自大君之门，顾乃大吾门？’高诱《吕氏春秋注序》作‘何不大君之门，乃大吾之门邪？’皆其证。”[④]认为“且”当为“盖”字之误，作“何不”解。王叔岷《史记斠证》引裴学海《古书虚字集释》云：“‘而’，宁也，何也。《御览》引作‘盖自大君之门，顾乃大吾门？’是以意改。《读书杂志》谓当从《御览》，失之。”[⑤]认为“且”字为“而”字解，意思是“宁用，

① 施之勉：《史记会注考证订补》，华冈书局 1976 年版，第 1340 页。

② 施之勉：《史记会注考证订补》，华冈书局 1976 年版，第 1340 页。

③ 司马迁：《史记》，中华书局 1982 年版，第 2506 页。

④ 王念孙：《读书杂志》，上海古籍出版社 1985 年版，第 137—138 页。

⑤ 王叔岷：《史记斠证》，中华书局 2007 年版，第 2567 页。

何也”。王叔岷《史记斠证》则指出：“‘且自大君之门’，《御览》卷一八二（《居处部》十）引作‘盖自大子之门’（王、裴并误“子”为“君”）。王氏谓‘且’为‘盖’（《隶变》作“盍”）。惟‘盖’与‘且’型不近，或盖坏为皿，因误为‘且’与？窃疑‘且’非误字，《吕氏春秋注序》引作‘何不’，盖以‘何不’说‘且’耳。《御览》引作‘盍’，盖不知‘且’有‘何不’义而改之也。《吕氏春秋注序》乃上无‘而’字，‘而乃’复语，而亦乃也，故可略其一。《御览》引作‘顾乃’，亦复语，‘顾’亦‘乃’也。裴氏训‘而’为‘宁’，为何，于义不长。”[①]王叔岷从字形、字意、引文等方面辩驳王念孙、裴学海的错误，认为“且”字本来就有“何不”之意。而韩兆琦《史记笺证》则曰，“且自大君之门：还是先光大你自己的门楣去吧”[②]。直接采用“且”的连词之意“还是”。比较而言，《史记笺证》的理解更为简洁准确。

四、“不韦怒，念业已破家为子楚，欲以钓奇”之“不韦怒”辨

《史记·吕不韦列传》云：“吕不韦取邯郸诸姬绝好善舞者与居，知有身。子楚从不韦饮，见而说（悦）之，因起为寿，请之。吕不韦怒，念业已破家为子楚，欲以钓奇，乃遂献其姬。”[③]子楚请赵姬，吕不韦发怒，是真正发怒还是假装发怒，历来有两种观点。认为是假怒者，以为此是吕不韦的预谋，故意装出发怒的样子来。钟惺曰：“曰‘知有身’，曰‘自匿有身’，则不韦与姬定计久矣，‘怒’何为哉？妙用在此，真贾人狡狯也。”[④]董份曰：“‘念’者，非真念也，不韦知有身佯怒以念耳。”[⑤]韩兆琦《史记笺证》曰，“吕不韦怒：按，此佯怒，《通览》径作‘佯怒’”[⑥]。如果从《吕不韦列传》前后的情节来说，吕不韦此“怒”应该是假怒。韩兆琦《史记笺证》指出：“今有以女人为诱饵，引男人上钩，而

① 王叔岷：《史记斠证》，中华书局2007年版，第2567页。

② 韩兆琦：《史记笺证》，江西人民出版社2004年版，第4562页。

③ 司马迁：《史记》，中华书局1982年版，第2508页。

④ 韩兆琦：《史记笺证》，江西人民出版社2004年版，第4564页。

⑤ 韩兆琦：《史记笺证》，江西人民出版社2004年版，第4564页。

⑥ 韩兆琦：《史记笺证》，江西人民出版社2004年版，第4564页。

后其夫乃出面以勒索人者，谓之‘放鹰’、‘钓鱼’，《三国演义》之王允盖亦以此法钓吕布。”[①]认为是真怒者，则认为发怒是吕不韦此刻真实感情的直接表露。泷川资言《史记会注考证》曰：“言不韦初无意献姬，既而以为我已以子楚为奇，今又献姬，以我子为秦嗣，更奇。《通鉴》‘怒’上补‘佯’字，非是。”[②]这里关键是“不韦怒”后面的一句“念业已破家为子楚，欲以钓奇”，它是吕不韦此刻的心理活动。“念”，想，思考，即又想到。虽然说吕不韦在以前曾有过预谋，有了思想准备，但当子楚“见而说之，因起为寿，请之”，他真正要将爱姬送给子楚时，从感情上讲还是一下子接受不了，真的由衷地发怒了。但他转而一想，自己“业已破家为子楚，欲以钓奇”，便按住怒火，“遂献其姬”。如果从吕不韦此刻需要割爱以献爱姬的心理感受和司马迁下文所言，作为真怒似乎更合乎情理。

五、秦始皇身世之谜辨

《史记·吕不韦列传》云：“（吕不韦）念业已破家为子楚，欲以钓奇，乃遂献其姬。姬自匿有身，至大期时生子政，子楚遂立姬为夫人。”[③]既言秦始皇为吕不韦与赵姬所生，又言赵姬“至大期时生子政”。这里的关键是：1. 吕不韦与赵姬是如何知道在献给子楚之前，赵姬已经怀有身孕；2. 对“大期”的时间长短该作如何理解？3. 如果赵姬为归子楚后不足十月而生子，子楚为何没有发现其中的蹊跷？对于这些问题，《史记·始皇本纪》又有另外一种记载：“（子楚）见吕不韦姬，悦而取之，生始皇。以秦昭王四十八年正月生于邯郸。及生，名为政，姓赵氏。”[④]又说秦始皇为子楚与赵姬所生。于是秦始皇身世之谜，古今众说纷纭，一直是一个热门和难解的话题。

关于对“大期”的理解，一是认为“大期”为十二个月。《史记集解》云：“徐广说：‘期：十二月也。’”[⑤]《史记索隐》云：“谯周云：‘人十月生，此过二

① 韩兆琦：《史记笺证》，江西人民出版社2004年版，第4564页。

② 韩兆琦：《史记笺证》，江西人民出版社2004年版，第4564页。

③ 司马迁：《史记》，中华书局1982年版，第2508页。

④ 司马迁：《史记》，中华书局1982年版，第223页。

⑤ 司马迁：《史记》，中华书局1982年版，第2509页。

月，故云“大期”，盖当然也。既云自匿有娠，则生政故当逾常期也。’”[①]王叔岷《史记斠证》引宋张邦畿《侍儿小名录拾遗》云：“时已怀妊两月，称‘两月’者，据下文‘至大期时生子政’推知也。人十月生，大期为十二月（徐广注），始皇大期乃生，匿其两月，仍合于十月生之常期也。”[②]皆认为“大期”为十二个月。另一种观点是认为“大期”为十个月。梁玉绳《史记志疑》曰：“《左传》僖十七年‘孕过期’，疏云：‘十月而产，妇人大期。’乃十月之期，不做十二月解。”[③]若“大期”作十二月解，则秦始皇为子楚子明矣。若“大期”作十月解，由于怀孕和分娩时间的不同，则既可以理解为秦始皇为子楚之子，也可以理解为秦始皇为吕不韦之子。

关于谁是秦始皇的生父有三种观点：

1. 秦始皇为吕不韦之子，依据是《史记·吕不韦列传》的记载。持论者主要有徐广、张匡、钟惺、张照、王叔岷等。如张照曰：“‘大期’犹《诗》言‘诞弥厥月’也。史以此明始皇之的为不韦子，言及大期而非期，子楚犹不悟也。若如徐广言期十二月，则又何以信为不韦子邪？”[④]

2. 秦始皇为秦庄襄王子楚之子，依据是《史记·秦始皇本纪》的记载。持论者主要有汤聘尹、帅方蔚、梁玉绳、郭嵩焘、郭沫若、泷川资言等。如梁玉绳曰：“即如《史记》注十二月曰‘大期’，夫不及期，可疑也：过期，尚何疑？若谓始皇之生不及期，隐之至大期而乃以生子告，则子楚决无不知之理，岂非欲盖弥彰乎？只缘秦犯众怒，恶尽归之，遂有‘吕政’之讥。史公于《本纪》特书生始皇之年月，而于此更书之，犹云世皆传不韦献匿身姬，其实秦政大期始生也。别嫌明微，合于《春秋》书子同生之义，人自误读《史记》尔。”[⑤]李开元《秦始皇的秘密》经过详细论证后指出：“秦始皇嬴政的生父是子异（子楚），生母是赵姬，他是秦国第三十三代王庄襄王的嫡长子。《史记·秦始皇本纪》的记载和《秦始皇本纪》后面所附的秦王谱系记载是可靠的。反之，出现

① 司马迁：《史记》，中华书局1982年版，第2509页。

② 王叔岷：《史记斠证》，中华书局2007年版，第256页。

③ 梁玉绳：《史记志疑》，中华书局1981年版，第1308页。

④ 韩兆琦：《史记笺证》，江西人民出版社2004年版，第4564页。

⑤ 梁玉绳：《史记志疑》，中华书局1981年版，第1308页。

在《史记·吕不韦列传》中的吕不韦献有孕之女的故事，是不可信的编造。”①

3. 存疑待考，持论者主要有崔适、翦伯赞、吕思勉、范文澜等。如崔适《史记探源》云：“初有娠时可匿，岂产期亦可匿耶？及期而不能不产，犹不及期而不能产，岂娠者所能自主？过期而产，千万之一。汉昭帝十四月而生，岂钩弋故缓其期耶？张照曰：‘大期，犹《诗》言“诞弥厥月”也。若十二月，何以信为不韦子耶？’案，此说较允南（谯周字）为通事理，而仍不通文理也。不读《尧典》‘期三百有六旬有六日’乎？岂可作‘弥月’解乎？太史公此言，所以传疑也。不韦献姬时固以为有娠矣，或以娠而实非，或虽娠而日期仍至，亦有逾常期而生子者。果为谁氏子，惟始皇母知之耳，后人焉知之？”②时贤争论，仍然是前两种观点并存。从庄襄王死后，吕不韦对秦政权的绝对掌控，以及与庄襄王后重温旧好的情况来看，吕不韦为始皇生父相当可信。从始皇出生超产期两个月，以及与楚幽王为春申君之子事件雷同来看，似又可疑。汤聘尹《史稗》就认为吕不韦献姬故事是“战国好事者为之”的稗史。郭嵩焘《史记札记》亦曰：“此与《春申君传》楚幽王为春申子同一传疑之辞，当时亦恶秦、楚之王，知其所幸姬入自吕不韦及为春申所献，因以讥刺之，不必果有其事也。”③清帅方蔚《咫闻轩剩稿》曰：“子长于《不韦传》既言此，而其为《春申君列传》又载李园女弟之说春申君，床箦阴谋，书之甚悉，此真崔恭梓所谓‘假有斯语谁能得闻’者。夫计出非常，地居至密，出口入耳，载笔者安从受此词？嗟呼！小说之家，好谈轶事；文章之事，乐引新闻。自有记载以来，以无稽之言盛传后世若此类者岂鲜哉！”郭沫若《十批判书》也说：“这种传说虽然得到了久远而广泛的传播，但其本质实在是可疑的。第一，仅鉴于《史记》而为《国策》所不载，没有其他的旁证。第二，和春申君与女環的故事，好象一个刻板印的文章，情节大类小说。第三，《史记》的文本即互相矛盾而无法说通。”④

而存疑待考，仍不失为一种谨慎态度。王立群《王立群读史记之秦始皇》之《秦始皇生父之谜》认为，《汉书》《资治通鉴》都取《史记·吕不韦列传》之说，

① 李开元：《秦始皇的秘密》，中华书局 2010 年版，第 32 页。

② 崔适：《史记探源》，吉林人民出版社 2013 年版，第 161 页。

③ 郭嵩焘：《史记札记》，商务印书馆 1957 年版，第 296 页。

④ 郭沫若：《郭沫若全集》，人民出版社 1982 年版，第 393 页。

如《汉书·王商传》载："臣闻秦丞相吕不韦见王无子，意欲有秦国，即求好女以为妻，阴知其有身而献之王，产始皇帝。"①如班固在东汉明帝十七年的《上明帝表》也说："周历已移，仁不代母，秦直其位，吕政残虐。"②据此推测，司马迁可能看到的是两种史料，一种称"赵政"，另一种称"吕政"。《史记·楚世家》载有："十六年，秦庄襄王卒，秦王赵政立。"③司马迁如此记载，只能证明他同时看到了两种相左的史料，而且无法断其真伪，所以，《秦始皇本纪》和《吕不韦列传》的记载反映了当时两说并行的事实。至于为什么会有十二个月生子的事呢？古人是以不来月经作为怀孕依据的，而很有可能是赵姬在未献给子楚前的两个月虽然未来月经，但其实并没有怀孕，而是月经推迟了。这样，一个正常分娩的婴儿就被说成是十二个月出生的婴儿。④这就是十二个月生子的来源。另外，学术界也出现了另外一种声音，即依赖将来的 DNA 检测来证明。其实，这只能是学界的一种无奈之举。

六、"封为文信侯，食河南洛阳十万户"之"河南洛阳"辨

《史记·吕不韦列传》云："庄襄王元年，以吕不韦为丞相，封为文信侯，食河南洛阳十万户。"⑤而《战国策·秦策》却曰："子楚立，以不韦为相，号文信侯，食蓝田十二县。"⑥二者存在矛盾。《史记索隐》云："《战国策》曰'食蓝田十二县'。而《秦本纪》庄襄王元年初置三川郡，《地理志》高祖更名河南。此秦代而曰'河南'者，《史记》后作，据汉郡而言之耳。"⑦《史记索隐》并没有说明二者的矛盾，只是说明"河南"本为庄襄王元年初置的三川郡，刘邦时更名为"河南郡"，司马迁在此是依据汉代郡名而记载的。对此，韩兆琦《史记笺

① 班固：《汉书》，中华书局 1962 年版，第 3372 页。

② 司马迁：《史记》，中华书局 1982 年版，第 291 页。

③ 司马迁：《史记》，中华书局 1982 年版，第 1736 页。

④ 王立群：《王立群读史记之秦始皇》，广西师范大学出版社 2008 年版，第 80—89 页。

⑤ 司马迁：《史记》，中华书局 1982 年版，第 2509 页。

⑥ 刘向：《战国策》，上海古籍出版社 1998 年版，第 281 页。

⑦ 司马迁：《史记》，中华书局 1982 年版，第 2509 页。

证》进行了辨析。其曰，“洛阳：古都邑名，在今河南洛阳市区之东北，当时为三川郡的郡治所在地。梁玉绳引金耀辰曰‘《周策》曰“食蓝田十二县”，岂河南洛阳为封国，而蓝田之采地与？’杨宽曰：‘据《秦策》，庄襄王初立，即以吕不韦为相，食蓝田十二县。其食河南洛阳十万户，当在吕不韦取东周以后。洛阳原为东周都邑。’陈直曰：‘洛阳王城发掘有文信钱石范，盖为吕不韦自铸之钱。’”①可知，对于吕不韦的封邑或封国，或认为洛阳为吕不韦封国，而蓝田是其采邑，或认为封为“食蓝田十二县”和“食河南洛阳十万户”是前后不同的两回事情。而“河南洛阳”是秦时的两个县名，都属于当时的三川郡，河南在今河南省洛阳市西，洛阳为三川郡治所，在今河南省洛阳市东北。或以“河南洛阳”连读，以汉河南郡治洛阳来理解。而洛阳王城发掘的文信钱石范，则是吕不韦“封为文信侯，食河南洛阳”的直接证据。

七、“尊吕不韦为相国，号称‘仲父’”的“相国”与“仲父”解

《史记·吕不韦列传》载：“庄襄王即位三年，薨，太子政立为王，尊吕不韦为相国，号称‘仲父’。”②其实，据《史记·吕不韦列传》载，早在庄襄王元年，已经以吕不韦为丞相。而太子政即位后，乃始尊吕不韦为“相国”。可见这里的“相国”并非吕不韦前面所担任的丞相，其地位要比丞相高一些。韩兆琦《史记笺证》曰：“相国：秦时称‘相邦’。《小校经阁金文》有吕不韦戈，文云：‘五年相邦吕不韦造。’盖造于秦王政五年也。又，结合汉初的情况看，‘相国’较‘丞相’位尊，且又专权，‘丞相’分为左、右，而‘相国’则只有一人。”所言甚明。关于“仲父”，张守节《史记正义》云：“仲，中也，次父也。盖效齐桓公以管仲为仲父。”③其实，仲父犹言“亚父”。齐桓公称管仲为“仲父”，项羽称范增为“亚父”，其义相同。又有认为“仲父”意同“叔父”。泷川资言曰：“昭襄称范睢为叔父，始皇称不韦为‘仲父’，盖由其例也。”④其实，齐桓公称

① 韩兆琦：《史记笺证》，江西人民出版社 2004 年版，第 4565 页。

② 司马迁：《史记》，中华书局 1982 年版，第 2509 页。

③ 司马迁：《史记》，中华书局 1982 年版，第 2510 页。

④ 韩兆琦：《史记笺证》，江西人民出版社 2004 年版，第 4567 页。

管仲为“仲父”者，“仲”为管仲之字；秦昭王称范雎为“叔父”者，“叔”乃为范雎之字。至于秦王政称吕不韦为“仲父”项羽称范增为“亚父”，“仲”“亚”皆作“次”“排行第二的”解，是“次于父”的意思，与齐桓公称管仲为“仲父”秦昭王称范雎为“叔父”者含义不同。张大可《史记全本新注》即曰：“仲父：尊称为叔父。”①

八、“当是时，魏有信陵君，楚有春申君，赵有平原君，齐有孟尝君，皆下士喜宾客以相倾”之“当是时”辨

此段文字，记载于秦王政即位之后。“当是时”，从字面上讲应该是“在此时”“当时”的意思，即吕不韦大量延招门客，厚遇之，使其门客人人著所闻，集论著《吕氏春秋》之时。从上文看，指秦王即位后，即在公元前246年后。但事实上是，那时战国四公子中已有三位不在人世，非能与吕不韦同时。信陵君，名无忌，亦称公子无忌，魏昭王之子，魏安釐王异母弟，公元前276年被封为信陵君，死于公元前243年。春申君，名歇，楚人，曾任楚顷襄王左徒、楚考烈王令尹，公元前262年被封为春申君，死于公元前238年。平原君，名胜，亦称公子胜，赵武灵王之子，赵惠文王之弟，曾任赵惠文王、赵孝成王之相，公元前298年被封为平原君，死于公元前251年。孟尝君，名文，氏田，齐国公族，靖郭君田婴之子，被封为孟尝君，袭父封邑薛，故亦称薛文、薛公，先后曾任齐昭王相、齐滑王相、魏昭王相。卒于齐襄王之世，约为公元前282—公元前283年间。因此，四公子中唯有春申君可以说为“当是时”。《史记正义》曰：“年表云秦昭王五十六年，平原君卒；始皇四年，信陵君死；始皇九年，李园杀春申君。孟尝君当秦昭王二十四年已后而卒，最早。”②一一说明了战国四公子的卒年。《史记索隐》又曰，“按：王劭云‘孟尝、春申死已久’。据表及传，孟尝、平原死稍在前。信陵将五国兵攻秦河外，正当在庄襄王时，不韦已为相。又春

① 张大可：《史记全本新注》，三秦出版社1990年版，第157页。

② 司马迁：《史记》，中华书局1982年版，第2510页。

申与不韦并时，各相向（同时，同世）十余年，不得言死之久矣”[①]。只是驳斥了王劭“春申死已久”的观点。因此，这里的“当是时”，应当作为一个比较长的时间概念来理解。如梁玉绳《史记志疑》即曰：“平原已卒于赵孝成王十五年，为秦昭五十六年，孟尝卒于齐襄王世，在秦昭二十五六年间，距是时三十六七年，《正义》言之矣。此盖统说四公子，非当时事。”[②]泷川资言《史记会注考证》亦曰：“四君喜客，叙当时风习耳。《平原君传》亦云：‘是时，齐有孟尝，魏有信陵，楚有春申，故争相倾以客。’”[③]都可以作为佐证。

九、“太后乃阴厚赐主腐者吏，诈论之，拔其须眉为宦者”之“须眉”解

《史记·吕不韦列传》云：“始皇帝益壮，太后淫不止。吕不韦恐觉祸及己，乃私求大阴人嫪毐以为舍人，时纵倡乐，使毐以其阴关桐轮而行，令太后闻之，以啖太后。太后闻，果欲私得之。吕不韦乃进嫪毐，诈令人以腐罪告之。不韦又阴谓太后曰：‘可事诈腐，则得给事中。’太后乃阴厚赐主腐者吏，诈论之，拔其须眉为宦者，遂得侍太后。”[④]太后为了和嫪毐寻欢，便暗地给施腐刑术者好处，假装着将其嫪毐进行了腐术，并“拔其须眉为宦者”。到底施腐刑术者对嫪毐是如何“拔其须眉”的，人们的看法有着分歧。崔适《史记探源》曰：“宦者无须，非无眉也。此云‘拔其须眉’者，非并其眉拔之也，特以修辞之例，因须而及眉耳。犹《易传》‘巽而耳目聪明’。巽为耳，不为目，乃因耳及目。《礼记》‘凶年不得造车马’。车可造，马不可造，乃因车而及马也。”[⑤]为“须眉”是修辞的需要，因须而及眉，偏指胡须。王叔岷《史记斠证》却曰：“宦者美容，亦须拔眉。但非尽拔之也。《御览》卷三六五引《春秋后语》亦作‘拔其须眉’。”[⑥]

---

① 司马迁：《史记》，中华书局 1982 年版，第 2510 页。

② 梁玉绳：《史记志疑》，中华书局 1981 年版，第 1309 页。

③ 韩兆琦：《史记笺证》，江西人民出版社 2004 年版，第 4570 页。

④ 司马迁：《史记》，中华书局 1982 年版，第 2511 页。

⑤ 崔适：《史记探源》，吉林人民出版社 2013 年版，第 16 页。

⑥ 王叔岷：《史记斠证》，中华书局 2007 年版，第 2573 页。

认为“须眉”皆为实指，指胡须和眉毛。其实，这里的“诈论之”，是假装着对将其进行了腐刑处置，按情理而论，拔其胡须即可类似宦者，没有必要再拔其眉毛而进行美容。因为，此时“诈论之”的目的是要使嫪毐在外表上类似宦者，而不是要使嫪毐成为宦者中美眉者。如果要使嫪毐成为“宦者”中美眉者，其动因应来自太后或嫪毐，而不是来自给嫪毐施行腐刑术的人。太后或嫪毐这时对嫪毐是不是美眉是没有什么要求的。“须眉”，应为偏义复词，偏指须而不及眉。

十、“诸侯宾客使者相望于道，请文信侯”之“诸侯宾客”与“请”字辨

《史记·吕不韦列传》云：“秦王十年十月，免相国吕不韦。及齐人茅焦说秦王，秦王乃迎太后于雍，归复咸阳，而出文信侯就国河南。岁余，诸侯宾客使者相望于道，请文信侯。”①首先，这里的“诸侯宾客”，应该指的是诸侯和宾客，并非只指诸侯。其次，这里的“请”为请谒、请求谒见的意思，并非指诸侯聘吕不韦为国相。如徐孚远曰：“是时诸侯相罢免，列国多请之，如甘茂、孟尝君之属，皆迭为诸侯相。”②认为是吕不韦罢免相国后为诸侯所请为相。而郭嵩焘《史记札记》则指出：“‘请’者，问遣之意。吕不韦相秦权重矣，虽退居而诸侯问遣者不绝。宾客，即所食客三千人也。是时李斯亦为舍人，各相与起居。诸侯、宾客是两项人，不如徐氏所言列国因其罢相，而请举国以听之也。”③泷川资言《史记会注考证》即曰：“请，谒也。”④因此，当以吕不韦相秦权重，即使已经退居，仍有诸侯、宾客不断请求谒见理解为妥，而不应该理解为是诸侯聘吕不韦为国相。

---

① 司马迁：《史记》，中华书局 1982 年版，第 2512—2513 页。

② 韩兆琦：《史记笺证》，江西人民出版社 2004 年版，第 4572 页。

③ 郭嵩焘：《史记札记》，商务印书馆 1957 年版，第 296 页。

④ 韩兆琦：《史记笺证》，江西人民出版社 2004 年版，第 4572 页。

十一、“韦及嫪毐贵，封号文信侯”之“文”字辨

《史记·吕不韦列传》云，“太史公曰：不韦及嫪毐贵，封号文信侯”①。对其中“文信侯”之“文”字，多以为有误。

《吕不韦列传》前曾言吕不韦封为文信侯，此又言嫪毐因吕不韦提携而显贵封侯，为“文信侯”，侯名与吕不韦封侯名相同，差错明显。韩兆琦《史记笺证》即指出：“二句语意不清。中井曰：‘此盖有错文。’”②《史记索隐》云，“按：文信侯，不韦封也。嫪毐封长信侯。上文已言不韦封，此赞中言嫪毐得宠贵由不韦耳，今此合作‘长信侯’也”③。裴骃《史记索隐》所言为是。崔适《史记探源》即曰，“案：《索隐》改‘文信’为‘长信’，是也。然不韦与嫪毐列，文误倒，‘及’字不可解。今并正”④。“嫪毐以不韦贵，封号文信侯。”⑤王叔岷《史记斠证》亦曰：“此当从《索隐》说，作‘不韦及嫪毐贵封，号长信侯’。‘及’犹‘以’也，使也。‘长’之作‘文’，联想之误耳。余无误。”⑥《史记·秦始皇本纪》曾明确记载道：“嫪毐封为长信侯。予之山阳地，令毐居之。”因此，此处“封号文信侯”，因为“封号文信侯”。

（梁建邦，渭南师范学院教授；张晶，渭南师范学院讲师。）

---

① 司马迁：《史记》，中华书局1982年版，第2513页。

② 韩兆琦：《史记笺证》，江西人民出版社2004年版，第4574页。

③ 司马迁：《史记》，中华书局1982年版，第2514页。

④ 崔适：《史记探源》，吉林人民出版社2013年版，第162页。

⑤ 王叔岷：《史记斠证》，中华书局2007年版，第2575页。

⑥ 王叔岷：《史记斠证》，中华书局2007年版，第2575页。

王有宗《分段详注评点史记菁华录》音注声母考

曹　强

自汉以降，《史记》选本的种类越来越丰富，数量愈来愈多。清代康熙年间，浙江钱塘人姚苎田节选《史记》之精华，分别予以评点，名之曰《史记菁华录》。姚氏匠心独具，“得若干篇，逐段评点，逐句钩沉”，后之学者对其推崇备至，赞之曰：“凡学为古文者，必读龙门《史记》，读龙门《史记》者，必自读《史记菁华录》始。《菁华录》者，读龙门《史记》之津梁。”[①]民国十三年，杭州学者王有宗对姚氏《史记菁华录》分段、详注、评点，遂成《分段详注评点史记菁华录》。王氏《分段详注评点史记菁华录》较姚氏《史记菁华录》，不仅增加了解题部分内容，而且对选篇分段、对许多字词注音和释义等。王文中音注材料的性质学界讨论不多，基于此，本文旨在通过对王文音注材料分析，揭示其音注资料的性质和价值。

我们以高军强、凌朝栋整理的王有宗《分段详注评点史记菁华录》为底本，穷尽式地统计了其中的音注材料，王文中的音注共计 1036 个，其中直音 1020 次，776 字例（被注字相同注音字不同者，按照不同字例计算）；反切注音 8 例；如字注音 1 例；读为注音 4 例；读曰注音 3 例。王文中的注音既有二字互注的现象，也有一字注多字、多字注一字的现象。二字互注者如：嗟，音赍；赍，音嗟。一字注多字者如：胤，音允；颖，音允。锤，音遂；彗，音遂；甀，音遂。多字注一字者如：从，音宗；从，音重；从，音冲。喟，音悔；喟，音毁。据我们整理，王氏音注的内容主要有二：一是注音兼表义，被注字是多音多义词，

---

① 司马迁著，王有宗注释，高军强、凌朝栋整理：《分段详注评点史记菁华录》，商务印书馆 2014 年版，第 1 页。

王氏以所注读音向读者提示被注字在文句中的音义。例如“数音朔”，指出该词在文中表示“屡次，多次”的意思。又如“食音嗣”，告诉读者该词在文中表“拿东西给人吃”的意思。又如“重，平声”，“重”字有平声和去声两读，王氏以声调指出该词在文中表示“再次，又一次”。二是只注字音，只注字音不兼表示释义。例如“单于：匈奴称君长曰单于。单音蝉”。王氏的注音，若以今普通话审之，多数注音字与被注字声韵调不同，其中的原因，学界讨论不多。下面我们以王氏音注的声母为例分析其音注的性质和价值。

一、王氏《分段详注评点史记菁华录》音注声母的特点

我们将王氏《分段详注评点史记菁华录》中注音字的声母与《广韵》的反切上字，做了全面比较，具体情况见表1所示：

表1　王氏《分段详注评点史记菁华录》音注与《广韵》反切上字比较表

《广韵》声母	音切总数	王氏注与《广韵》切上字同声		王氏注与《广韵》切上字不同声		
		数目	百分比	王氏注声母	数目	百分比
帮	18	15	83.3%	並2[①]、滂1	3	16.7%
滂	16	12	75%	並4	4	25%
並	18	15	83.3%	帮1、滂2	3	16.7%
明	22	22	100%		0	0%
非[②]	10	6	60%	敷3、奉1	4	40%
敷	7	5	71.4%	非1、奉1	2	28.6%
奉	14	8	57.1%	微4、敷2	6	42.9%

① 声纽后的数字是指声纽出现的次数。下同。

②《广韵》唇音只有帮、滂、並、明四母，《集韵》分化出非、敷、奉、微四母，为方便起见，我们从帮、非八母出发，来观察王有宗的唇音声母。

续表

《广韵》声母	音切总数	王氏注与《广韵》切上字同声		王氏注与《广韵》切上字不同声		
		数目	百分比	王氏注声母	数目	百分比
微	8	6	75%	敷 1、明 1	2	25%
端	16	15	93.8%	透 1	1	6.2%
透	11	6	54.5%	定 3、端 1、书 1	5	45.5%
定	27	26	96.3%	来 1	1	3.7%
泥	13	8	61.5%	疑 1、日 1、娘 1、晓 1、端 1	5	38.5%
知	24	9	37.5%	章 6、精 4、澄 2、群 2、昌 1	15	63.5%
彻	14	5	35.7%	初 3、精 3、章 3	9	64.3%
澄	17	7	41.2%	崇 1、邪 2、船 1、章 1、心 1、云 1、从 1、端 1、禅 1	10	58.8%
娘	6	4	66.7%	疑 2	2	33.3%
精	29	26	89.7%	从 1、清 1、昌 1	3	10.3%
清	11	6	54.5%	从 1、晓 1、精 1、见 1、庄 1	5	45.5%
从	21	4	19%	精 6、清 4、澄 4、崇 1、晓 1、日 1	17	81%
心	21	17	81%	生 1、书 2、崇 1	4	19%
邪	7	5	71.4%	从 2	2	28.6%
庄	8	2	25%	精 3、清 1、心 1、章 1	6	75%
初	7	2	28.6%	清 2、心 1、见 1、昌 1	5	71.4%
崇	7	1	14.3%	从 5、精 1	6	85.7%
生	9	4	44.4%	书 4、心 1	5	55.6%
俟	0	0	0%		0	0%
章	30	21	70%	精 5、清 1、知 1、溪 1、书 1	9	30%
昌	15	6	40%	章 5、清 4	9	60%

续表

《广韵》声母	音切总数	王氏注与《广韵》切上字同声		王氏注与《广韵》切上字不同声		
		数目	百分比	王氏注声母	数目	百分比
船	4	1	25%	从 1、澄 1、邪 1	3	75%
书	14	13	92.9%	心 1	1	7.1%
禅	11	9	81.8%	心 1、书 1	2	18.2%
见	82	67	81.7%	匣 5、群 4、知 1、溪 2、晓 1、影 1、云 1	15	18.3%
溪	28	23	82.1%	晓 3、见 2	5	17.9%
群	26	17	65.4%	见 8、章 1	9	34.6%
疑	19	13	68.4%	匣 4、泥 2	6	31.6%
影	34	28	82.4%	以 2、疑 1、端 1、见 1、章 1	6	17.6%
晓	19	18	94.7%	见 1	1	5.3%
匣	43	30	69.8%	见 5、溪 4、晓 3、影 1	13	30.2%
云①	5	4	80%	匣 1	1	20%
以	38	26	68.4%	影 5、疑 4、见 1、定 1、云 1	12	31.6%
来	35	32	91.4%	疑 1、泥 1、匣 1	3	8.6%
日	20	14	70%	书 4、心 2	6	30%
总计	784	558	71.2%	226		28.8%

据表 1 可知，王文中被注字与注音字声母不同者共计 226 字例。主要反映出以下语音特征：

1. 全浊声母清化

通过分析王有宗的音注字发现，被注字声母为滂母，王氏注音字声母为並母者占 25%；被注字声母为帮母，王氏注音字声母是並母者占 11%；被注字声母

① 大多数学者坚持《广韵》有 37 声母，认为喻三（云）尚未从匣母中分化出来，为观察方便起见，我们将喻三（云）、喻四（以）并立。

为奉母，王氏注音字为非母、敷母者占42.9%；被注字声母是从母，王氏注音字为精母、清母者占47.6%；被注字为群母，王氏注音字是见母者占30.8%。这说明王氏采用的音注系统中全浊声母已经清化。同时也发现，个别全浊声母仄声读作送气音，如“撞，音床”。“撞”，澄母绛韵；“床”，崇母阳韵。此例中“撞”字读作送气音。

2. 重唇声母“帮滂並明”与轻唇声母“非敷奉微”分立

由表1可知，帮组声母的74例中，全部是重唇声母切重唇声母；非组声母的39字例中，均为轻唇声母切轻唇声母；未见到重唇声母与轻唇声母互切的例子。这说明王氏的音注系统中重唇声母与轻唇声母已经分立。

3. 舌头声母“端透定泥”分立

据表1可见，端组声母的67字例中，被注字和注音字音和切的有60字例，占总数的89.6%，类隔切的有7字例，占总数的10.4%。知组声母的61字例中，被注字和注音字音和切的有28字例，占总数的45.9%，类隔切的有33字例，占总数的54.1%。端组声母与知组声母相切（泥母与娘母互切）者仅1字例，这说明王氏的注音系统中端组声母与知组声母分立，端组声母是一组独立的声母。

4. 泥母、娘母、疑母混用

据表1统计，泥母的13字例中，被注字与注音字音和切的有8字例，与疑母、娘母混切的有2字例；娘母的6字例中，被注字和注音字音和切的有4字例，与疑母互切的有2字例；疑母的19字例中，被注字与注音字音和切的有13字例，与泥母互切的有2字例。可见，王氏的注音系统中泥母、娘母、疑母相互注音，这表明在王氏音注系统中这三组声母混同。

5. 牙音声母“见溪群疑”分立

据表1可见，见母、溪母、群母的136字例中，被注字与注音字音和切的有126字例，占总数的92.6%，类隔切的有10字例，占总数的7.4%。这说明王氏的注音系统中，牙音声母“见溪群疑”是分立的。

6. 齿头声母“精清从心邪”分立

从表1可知，精组声母的89字例中，被注字与注音字音和切的有74字例，占总数的83.1%，类隔切的有15字例，占总数的16.9%。这组数据说明王氏的注音系统中，齿头声母“精清从心邪”分立。

7. 舌上声母"知彻澄娘"照二"庄初崇生俟"未分立

据表 1 统计可见，知组声母的 61 字例中，被注字和注音字音和切的有 28 字例，占总数的 45.9%，类隔切的有 33 字例，占总数的 54.1%。庄组声母的 31 字例中，被注字和注音字音和切的有 9 字例，占总数的 29%，类隔切的有 22 字例，占总数的 71%。这组数据说明，舌上声母"知彻澄娘"和照二"庄初崇生俟"并未分立。从表 1 同样可以看到，知组、庄组、精组三组声母相互混切，而知组、庄组与精组声母混切的比例较高，这说明王氏的注音系统中，知组、庄组声母混同，没有分立。精组声母分立，知组、庄组声母的音读与精组声母相同。

8. 照三"章昌船书禅"分立

从表 1 可见，章组声母的 74 字例中，被注字和注音字音和切的有 52 字例，占总数的 70.3%，类隔切的有 22 字例，占总数的 29.7%。这组数据说明王氏的注音系统中照三组声母"章昌船书禅"是分立的。

9. 影母、晓母、匣母分立

据表 1 可知，影母的 34 字例中，被注字与注音字音和切的有 28 字例，占总数的 82.4%，类隔切的有 6 例，占总数的 17.6%。晓母的 19 字例中，被注字与注音字音和切的有 18 字例，占总数的 94.7%，类隔切的 1 字例，占总数的 5.3%。匣母的 43 字例中，被注字与注音字音和切的有 30 字例，占总数的 69.8%，类隔切的有 13 字例，占总数的 30.2%。这说明王氏的注音系统中，影母、晓母、匣母分别是独立的。

10. 云母、以母分立

由表 1 可知，云母的 5 字例中，被注字与注音字音和切的有 4 字例，占总数的 80%，类隔切的有 1 字例，占总数的 20%。以母的 38 字例中，被注字和注音字音和切的有 26 字例，占总数的 68.4%，类隔切的有 12 字例，占总数的 31.6%。云母和以母互切的仅 1 例。这说明在王氏的注音系统中，云母、以母是分立的。

11. 来母、日母分立

据表 1 统计，来母的 35 字例中，被注字与注音字音和切的有 32 字例，占总数的 91.4%，类隔切的有 3 例，占总数的 8.6%。日母的 20 字例中，被注字和注音字音和切的有 14 字例，占总数的 70%，类隔切的有 6 字例，占总数的 30%。说明在王氏的注音系统中，来母、日母是分立的。

二、王氏《分段详注评点史记菁华录》音注“例外字”原因探析

据统计，王有宗《分段详注评点史记菁华录》中被注字和注音字声母不同者有 226 字例。我们暂且称这些不同的音注为“例外字”。造成这些“例外字”的原因，主要表现在以下两个方面：

1. 王氏音注采用的是当时的方音

王氏采用的注音系统不是当时的官话音，而是一种方音，这是造成“例外字”现象的主要原因。《分段详注评点史记菁华录》中，王氏注音时多次将部分字标注“入声”，说明在他的音注系统中入声调类仍然存在。关于中古的入声字，周德清在《中原音韵》中分别将它们附在平（阴平、阳平）、上、去三声之后，而未独立为之立类。“这种情况表明中古的入声到元代官话里已经消失，学术界多数人都持这种看法。”①民国时期的官话中入声已经派入阴平、阳平、上声、去声之中。王氏注音仍标注“入声”，说明他采用的不是当时的官话音系。我们将王氏注音字反映的声母特点与今杭州方言的声母进行比较，今杭州方言有 27 个声母，分别为：p、pʰ、m、f、v、t、tʰ、n、l、ʦ、ʦʰ、ʣ、s、z、ʨ、ʨʰ、ʥ、ȵ、ɕ、k、kʰ、g、ŋ、ʔ、h、ɦ、ø。②不难发现，今杭州方言的声母与江氏音注所反映的声母有高度的一致性。今杭州方言有七个调类，包括阴平、阳平、阴上、阴去、阳去、阴入、阳入③，其中就有入声调类。当然仅凭声母特点和调类还不能完全肯定王氏采用的音系。王氏的音注所反映的韵母特点，我们将专文讨论，此处不赘。从王氏的音注所反映的声母、韵母和声调特点看，王氏的音注系统反映的是民国时期杭州一带的方音。

2. 重视韵部相同忽略声母

分析王氏音注的“例外字”发现，王氏对个别字的注音只注意到韵部的相

① 胡安顺：《音韵学通论》，中华书局 2003 年版，第 156 页。

② 鲍士杰：《杭州方言词典》，江苏教育出版社 1998 年版，第 7 页。

③ 鲍士杰：《杭州方言词典》，江苏教育出版社 1998 年版，第 7 页。

同，却忽略了声母的一致性。例如，“穤，音需”。其中“穤”字，《广韵》：“人朱切”，日母虞韵平声；“需”字，《广韵》：“相俞切”，心母虞韵平声。二字韵部及声调相同，属日母和心母互切。又如，“根，音痕”。其中“根”字，《广韵》：“古痕切”，见母痕韵平声；“痕”字，《广韵》：“户恩切”，匣母痕韵平声。二字的韵部和声调相同，属见母和匣母混切。这种现象在王氏音注中并不多见。

综上可见，以今普通话读音审之，王氏的音注对阅读《史记菁华录》似乎无太大作用，但是从语言学角度看，杭州话属于吴语，1928 年出版的赵元任先生之《现代吴语的研究》是最早研究吴方言的著作之一，书中记录了上海、宁波、金华、黄岩、丹阳、常熟、苏州等地语音资料[1]，但未记录并专门讨论杭州方言的声母特点，而民国十三年王有宗《分段详注评点史记菁华录》的音注中，保留了珍贵的杭州一带方言语音信息，这是研究民国时期杭州方言的重要参考资料，对杭州方言音系及杭州方言史研究都具有重要的价值。

（曹强，渭南师范学院人文学院副教授，文学博士。）

① 赵元任：《现代吴语的研究》，商务印书馆 2011 年版，第 39—60 页。

《史记》接受研究

中国文章学以文章之写作、批评为核心，但不能因此褊狭地把中国文章学理解为文章写作技法之学。往往是形而上的『道』与形而下的『技』两者水乳交融不可分割的。

伍子胥复仇故事的接受方式
——“荣复仇”从《春秋》到《史记》的演进

刘　晓

《春秋繁露·竹林篇》：“春秋之书战伐也，有恶有善也。恶诈击而善偏战，耻伐丧而荣复仇。”《春秋》的记载以伐他国之丧为不义，而以能够复国仇为大义所在，《春秋》君子以之为荣。《史记》列传中《伍子胥列传第六》将伍子胥为父复仇这一事件的首尾贯穿于伍子胥的一生，司马迁在《伍子胥列传》中称伍子胥为“古今烈丈夫”，对于伍子胥复仇之事大为赞赏，也是肯定从《春秋》一来就存在的复仇为大义。

但是同样作为复仇的主人公，伍子胥的复仇事件在《春秋》与《史记》中有很大区别，故事的完整性和故事整体的细化改编，使其关于其复仇记载大为不同。找出其中不同之处，加以分析，正是“荣复仇”这一观念从春秋到汉初的演变过程。

一、《春秋》复仇之义

（一）君国一体的复仇原则

从《春秋》记载中可以找出《春秋》时复仇的原则和关于复仇的评价，其中最重要的一条为“复国仇者贤之”。《春秋·莊公四年》“纪侯大去其国”，关于这一事件在《左传》里的记载为“纪侯不能下齐，以与纪季。夏，纪侯大去其国，违齐难也”，即纪侯侵齐，不能攻下，反而被齐国所灭。齐国灭掉纪国，为什么不直接说出来，这是由于春秋笔法要有所显、有所隐，对照于《公羊传》中对于这一事件的有一整段的解释：

纪侯大去其国。大去者何？灭也。孰灭之？齐灭之。曷为不言齐灭之？为襄公讳也。《春秋》为贤者讳。何贤乎襄公？复仇也。何仇尔？远祖也。哀公亨乎周，纪侯谮之。以襄公之为于此焉者，事祖祢之心尽矣。尽者何？襄公将复仇乎纪，卜之曰："师丧分焉"。"寡人死之，不为不吉也。"远祖者几世乎？九世矣。九世犹可以复仇乎？虽百世可也。家亦可乎？曰："不可。"国何以可？国君一体也。先君之耻，犹今君之耻也。今君之耻，犹先君之耻也。国君何以为一体？国君以国为体，诸侯世，故国君为一体也。今纪无罪，此非怒与？曰："非也。"古者有明天子，则纪侯必诛，必无纪者。纪侯之不诛，至今有纪者，犹无明天子也。古者诸侯必有会聚之事，相朝聘之道，号辞必称先君以相接，然则齐纪无说焉，不可以并立乎天下。故将去纪侯者，不得不去纪也，有明天子则襄公得为若行乎？曰："不得也。"不得则襄公曷为为之，上无天子，下无方伯，缘恩疾者可也。

这一段也就是关于《春秋》复仇的原则叙述，首先，复仇为大义，春秋时期以能复仇为荣耀，值得褒奖；其次，复仇之事在国家者，虽百世亦可复，将复仇的时间体系扩大到无限，从时间角度更加强调复仇的必要性；再次，国与君一体，所以齐襄公为先君复仇即为国复仇；最后指出，有君耻国仇者，不应当并立于天下，这从空间上强调的是复仇的必要性。这几条原则的公共前提必须是君国一体的复仇原则，在这一原则指导下，才有了复仇的时间必要性和空间必要性，由此引致为"荣复仇"的春秋大义。

（二）君复仇需诚心至意

春秋时期，复仇要讲究诚心复仇，需要像齐襄公那样有"寡人死之，不为不吉也"的为报国仇敢于牺牲的决心和诚心，如果无此诚心，《春秋》对不出于本愿的复仇也是颇有微词，例如《春秋·庄公九年》：

九年春，齐人杀无知。公及齐大夫盟于既。夏，公伐齐纳子纠。齐小白入于齐。秋七月丁酉，葬齐襄公。八月庚申，及齐师战于乾时，我师败绩。九月，齐人取子纠杀之。冬，浚洙。

关于此事《公羊传》解释为：

八月庚申，及齐师战于乾时，我师败绩。内不言败，此其言败何？伐败也。曷为伐败？复仇也。此复仇乎大国，曷为使微者？公也。公则曷为不言公？不与公复仇也。曷为不与公复仇？复仇者在下也。

《公羊传》认为鲁庄公为伐齐而在《春秋》里不称“公与齐师战于乾时”的原因，是因为复仇者在下，何休在注释的时候说“时实为不能纳子纠伐齐，诸大夫以为不如以复仇伐之。于是以复仇伐之。非诚心至意，故不与也”，即《春秋》及《公羊传》认为鲁庄公不是有诚心的复仇，只是听取臣下的建议，以此为复仇的幌子，实际是为了纳公子纠入齐之事而伐齐，最终败于齐师，所以鲁庄公伐齐之事在《春秋》里不但不为荣，反而为君子所讥。

（三）臣讨贼、子复仇

《春秋》时期国君被杀，身为臣子不讨伐弑君之贼，《春秋》罪之，例如《春秋·隐公十一年》：

十有一年春，滕侯、薛侯来朝。夏，公会郑伯于时来。秋七月壬午，公及齐侯、郑伯入许。冬十有一月壬辰，公薨。

《公羊传》解释此事为：

冬十有一月壬辰，公薨。何以不书葬？隐之也。何隐尔？弑也。弑则何以不书葬？《春秋》君弑，贼不讨，不书葬，以为无臣子也。子沈子曰：“君弑，臣不讨贼，非臣也。不复仇，非子也。葬，生者之事也。”《春秋》君弑，贼不讨，不书葬，以为不系乎臣子也。公薨何以不地？不忍言也。隐何以无正月？隐将让乎桓，故不有其正月也。

到了汉代，董仲舒《春秋繁露·玉杯》篇中说：“是故君弑贼讨，则善而书其诛。若莫之讨，则君不书葬而贼不复见矣。不书葬，以为无臣子也。贼不复见，以其宜灭绝也。”春秋时期在复仇一事上，将国与君视为一体，臣子讨伐弑君之贼是天理大义所在，所以，《春秋》一书对于不能讨贼之事都隐之，作为罪责臣下之意。而且春秋时期，将臣子为君复仇，讨伐贼臣，与子为父复仇联系在一起，都视作是不共戴天之事。所以《春秋繁露·王道》篇里面讲：“春秋之义，臣不讨贼，非臣；子不复仇，非子也。”这一点与《公羊传》中子沈子说“君弑，臣不讨贼，非臣也。不复仇，非子也”相同。到了东汉《白虎通·伐诛篇》说得更为明白“子得为父报仇者，臣子之于君父，其义一也。忠臣孝子所以不能已，以恩义不可夺也。故曰：父之仇，不与共天下；兄弟之仇，不与共国；朋友之仇，不与同朝；族人之仇，不共邻”。

所以在《春秋》到汉代这一时期内，社会中以为君复仇和为父复仇看作一体，视为一义，所以在史书中考量个人，不光是重视其能否为父复仇，同时也重视能否作为臣子为君、为国复仇。这一点《史记》也不例外，在写伍子胥为父复仇的同时，还写了申包胥为国复仇之事，所以在这一点上，司马迁的观点应该是与《春秋》保持一致的。

（四）家仇不可复的例外——父不受诛，子可复仇？

本来在春秋时代，作为正统思想，君为先君复仇是站在君国一体的层面上，所以受到《春秋》认可，但是同时在解释这一问题时，《公羊传》还给出了明确的说明“家亦可乎？曰：不可”，即家仇不可复的原则。但是这一原则有一例外，就是如果父不受诛，那么子是可以复仇的。其中最著名的例子就是伍子胥为父伐楚复仇。

有关于伍子胥复仇之事，在《春秋》中没有明确提道：

> 冬十有一月庚午，蔡侯以吴子及楚人战于柏举，楚师败绩。楚囊瓦出奔郑。庚辰，吴入郢。

但是在《春秋》三传中，关于伍子胥复仇之事的记载不同，其记载的重点在《公羊传》与《左传》尤为不同，在《公羊传》中记载：

冬十有一月庚午，蔡侯以吴子及楚人战于伯莒，楚师败绩。吴何以称子？夷狄也，而忧中国。其忧中国奈何？伍子胥父诛乎楚，挟弓而去楚，以干阖庐。阖庐曰："士之甚，勇之甚，将为之兴师而复仇于楚。"伍子胥复曰："诸侯不为匹夫兴师，且臣闻之，事君犹事父也。亏君之义，复父之仇，臣不为也。"于是止。蔡昭公朝乎楚，有美裘焉，囊瓦求之，昭公不与，为是拘昭公于南郢数年，然后归之。于其归焉，用事乎河。曰："天下诸侯，苟有能伐楚者，寡人请为之前列。"楚人闻之怒。为是兴师，使囊瓦将而伐蔡。蔡请救于吴，伍子胥复曰："蔡非有罪也，楚人为无道，君如有忧中国之心，则若时可矣。"于是兴师而救蔡。曰："事君犹事父也，此其为可以复仇奈何？"曰："父不受诛，子复仇可也。父受诛，子复仇，推刃之道也，复仇不除害，朋友相卫，而不相徇，古之道也。"

《公羊传》的记载不但肯定了伍子胥复仇的必要性和合理性，而且还将伍子胥复仇的过程予以更加合理的符合于义的记载。从本段记载看，阖闾评论伍子胥复仇出奔一事说"士之甚，勇之甚"，并且甘愿为伍子胥兴兵伐楚，以报其父兄之仇，这说明当时为父兄报仇是受到普遍认可，并且还被认为是勇气和士的标准，并给予高度评价。而伍子胥对于复仇之事，其做法行为并没有因为个人之欲兴兵，从而危害到春秋时期的定规"诸侯不为匹夫兴师"，并且做到了"事君犹事父也。亏君之义，复父之仇，臣不为也"的合理复仇。这样就说明了子为父复仇的前提必须是父不受诛，肯定其正确的复仇原则。从《公羊传》对于伍子胥复仇之事的记载看，其重点在说明为父复仇必须要注意复仇的合理性和复仇的原则。

伍子胥复仇之事在《春秋左氏传》中记载：

初，伍员与申包胥友。其亡也，谓申包胥曰："我必复楚国。"申包胥曰："勉之！子能复之，我必能兴之。"及昭王在随，申包胥如秦乞师，曰："吴为封豕、长蛇，以荐食上国，虐始于楚。寡君失守社稷，越在草莽。使下臣告急，曰：'夷德无厌，若邻于君，疆埸之患

> 也。逮吴之未定，君其取分焉。若楚之遂亡，君之土也。若以君灵抚之，世以事君。，"秦伯使辞焉，曰："寡人闻命矣。子姑就馆，将图而告。"对曰："寡君越在草莽，未获所伏。下臣何敢即安？"立，依于庭墙而哭，日夜不绝声，勺饮不入口七日。秦哀公为之赋《无衣》，九顿首而坐，秦师乃出。

从本段看来，《左传》的记录的重点在于申包胥为国复仇之事，强调的还是臣讨贼之事，注重的是为复国仇而哭秦的申包胥，伍子胥复仇之事，在本段中只是作为申包胥哭秦事件的引子，叙述的重点并非伍子胥复仇。并且《左传》还借郧公辛与其弟的辩论说明不可复仇于君之理：

> 郧公辛之弟怀将弑王，曰："平王杀吾父，我杀其子，不亦可乎？"辛曰："君讨臣，谁敢仇之？君命，天也，若死天命，将谁仇？《诗》曰：'柔亦不茹，刚亦不吐，不侮矜寡，不畏强御。'唯仁者能之。违强陵弱，非勇也。乘人之约，非仁也。灭宗废祀，非孝也。动无令名，非知也。必犯是，余将杀女。"

这与《公羊传》强调的"父不受诛，子可复仇"不同。在这里，《左传》所强调的是君为天命，不可以与君复仇。关于《公羊传》《左传》记载的不同和对于复仇合理与否的讨论，《礼记·曲礼》中郑玄对此做了总结："凡君非礼杀臣，公羊说子可复仇。故子胥伐楚，春秋善之。左氏说：君命，天也，是不可复仇。郑玄驳之云：子思云'今之君子，退人若将队诸渊。毋为戎首，不亦善乎？子胥父兄之诛，队渊不足喻，伐楚使吴首兵，合于子思之言'。"在这里，郑玄借用子思之言，来肯定伍子胥为父复仇伐楚的合理性，并且认为这一行为是符合春秋复仇大义的。

（五）朋友复仇之道

同时，由上一则子为父复仇之义，还引申出了关于朋友之仇如何复，才符合于义的原则，即《公羊传》中所说的"朋友相卫，而不相徇，古之道也"，强调朋友之间的复仇原则在于相卫，但是不能明知死地而相徇而死。

关于这一点，司马迁继承了《公羊传》中的朋友复仇原则，在《史记·虞卿列传》中对于虞卿为了魏齐而放弃赵国相位，与魏齐一起出奔到魏国，最终并没有免掉魏齐自刎而死的结局，反而自己因此也日益困蹙。针对于此，司马迁的评价是“虞卿料事揣情，为赵画策，何其工也！及不忍魏齐，卒困于大梁，庸夫且知其不可，况贤人乎？”可见司马迁对于友朋复仇的原则的认知是合乎于春秋复仇之义的。

二、《史记》对于伍子胥复仇故事的接受和改造

司马迁将伍子胥为父复仇列入列传中，作为《伍子胥列传第六》的主要内容，在本传中将伍子胥复仇之事的前后始末，内在的因果关系，交代得更加详尽，使故事性更强。

（一）故事细化——复仇必要性

在《史记·伍子胥列传第六》中，司马迁将伍子胥父亲伍奢被杀的原因交代得更加清楚，将这一责任归到奸臣费无忌和昏君楚平王身上，而且将伍奢好直谏，并尽心辅助楚国太子、为太子辩白交代清楚，即先定基调：伍奢为正人，费无忌为奸臣，楚平王为昏君。在此基础上写楚平王为子取妇而自纳秦女之事，疑子而欲杀之，并因伍奢直谏辩白，而囚禁杀害伍奢。这样曲在楚王而不在伍奢，交代此事，是为了说明伍子胥复仇是因为伍奢罪不受诛而楚平王杀之，也就是符合“父不受诛，子复仇可矣”的春秋复仇之义。将伍奢之事细化的目的是说明伍子胥复仇的必要性。

而且在本传中还加入了伍子胥与其兄伍尚辨别去留的故事，加入此段一则是为了写伍子胥之所以出奔并不是为了躲避灾祸，而是知道“楚之召我兄弟，非欲以生我父也，恐有脱者后生患，故以父为质，诈召二子。二子到，则父子俱死”，为了报父仇，雪父之耻，所以出奔以图有为。再则，加入此段，借伍尚之口写“我知往终不能全父命。然恨父召我以求生而不往，后不能雪耻，终为天下笑耳”，借此表明伍尚也是知道不能为父复仇是将为天下耻笑的。由此，更加明确了伍子胥为父复仇的必要性。

（二）故事改编——由合理到隐忍刚戾

在《公羊传》中明确地说明了伍子胥是知理顺义而复仇的，伍子胥谏止吴王阖闾为他一人复仇而兴兵伐楚，并明确地说这样做是违背了“诸侯不为匹夫兴师”的春秋之礼，而从伍子胥本身来说，他也不愿“亏君之义，复父之仇”，所以说明臣不为也，这也说明了伍子胥事君是守义的。《公羊传》之所以写这些内容是为了说明伍子胥复仇过程的合理性和正确性，说明伍子胥复仇遵守着春秋复仇之义的原则。

但是在《史记·伍子胥列传第六》中，却将伍子胥与吴王的这一段省略掉，换以伍子胥进专诸于公子光，以帮助公子光成为吴王阖闾一事。这一事件的出现，是将伍子胥合理复仇的一面抛弃，注重在伍子胥为报父仇而隐忍刚戾的一面，说明伍子胥为报此不共戴天之仇，无所不用其极。从这一点看来，司马迁的为父复仇的原则就与《春秋》有所不同，《春秋》重视复仇的合理性和正确性，而司马迁重视复仇的结果和为达成这一结果的令人敬佩的隐忍刚戾。

这一点从本传中在伍子胥伐楚入郢剖棺鞭尸后，加入申包胥责难伍子胥的话“子之报雠，其以甚乎！吾闻之，人众者胜天，天定亦能破人。今子故平王之臣，亲北面而事之，今至于僇死人，此岂其无天道之极乎”，这一责难应是当时之人所共识的复仇原则，即复仇不能太甚，不能背天道剖棺鞭尸，还是强调复仇的合理性。但是，针对于此，司马迁借伍子胥之口回答“为我谢申包胥曰，吾日莫途远，吾故倒行而逆施之”，对于这一句的解释在《史记索引》里说“子胥言志在复仇，常恐且死，不遂本心，今幸而报，岂论理乎！譬如人行，前途尚远，而日势已莫，其在颠倒疾行，逆理施事，何得责吾顺理乎！”强调的是能不能复仇，至于复仇的手段则是不必合乎于理的。

这一改编正是春秋“荣复仇”之义从《春秋》到《史记》的演进，在共同认定复仇必要性的前提下，春秋重视复仇的合理性，而《史记》重视的是复仇的结果。

（三）同类比附

在《史记·伍子胥列传第六》不止记载了伍子胥为父复仇之事，还附加了楚太子建之子白公胜的复仇故事。太子建因为以怨报德，做晋国间谍，想要灭郑，却被郑国国君和子产处死。白公胜为此而怨恨郑国杀其父，欲报父仇而请伐郑。结果楚令尹子西许之而后变，白公胜为此又怨恨令尹子西，而起兵杀子西并逐楚王自立。虽然最后被叶公所败，亡走山中，自杀而死，但是司马迁在评价白公胜的时候说“白公如不自立为君者，其功谋亦不可胜道者哉”，言中赞许之意溢于言表。

如果说司马迁在写伍子胥为父复仇的故事时，注意了伍奢是不受诛的，说明伍子胥复仇的合理性，还是符合于春秋复仇之义的，虽然其行为有过于甚，但是仍然受到司马迁的较高评价。那么，司马迁在写白公胜为父复仇之事时，就完全不去理会太子建的死是他自己以怨报德的结果，其死是“受诛”的。白公胜为父复仇的合理性，按照春秋复仇之义的原则，是不存在的。而且白公胜复仇的时候，变换目标，由伐郑到杀子西、逐楚王，为父报仇不计结果。在此，司马迁并没有给白公胜以负面评价，而是以叹惜的口吻说白公胜为父报仇事，如果不自立的话，功谋不可胜道。所以，司马迁在《史记》中虽然继承了《春秋》复仇之义的基本原则，却加以个人理解，将重视复仇的合理性和正确性，变为重视复仇的结果，强调丈夫应该有所为。

三、文化复仇的一柄利剑

司马迁在接受和改写伍子胥故事的时候，与其个人经历、个人见解是有关系的，在司马迁看来：

> 员曰：“楚之召我兄弟，非欲以生我父也，恐有脱者后生患，故以父为质，诈召二子。二子到，则父子俱死。何益父之死？往而令雠不得报耳。不如奔他国，借力以雪父之耻，俱灭，无为也。”伍尚曰：“我知往终不能全父命。然恨父召我以求生而不往，后不能雪耻，终为天下笑耳。”谓员：“可去矣！汝能报杀父之雠，我将归死。”尚既就执，使者捕伍胥。

这一段的对话，是司马迁在改编伍子胥复仇故事时加入其中的，这一段话加入到此的目的很明确，就是为了说明伍子胥父兄为楚君捕杀，子胥独亡，并不是因为惧怕死亡，是伍子胥自叹父兄之仇不共戴天，如果与兄赴死，则为父报仇雪耻之事终不能报，所以才舍小义之名，而雪父兄之仇，有所作为，完成春秋复仇大义。前文已论述过在春秋之时，从《春秋》看来如果“父不受诛”，那么子是可以复仇的，所以，当时的法令是不禁报父兄之仇的，而且在当时的社会观点来看，《礼记·曲礼》里面还记载了一句更明显的话“父之雠，弗与共戴天；兄弟之雠，不反兵；交游之雠，不同国”。父仇要高于一切，纵使国君无故而非礼杀其父，其子可与报仇，这正是古义与今义之不同，古人要以直报怨，今人则以德报怨，然以德报怨起于至早也是《春秋繁露》之后，所以在伍子胥复仇的当时，其行为应该是得到社会普遍认可的，至于曝楚王之尸，虽嫌过分，实则是情势在侧，自己的感情不受自己约束，力不能禁，在当时，仍然是舍小义，而成大义的楷模。

> 太史公曰：怨毒之于人甚矣哉！王者尚不能行之于臣下，况同列乎！向令伍子胥从奢俱死，何异蝼蚁。弃小义，雪大耻，名垂于后世，悲夫！方子胥窘于江上，道乞食，志岂尝须臾忘郢邪？故隐忍就功名，非烈丈夫孰能致此哉？白公如不自立为君者，其功谋亦不可胜道者哉！

伍子胥报杀父兄之仇，在司马迁以后，曾经受到不少非议，时人引君臣为三纲之首来批评伍子胥为父报仇而灭楚，置国家于不顾，更曝楚王之尸，陵灭宗庙，为人臣所不当为也，这都是后世儒家从董仲舒《春秋繁露》开始，武帝罢黜百家独尊儒术，倡导君权天授，为帝君王道辩护的借口。正如古人所秉持的，君王无道，当废之，放太甲于桐宫，三年改正，复其位，正是这个意思，自三纲五常出，君为臣纲为后人一味吹捧，而忘却古之大义也。放太甲于桐宫，并非是篡权，是为太甲荒淫，放之是为了天下社稷，是舍君臣小义而取社稷大义，周公此作，终为后人明白，而伍子胥为父兄复仇之事亦当能理解。在本传中，司马迁在最后的太史公曰里说“怨毒之于人甚矣哉！王者尚不能行之于臣下，况同列乎”，司马迁一方面感叹怨毒的厉害之处，另一方面又说“向令伍子胥从奢俱死，何异蝼蚁”，说明在司马迁看来从父俱死虽然能够成全令名，但是与蝼蚁无异，在司马迁心中，是不赞成无谓之死的，这不同于李广和项羽，他们是傲气一世，至穷途末路，自杀正成全其一世英名，伍子胥则不同，他虽然也是到了末路，但是他身上背负着父兄之仇的重担，需要有雪此仇的决心，虽然他也有的选择，在选择上面，如果是从父惧死，那他也就是个孝子而已，但是他选择了复仇，这正是司马迁所看重的。在司马迁受到切身之痛时，他觉得君王无道，臣下应当复仇，他虽然不能亲身实践，但是在他的《史记》中，他通过文字来实现这一目的，他写伍子胥“弃小义，雪大耻，名垂于后世”，正是伍子胥伟大之处，也是司马迁个人想要做到的，所以他同情伍子胥的“悲夫！方子胥窘于江上，道乞食”，赞同他历经万苦而报仇，实现人生目标的行为，因此司马迁说“志岂尝须臾忘郢邪？故隐忍就功名，非烈丈夫孰能致此哉”，司马迁将他自己的志向、情感和复仇心理融入伍子胥身上，志岂尝须臾忘郢邪，正是他自己提醒自己不要忘掉宫刑之辱，故隐忍就功名，正是司马迁自己的所作所为，这在《报任安书》中也有明确交代：

夫人情莫不贪生恶死，念父母，顾妻子，至激于义理者不然，乃有所不得已也。今仆不幸，早失父母，无兄弟之亲，独身孤立，少卿视仆于妻子何如哉？且勇者不必死节，怯夫慕义，何处不勉焉！仆虽怯懦，欲苟活，亦颇识去就之分矣，何至自沉溺缧绁之辱哉！且夫臧获婢妾，犹能引决，况仆之不得已乎？所以隐忍苟活，幽于粪土之中而不辞者，恨私心有所不尽，鄙陋没世，而文采不表于后也。

正是为了复仇，为剖白己心，司马迁才做到隐忍苟活，将《伍子胥列传》与《报任安书》一对照参看，就可以明白司马迁写作本篇的用意，也可以了解太史公创作《史记》的目的了。

仆诚以著此书，藏之名山，传之其人，通邑大都，则仆偿前辱之责，虽万被戮，岂有悔哉？然此可为智者道，难为俗人言也！

此节与《伍子胥列传第六》中最后一句“非烈丈夫孰能致此哉”，正相印证，伍子胥的复仇之举不顾时人评说，为复仇而隐忍，正是烈丈夫之所为，真正行大义之人，司马迁将自己的感情化诸此段文字中，他欲净白其心，想让后世人知道他的苟活是为了复仇，隐忍是为了成就大义，而这部“大义”的结晶就是《史记》。司马迁创作《史记》本身就是大丈夫所为，在遭受宫刑的奇耻大辱之后，而坚持创作完《史记》，则更是具备极大的勇气和毅力，支撑他的正是伍子胥的复仇精神，他自己就是要通过这种文化的复仇，来实现他心里的复仇，来“雪大耻”。《伍子胥列传第六》正是他文化复仇的一柄利剑，与《报任安书》相辅相成，用来剖白司马迁的文化复仇的真正目的。其复仇目标直指最高统治者——封建帝王，这在当时绝对是反叛精神，是为世人所不能容的，所以司马迁在《报任安书》中说“此可为智者道，难为俗人言也”，“藏之名山，传之其人，通邑大都”，正是要留待后世知者，来明白他的雪耻之心。他一再强调“偿前辱之责，虽万被戮，岂有悔哉？”司马迁为了文化复仇，以雪大耻，可谓虽百死其犹未悔！

（刘晓，陕西师范大学文学院在读博士。）

宋代对司马迁《史记》的文章学接受

王长顺

古代早期“文章”一词，或指“色彩花纹”“华美装饰”①，或指“组织”“结构”②，或指“礼乐法度”③，此外，“文章”又指典章文物或学问见识④。到了西汉时期，除通用意义之外，“文章”则又接近于后世所谓“文学”的含义，

---

① 文章，其原初之意，乃是“花纹”“彩饰”。《说文解字》：“文，错画也，象交文。”甲骨文此字象纹理纵横交错形。“彩，文章也。”文是交错的划，是装饰的图案。从造字角度讲，文，从玄从爻。《尚书序》：“古者伏羲氏之王天下也，始画八卦，造书契，以代结绳（爻）之政，由是文籍生焉。”这里，已经由装饰之画引申出了记录人类活动的字迹。《〈说文〉序》：“依类象形，谓之文。其后形声相依，即谓之字。”《古今通论》：“仓颉造书，形立谓之文，声具谓之字。”“文”字：“错画”的本义并没有始终保持下来，而是不断地被引申出其他含义。如“花纹”“纹路”等等。《新序・杂事》：“屋室雕文以写龙”，就是说在房屋里雕刻出笼的花纹来。《庄子・马蹄》“五色不乱，孰为文采？”《楚辞・九章・橘颂》：“青黄杂糅，文章灿兮。”这里的“文”都是指颜色错杂而形成的花纹。“章”字的基本意义有两个：一是音乐的一曲；二是指赤与白相同的花纹。《周礼・赤工记》：“青与赤谓之文，赤与白谓之章。”意思是说，青色与红色交织的彩叫作“文”，红色与白色交织的彩纹叫作“章”。后来，“文”“章”都不局限于青、白、红这三种颜色，而是指色彩斑斓。

② “文”指纹饰，“章”指色彩。这些意义后来又多有引申。《易・系辞下》：“物相杂，故曰文。”这里的“文”意思已经是多样杂聚。《说卦》：“分阴分阳，选用柔刚，故易六位而成章。”这里的“章”是指阴阳、刚柔诸多因素相错相杂，并加以组织化，从而形成有序结构。这样一来，“文章”一词，就既有“华美装饰”之意，又有“组织”“结构”之意。

③《诗经・大雅・荡》：“厉王无道，天下荡荡，无纲纪文章。”

④ 如“夫子之文章，可得而闻也”（《论语・公冶长》）。

即文辞、言论、独立成篇的文字[①]。此时，“文章”还宽泛地指称文字著作。东汉时期，把诗赋、辞章也称为“文章”[②]，文章还指有一定篇章构成的文字[③]。到了魏晋，对“文章”概念的认识则更加复杂，有从功能意义上定义[④]，有从涵盖文体方面说明[⑤]。由此可见，“文章”是独立成篇、有一定文体形态的文字。“文章”意义更加明晰则是在六朝时期，一是“文章”一词与文体紧密相连[⑥]，二是指涵盖各类文体的文辞篇章[⑦]。

有了“文章”，就有了讨论“文章之学”的“文章学”。有学者认为“文章学”一词，“盖最早产生于中唐古文运动时期……他们所谓的‘文章学’，盖包括了古文理论和创作两层意思，不含骈文（四六）”[⑧]。此后，“文章学”就渐次

①《史记·儒林列传序》：“臣谨案诏书律令下者，明天人分际，通古今之义，文章尔雅，训辞深厚，恩施甚美。”

② 详参郭英德《中国古代文体学论稿》之《文章的确立与文体的分类》，北京大学出版社2005年版，第50—61页。

③ 王充《论衡·正说》：“句有数以连章，章有体以成篇。”

④ 曹丕以“文章”为“经国之大业，不朽之盛事”。挚虞《文章别流论》：“文章者，所以宣上下之象，明人伦之叙，穷理尽兴，以究万物之宜者也。”

⑤ 曹丕在《典论. 论文》奏、议、书、论、铭、诔、诗、赋等。

⑥ 范晔《后汉书》中，如《王隆传》：“能文章。所著诗、赋、铭、书，凡二十六篇”；《傅毅传》：“文章之盛冠于当世。毅早卒，著诗赋、诔、颂、祝文、七激、连珠，凡二十八篇”；《文选·序》云“凡次文之体，各以汇聚”。

⑦《文心雕龙》中“文章”一词意义就甚为广泛，多指涵括各类文体的文辞篇章。《颜氏家训》中专立“文章”一篇，其含义与《文选》《文心雕龙》大体一致。

⑧ 祝尚书：《南宋古文评点缘起发覆——兼论古文评点的文章学意义》，《四川大学学报》（哲学社会科学版）2006年2期。

兴盛，至宋代正式成立①。

作为中国文化史、史学史、文学史上的重要典籍之一，《史记》的价值随着时代的发展和社会的进步愈来愈得到重视。班固《汉书·司马迁传》：“然自刘向、扬雄博极群书，皆称迁有良史之才，服其善序事理，辨而不华，质而不俚，其文直，其事核，不虚美，不隐恶，故谓之实录。”②尽管多是从史学角度论说，然“辨而不华，质而不俚”“文直”都已经涉及《史记》作为“文章”的特征。到了唐代，韩愈论柳宗元文章“雄深雅健，似司马子长”③，柳宗元在《答韦中立论师道书》中说，自己的文章“参之谷梁氏以厉其气，参之《孟》、《荀》以畅其支，参之《庄》、《老》以肆其端，参之《国语》以博其趣，参之《离骚》以

① 关于“文章学”何时正式成立，学界大体有两种观点。一是认为“文章学”之正式成立应当在宋代。如王水照先生认为：“文章学的成立，殆在宋代，其主要的标志在于专论文章的独立著作开始涌现。”（王水照：《文话：中国古代文学批评的重要学术资源》，《四川大学学报》（哲学社会科学版）2005年第4期。）后来，他又提出“文章学成立的时间断在宋代，更确切地说，在南宋”。（参见王水照、慈波的论文《宋代：中国文章学的成立》之“附记”，出自王水照、朱刚主编：《中国古代文章学的成立与展开——中国古代文章学论集》，第156页。）祝尚书先生认为：“文章学当成立于南宋孝宗朝，标志是陈骙《文则》、陈傅良《止斋论诀》、吕祖谦《古文关键》等的相继问世，直到元末，是文章学蓬勃发展的时期。”（祝尚书：《略论文章学研究的资源开发》，《文学遗产》2007年第2期。）祝先生还专门撰文，论述中国文章学正式成立的时限为南宋孝宗朝。（祝尚书：《论中国文章学正式成立的时限：南宋孝宗朝》，《文学遗产》2012年第1期。）另一种观点认为“文章学”之成立应当在魏晋时期。如周振甫先生认为：“《文心雕龙》实为文章学的巨制，论文章学的，可以举为准绳。”（周振甫：《中国文章学史》，江苏教育出版社2006年版，“前言”，第8页。）吴承学先生认为：“《文心雕龙》已涉及文章学基本原理，如文道论、修养论、源流论、文体论、章法论、技法论、鉴赏论、批评论等。无论从广义的还是狭义的文章学标准来衡量，《文心雕龙》作为中国文章学成立的标志都是合适的。”（吴承学：《中国文章学成立与古文之学的兴起》，《中国社会科学》2012年12期。）从论者的陈说论述可见，两种观点都不无道理。然从“文章学”应该是关于“文章的专门之学”的意义出发，笔者更倾向于认同第一种观点，即“文章学”在宋代正式成立。

② 班固：《汉书·司马迁传》，中华书局1962年版，第2738页。

③ 欧阳修等：《新唐书》，中华书局1975年版，第5124页。

致其幽，参之太史公以著其洁：此吾所以旁推交通，而以为之文也”①。“雄深雅健”“洁”都应当属于文章风格。到了宋代，文章批评深入发展，文章学成立，司马迁《史记》通过文章学构建得以接受。

一、文章学与宋代文章学

“文章”出现以后，即有了对文章的论说，这样的研究可以说从先秦时期就开始了。如《诗经·小雅·都人士》就有：“出言有章”一词，意谓都城里的人，说出话来很有条理。这里的“章”就是次序、条理之义。再如《左传·昭公二十六年》有“文辞以行礼也”，意思是说文辞是用来施行礼的，说明文辞的政教作用。还有《论语·泰伯》中有“魏魏乎其有成功也，焕乎其有文章”，意思是说唐尧真了不起，他的功绩非常突出，其礼仪制度也很美好，这里的文章便指文献典章。此后，对于“文章”问题的讨论出现在许多典籍当中。

到了宋代，正式提出“文章之学”的，是在吕祖谦、朱熹辑周敦颐、张载、程颢、程颐等人言语的《近思录》中。其中辑录程颐的话：“古之学者一，今之学者三，异端不存焉。一曰文章之学，二曰训诂之学，三曰儒者之学。”将“文章之学”“训诂之学”“儒者之学”相并列，专做一门学问。自此，“文章学”研究就不断发展，到了清代则臻于完善。既然“文章学”成了一个专门的学问，自然应当有其自身的学科体系，如研究对象、研究方法等。从完整的学科体系结构而论，文章学的研究内容应当是文章的本质、文章的产生与发展、文章的构成要素，文章的分类、文章的写作、文章的阅读、文章的赏评，文章的风格等。

关于“文章学”，学术界给出了许多的界定。有的学者侧重于写作技法，认为“文章学是研究诗文篇章结构、音韵声律、语言辞采、行文技法的学问”②。有学者侧重于写作笔法，认为“文章学就是解决诸如文章如何认题立意，以及

---

① 柳宗元：《柳河东集·答韦中立论师道书》，上海人民出版社 1974 年版，第 543 页。

② 曾枣庄：《文章学须以文体学为基础》，出自王水照、朱刚主编：《中国古代文章学的成立与展开——中国古代文章学论集》，复旦大学出版社 2011 年版，第 6 页。

它的间架结构、声律音韵、造语下字、行文技法等等‘知之’方面的问题”[①]。有学者专门探讨古代文章学，既侧重于文章本身构成的法则，又研究文章写作的方法和技巧，认为“古代文章学是研究古代文章写作规律的一门科学”[②]。有学者作广义与狭义之分，认为“就广义而言，‘文章学’应指一切研究‘文章’（包括古文、骈文）的学问，如文章理论、文章批评、文章作法等，但不包括创作。从狭义论，‘文章学’则专指古文文法研究，因科举时文以古文为法，故也包括在内，而骈文则另立为‘四六学’。南宋之后，文章学研究以古文文法论著为多，实际上是向狭义的方向发展，近似于文法学，除评点本外，还涌现了一些重要的文法论专著”[③]。有学者则总体观之，认为“文章学”“其对象与重心应该是关于文章之写作与批评，或者说中国文章学就是以文章之写作、批评为核心并包含相关问题的系统理论。另一方面，我们要强调的是，中国文章学以文章之写作、批评为核心，但不能因此褊狭地把中国文章学理解为文章写作技法之学。在中国古代，单纯的有强烈实用和功利色彩的文章写作技法理论著作反而影响不大、地位不高。中国文章学往往是形而上的‘道’与形而下的‘技’两者水乳交融不可分割的”[④]。此外，还认为对于“文章学”应当动态观之，提出“讨论中国文章学成立时代必须把‘文章’与‘文章学’看成是动态的、有弹性的历史概念，所有相关问题都要从古代文章学原始的具体语境出发，尽量避免以一个固定的或后起的概念为尺度去衡量整个中国文章学”[⑤]。从总体上来说，文章学既应当是研究文章内部规律和阅读文章、写作文章规律的学问，又应当是研究文章批评的科学。

既然文章学是一门专门之学，就应当有本身的体系。有学者已经做了研究，认为文章学应当对文章形成、创作、鉴赏等进行系统研究，认为文章学的内容

---

① 祝尚书：《对文章学研究中几个问题的思考》，复旦大学中文系《第二届中国古代文章学学术研讨会论文集》，2012 年 9 月 10 日，第 1 页。

② 王凯符等：《古代文章学概论》，武汉大学出版社 1983 年版，第 1 页。

③ 祝尚书：《论宋元时期的文章学》，《四川大学学报》（哲学社会科学版）2006 年 2 期。

④ 吴承学：《中国文章学成立与古文之学的兴起》，《中国社会科学》2012 年 12 期。

⑤ 吴承学：《中国文章学成立与古文之学的兴起》，《中国社会科学》2012 年 12 期。

由“源流论”“类别论”“要素论”“过程论”“章法论”“技法论”“阅读论”“修饰论”“文风论”“风格论”等构成①。有学者认为文章学的科学体系由“文道”“修养”“写作”“文体”“风格”等构成②。还有学者更为细致，认为文章学应当由“文道论”“文传论”“文风论”“文气论”“文体论”“文用论”“文者论”“文意论”“文思论”“文序论”“行文论”“文辞论”“文法论”“文评论”等构成，涉及文章的方方面面。

如前文所述，宋代文章学已经正式确立。从文章学研究的形态上看，出现了一批古文选评本。有些按文体选文，如《履斋示儿编·文说》，在选文的同时体现文体的性质和表现特征；有些从代表性作者选文，如王正德《余师录》，评价作文优劣；有些在选文范例中提出文章学观点，如吕祖谦《古文关键》，从文章体式、行文、鉴赏等方面来评点文章；有的用语录体，如陈骙《文则》，从文体起源、文章风格、文章修辞等方面进行文章批评。类似的选评本还有《习学记言序目·皇朝文鉴》（叶适）、《朱子语类·论文》（朱熹）、《仕学规范》（谢枋得）、《浩然斋雅淡》（周密）等。

有些选评本在评点时已经有了相对的理论体系。如陈傅良《蛟峰批点止斋论祖》既总结出了科场“论”体文写作的规律性，并有对选文优劣的评点。卷首有《论诀》一篇，专就“论”体文总结出了八个程式：即“认题”“立意”“造语”“破题”“原题”“讲题”“使证”“结尾”等。方颐孙编著《太学新编黼藻文章百段锦》，分遣文格、造句格、议论格、状情格、用事格、比方格、援引格、辨析格、说理格、妆点格、推演格、忖度格、布置格、过渡格、譬喻格、下字格、结尾格等共17格，每格之下又有若干小类，再摘录范文加以评论，评论时指出写作方法。

总之，这一时期的文章学，基本上形成了包括“作家修养论”“认题立意论”“文体论”“篇章结构论”“行文方法论”“修辞论”“句法论”“字法论”“风格审美论”等方面内涵的体系。

---

① 张寿康：《文章学论略》，《北京师院学报》1986年第4期。

② 王凯符等：《古代文章学概论》，武汉大学出版社1983年版。

二、宋代司马迁《史记》文章学接受的价值

《史记》既是史学经典，又是文章学经典，在汉唐都有了较为广泛的接受。宋代文章学深入发展并形成体系，使得司马迁及其《史记》在文章学方面得以接受并产生影响。

（一）《史记》为文风之尚

文风是指文章格调，也指文章风尚。宋代文章学著作中，以《史记》为风格向标，对写作者提出要求。

朱熹认为，文章风格要如司马迁《史记》一样自然流畅。《朱子类语·论文》：

> 问《离骚》、《卜居》篇内字。曰："字义从来晓不得，但以意看可见。如'突梯滑稽'，只是软熟迎逢，随人倒，随人起底意思。如这般文字，更无些小窒碍。想只是信口恁地说，皆自成文。林艾轩尝云：'班固、扬雄以下，皆是做文字。已前如司马迁、司马相如等，只是恁地说出。'今看来是如此。古人有取于'登高能赋'，这也须是敏，须是会说得通畅。如古者或以言扬，说得也是一件事，后世只就纸上做。如就纸上做，则班、扬便不如已前文字。当时如苏秦、张仪，都是会说。《史记》所载，想皆是当时说出。"

意思是说作文字句应当如同言语说出，自然流畅，避免晦涩难懂。他还论及《史记》文风雄健：

> 司马迁文雄健，意思不帖帖，有战国文气象。贾谊文亦然。老苏文亦雄健。似此皆有不帖帖意。仲舒文实。刘向文又较实，亦好，无些虚气象；比之仲舒，仲舒较滋润发挥。大抵武帝以前文雄健，武帝以后更实。到杜钦谷永书，又太弱无归宿了。匡衡书多有好处，汉明经中皆不似此。〔淳〕

汉代前期文风雄健，司马迁《史记》文风有战国气象，文字雄健。

还有通过《史记》"本纪"中的诏令考察文风变化。张鎡《仕学规范·作文》："《汉高纪》诏令雄健，《孝文纪》诏令温润，去先秦古书不远，后世不能及。至《孝武纪》诏令始事文采，文亦寖衰矣。"

司马迁《史记》"风雅"的文风在汉代影响作以评点。王正德《余师录》[柳子厚] 条云："商周之前，其文简而野；魏晋以降，则荡而靡；得其中者汉氏；汉氏之东，则既衰矣。当文帝时，始得贾生明儒术。武帝尤好焉，而公孙弘、董仲舒、司马迁、相如之徒作，风雅益盛。敷施天下，自天子至公卿大夫士庶人咸通焉。"

有的文章学著作评点《史记》语言风格，认为评价《史记》"意深言缓""事繁言简"。张鎡《仕学规范·作文》说："《史记》，其意深远，则其言愈缓；其事繁碎，则其言愈简。此《诗》《春秋》之义也（以上出《方叔文集》）。"

文章评点者还认为司马迁文有独特性风格。王正德《余师录》[韩退之] 条云："汉朝人莫不能为文，独司马相如、太史公、刘向、扬雄为之最。然则用功深者，其收名也远；若皆与世沉浮，不自树立，虽不为当时所怪，亦必无后世之传也。足下家中百物皆赖而用也，然其所珍优者，必非常物。夫君子之于文，岂异于是乎？今后进之为文，能深探而力取之，以古圣贤人为法者，虽未必皆是，要若有司马相如、太史公、刘向、扬雄之徒出，必自于此，不自于寻常之徒也。若圣人之道，不用文则已，用则必尚其能者。能者非他，能自树立、不因循者是也。有文字来，谁不为文？然其存于今者，必其能者也，顾常以此为说耳。"学文为文当如司马迁文一样"能自树立、不因循"。

宋人认为，因司马迁《史记》文风高简，学文者喜欢阅读。王正德《余师录》[李翱] 条：

《答皇甫湜书》："仆近写得《唐书》。史官才薄，言词鄙浅，不足以发扬高祖、太宗列圣明德，使后之观者文采不及周汉之书。仆以为西汉十一帝，高祖起布衣，定天下，豁达大度，东汉所不及。其余唯文、宣二帝为优，自惠、景以下，亦不皆明于东汉明、章两帝。而前汉事迹灼然传在人口者，以司马迁、班固叙述高简之工（功），故学者悦而习焉，其读之详也。足下读范蔚宗《汉书》、陈寿《三国志》、王隐《晋书》，生熟何如左丘明、司马迁、班固书之温习哉？故温习者，事迹彰；而罕读者，事迹晦。读之疏数，在词之高下，理必然也。唐有天下，圣明继于周汉；而史官叙事，曾不如范蔚宗、陈寿所为，况足拟望左丘明、司马迁、班固之文哉？仆文采虽不足以希左丘明、司马子长，足下视仆叙高愍女、杨烈妇，岂尽出班孟坚、蔡伯喈之下耶？”

这样的文风使“前汉事迹灼然传在人口”，希望后世为文也应当似司马迁文。

在宋代文章学领域里，司马迁笔力豪放，语言激壮顿挫得到认可，“文简而高，意淡而远”的风格得到肯定。楼昉《过庭录》[太史公笔] 条云：“太史公笔力豪放，而语激壮顿挫，如所谓‘长袖善舞，多财善贾’等语，皆切近端的。赞尤奇，《屈原贾谊》、《荆轲》两赞，当为第一，读之，使人鼓舞痛快而继之以泫然泣下也。韩退之《毛颖传》可继其后。”吴子良《荆溪林下偶谈》[太史公《循吏传》] 条有云：“太史公《循吏传》文简而高，意淡而远，班孟坚《循吏传》不及也。”

（二）读《史记》乃为文之基

读书是做文章的前提和基础，宋代文章学评点和著作把读《史记》作为学习文章的主要范本。朱熹《朱子类语·论文》：“今日要做好文者，但读《史》、《汉》、韩、柳而不能，便请斫去老僧头去。”说明读《史记》对于写文章非常重要。通过读《史记》，可悟为文之道。如张鎡《仕学规范·作文》云：“某少读《货殖传》，见所谓‘人弃我取，人取我与’，遂悟为学法。盖学能知人所不能知，为文能用人所不能用，斯为善矣。”熟读《史记》，方能提高文章写作水平。王正德《余师录》[曾子固] 条云：

《逸事》云：“陈后山初携文卷见南丰先生，先生览之，问曰：‘曾读《史记》否？’后山对曰：‘自幼年即读之矣。’南丰曰：‘不然。要当且置他书，熟读《史记》两三年尔。’后山如南丰之言读之后，再以文卷见南丰，南丰曰：‘如是足也。’”

他还强调为文以司马迁《史记》为源头，《余师录》[韩退之] 条云：

《答洪驹父书》云："凡为文须熟读司马子长，韩退之文，每作一文，皆须有宗有趣，终始关键，有开有阖。如四渎，虽纳百川，或汇而为广泽，汪洋千里，要自发源注海耳。"

在宋代，读《史记》、诵《史记》成为首选。王应麟《玉海·辞学指南》[诵书] 条引东莱先生曰："先择《史记》、《汉书》、《文选》、韩、柳、欧、苏、曾、王（介甫）、陈（无己）、张（文潜），虽不能遍读，且择其易见、世人所爱者诵之。""先读秦汉、韩、柳、欧、曾文字以养根本。""四六且看欧、王、东坡三集。"当然，读《史记》可以与其他史书相出入。王应麟《玉海·辞学指南》[合诵] 条引柳子厚曰："当先读六经，次《论语》、孟轲书皆经言，《左氏》、《国语》庄周、屈原之辞稍采取之，穀梁子、太史公甚峻洁，可以出入。"

宋代文章学认为，通过读《史记》、诵《史记》，为提高文章写作能力打好基础。

（三）司马迁成养气之楷模

古人认为，养气是为文之本，强调养气的重要性。张鎡《仕学规范·作文》："人当先养其气，气全则精神全。其为文则刚而敏，治事则有果断，所谓先立其大者也。故凡人之文必如其气。班固之文可谓新美，然体格和顺，无太史公之严。近世孙明复及徂徕公之文，虽不若欧阳之丰富新美，然自严毅可畏（以上出《节孝先生语》）。"游历、交游是养气的方式，能够影响到文章风格。王正德《余师录》[晁补之] 条云："文者，气之形，太史公周览四海名山大川，与燕赵间豪杰游，故其文章疏荡，颇有奇气，然未尝役意学为如此之文也。气充乎其中，而动乎其言也。譬颜鲁公性忠烈，故虽字书亦刚劲，类其为人，皆未可求之笔墨蹊径间也。"认为游历有助于文章写作。他还说："司马迁年二十，南游江淮，上会稽、探禹穴、窥九嶷、浮沅湘，北涉汶泗，讲业齐鲁之郊、过梁楚，西使巴蜀。天下靡所不至，晚年方敢论次前世之事，著书成文，地理、古今治忽，无所不总。故学者居一室之内，守简策、胶旧闻、任独见，以决天下事，鲜

有不谬者。”(《余师录》[张舜民])

宋人认为，司马迁胸中有侠气，作传则“分外精神”。楼昉《过庭录》[太史公有侠义]条云：“太史公作《苏秦》、《张仪》、《范雎》、《荆轲传》，分外精神，盖子长胸中有许多侠气，所谓爬着他痒处，若使之作董仲舒等传，则必不逮，以其非当行也。”

（四）《史记》为学文之范

宋人作文注重学习前人，司马迁《史记》成为学习的楷模。朱熹《朱子类语·论文》云：

> “《史记》不可学，学不成，却颠了，不如且理会法度文字。”问后山学《史记》。曰：“后山文字极法度，几于太法度了。然作许多碎句子，是学《史记》。”又曰：“后世人资禀与古人不同。今人去学《左传》、《国语》，皆一切踏踏地说去，没收煞。”

他还说：“柳子厚文有所模仿者极精，如自解诸书，是仿司马迁与任安书。刘原父作文便有所仿。”说明柳宗元的文章有模仿司马迁《报任安书》的痕迹。王正德《余师录》[黄庭坚]条有云：“欧阳公谓退之为《樊宗师志》，便似樊文，其始出于司马子长为《长卿传》如其文，惟其过之，故兼之也。”认为韩愈文也似司马迁文，他说：

> 退之《进学解》云：“沉浸醲郁，含英咀华，作为文章，其书满家。上规姚姒，浑浑无涯；周诰、殷《盘》，佶屈聱牙；《春秋》谨严，《左氏》浮夸；《易》奇而法，《诗》正而葩；下逮《庄》、《骚》，太史所录；子云，相如，同工异曲。”此退之作文法也。“记事者，必提其要；纂言，必钩其玄。”是亦学文术也。

王正德还评论范晔文章也得益于司马迁文。他说：“范蔚宗《黄宪传》最佳。宪初无事迹，蔚宗直以语言模写叔度，形容体段，使后人见之，此最妙处。其他传即冯衍、马援胜。盖得二人文字照映，便觉此传不同。以此知班固前书之不可及者，亦得太史公、司马相如、贾谊、董仲舒、晁错、刘向诸人文字作底草尔。”（[陈长文] 条）他还借唐子西的话说明学文当学司马迁：

唐庚说：“六经以后便有司马迁，三百五篇之后便有杜子美。六经不可学，亦不须学，故作文当学司马迁，作诗当学杜子美。”“司马迁敢乱道，却好；班固不敢乱道，却不好。不乱道又好，是《左传》；乱道又不好，是《唐书》。八识田中若有一毫，唐书亦为来生种业。”

他还录范元实语，说明学作文应当“造其妙”：

范元实《诗眼》云，“时曾子固曰：‘司马迁学《庄子》，班固学左氏，班、马之优劣，即庄、左之优劣也。’公又曰：‘司马迁学《庄子》，既造其妙；班固学左氏，未造其妙也。然《庄子》多寓言，驾空为文章，左氏皆书事实，而文词不减《庄子》，则左氏为难。’子固亦以为然”。

宋人在文章评点时，认为苏轼为文多似司马迁。谢枋得《文章轨范》[《表忠观碑》] 条云：

潘子真云：“东坡作《表忠观碑》，王荆公寘坐隅，叶致远、杨德逢二人在坐。有客问曰：‘相公亦喜斯人之作也。’公曰：‘斯作绝似西汉。’坐客叹誉不已。公笑曰：‘西汉谁人可拟？’德逢对曰：‘王褒盖易之也。’公曰：‘不可草草。’德逢复曰：‘司马相如、扬雄之流乎？’公曰：‘相如赋《子虚》、《大人》洎《喻蜀文》、《封禅书》耳，雄所著《太玄》、《法言》，以准《易》、《论语》，未见其叙事典赡若此也，直须与子长驰骋上下。’坐客又从而赞之。公曰：‘毕竟似子长何语？’坐客悚然。公徐曰：‘《楚汉以来诸侯王年表》也。’”

周密《浩然斋雅谈》也论及苏轼用语多来自《史记》。

东坡《赤壁赋》，多用《史记》语，如“杯盘狼藉”，“归而谋诸妇”，皆《滑稽传》；“正襟危坐”，《日者传》；“举网得鱼”，《龟策传》；“开户视之，不见其处”，则如《神女赋》。所谓以文为戏者。

罗大经《鹤林玉露》论及苏轼作文模仿司马迁。

太史公《伯夷传》，苏东坡《赤壁赋》，文章绝唱也。其机轴略同《伯夷传》，以求仁得仁又何怨之语设问，谓夫子称其不怨，而《采薇》之诗，犹若未免怨何也？盖天道无亲，常与善人，而遍观古今操行不轨者多富乐。公正发愤者，每遇祸，是以不免于怨也。虽然富贵何足求，节操为可尚，其重在此，其轻在彼，况君子疾没世而名不称，伯夷颜子得夫子而名益彰，则所得亦已多矣。又何怨之有？《赤壁赋》因客吹箫而有怨慕之声，以此漫问，谓举酒相属，凌万顷之茫，可谓至乐，而箫声乃若哀怨何也？盖此乃周郎破曹公之地，以曹公之雄豪亦终归于安在，况吾与子寄蜉蝣于天地，哀吾生之须臾，宜其托遗响而悲也。虽然自其变者而观之，虽天地曾不能一瞬，自其不变者而观之，则物与我皆无尽也。又何必羡长江而哀吾生哉！矧江风山月用之无尽，此天下之至乐。于是洗盏更酌，而向之感慨，风休冰释矣。东坡步骤太史公者也。

宋代文章学著作论及唐人、宋人作文有的模仿司马迁《史记》，有的用语多出自《史记》，可见《史记》在当时成为作文典范。

（五）《史记》为行文之法

司马迁的行文方法得到了认可和评价。楼昉《崇古文诀》中说：“《自序》（司马迁）家世源流，论著本末，备见于此。篇终自叙处文字，反覆委折，有开阖变化之妙，尤宜玩味。”又说：“《答任安书》（司马迁）反覆曲折，首尾相续，叙事明白，读之令人感激悲痛。然看得豪气犹未尽除。”“反覆委折”“开阖变化”行文手法所产生的效果得到了肯定。司马迁《史记》文、理、义兼顾，是学习的楷模。王正德《余师录》[李翱] 条有云：

《答朱载言书》：“《六经》之后，百家之言与（兴），老聃、列御寇、庄周、鹖冠、田穰苴、孙武、屈原、宋玉、孟轲、吴起、商鞅、墨翟、鬼谷子、荀况、韩非、李斯、贾谊、枚乘、司马迁、相如、刘向、扬雄，皆足以自成一家之文，学者之所师归也。故义虽深、理虽当，词不工者不成文，宜不能传也。文、理、义三者兼并，乃能独立于一时而不泯灭于后代，能必传也。”

这就要求文章不仅要“义深”“理当”，还应当“词工”。

“论”类文应当与司马迁文一样要有“论骨”要“断当”，陈模《怀古录》云“老苏《喾（帝）（妃）论》云：‘迁之说出于疑《诗》，而郑之说又出于信迁矣。’疑《诗》信《史》，便是一篇议论之骨。作文论须要如此有骨，方断当得到。”“议论要断当，句法要典实。西汉文章多典实，仲舒《三策》句句多可出题。又如马迁《报任少卿书》‘修身者智之符也’之类是也。是之谓立言。”

文章学对《史记》“转多之法”也有论及。陈模《怀古录》，“诚斋云：‘作文贵转多。《孟子》答陈相、《史记·伯夷传》、子由《上刘原父书》，皆有此法。’”

文章学著作评价后世文章句法祖《史记》。吴子良《荆溪林下偶谈》[韩柳文法祖《史记》] 条：

退之《获麟解》云：“角者，吾知其为牛；鬣者，吾知其为马；犬豕豺狼麋鹿，吾知其为犬豕豺狼麋鹿也。惟麟也，不可知。”句法盖祖《史记·老子传》云，“孔子谓弟子曰：‘鸟，吾知其能飞；兽，吾知其能走；鱼，吾知其能游。走者，可以为罔；游者，可以为纶；飞者，可以为矰；至于龙，吾不知其乘风云而上天’”。子厚《游黄溪记》云：“北之晋，西适豳，东极吴，南至楚越之交，其间名山水而州者以百数，永最善。环永之治百里，北至于浯溪，西至于溪之源，南至于泷泉，东至于黄溪东屯，其间名山水而村者以百数，黄溪最善。”句法亦祖《史记·西南夷传》：“西南夷君长以什数，夜郎最大；自滇以北君长以什数，邛都最大。”

司马迁《史记》用简洁的语言表达判断和评价，也得到了宋人的重视。陈模《怀古录》云：

马迁诸赞，不特是文之（字）高，见识也高，如赞不疑云：“塞侯微巧。”赞叔孙通曰：“（制礼）进退，与时变化，卒为汉（家）儒宗。”又论申、韩：“皆出于老子《道德》之意。”皆是表然独见，此如《春秋》之笔，篇词之间，他人便可将此起一篇之议论。……前辈言，马迁作《管仲传》只载与鲍叔结交一二事，《晏子传》只载越石父一二事，《孟子传》只载邹衍、淳于髡诸子大言无当等事，却隐然形容得孟子好。《封禅书》但言“余从祭天地”，具载其所见如此，盖“俎豆珪币之详，献酬之礼，有司存”。所以形容武帝惑溺者自见。《西南夷列传》只详载张骞、唐蒙、司马相如等事，而所以形容武帝经理西夷者亦自见，其所以为高。……所以作史大段要识。

此外，《史记》赞语“一两句冷说缴起”的方式，得到后世继承。陈模《怀古录》有云：

《史记》诸赞，初看时若甚散漫，后面忽将一两句冷说缴起。如《王翦赞》云：“尺有所短，寸有所长。”又云：“翦为宿将，始皇师之，然不能辅秦建德。”云云，“彼各有所短也”。赞虞卿云：“庸夫且知其不可，况贤（夫）人乎！然虞卿非穷愁，亦不能著书以自见于后世云。”此等最有意味。此是放（于）去收来处。……全得迁《史》气象。（班）彪亦有。如赞成帝云：“臣之姑充后宫为婕妤，兄弟父子侍帷幄，数为臣言成帝善修容仪，升车正立，不内顾。”皆是闲话引起，却换话头开拓说。欧阳公《唐书》诸《帝纪赞》，故是文字好，然尽是粘住说，缺少脱洒气象。

司马迁《史记》注重“减字”也成为后世作文之法。陈模《怀古录》云：“文字不可使古书全句，需着与他添减，或转几字方是。贾谊《新书》四十余篇，被马迁纽聚意思，自作一篇括了，王禹偁作《东都事略》，每丁传中只详叙官爵，历任官无发越，惟于《东坡传》，把《万言书》融减，自作一段，不用其辞，而用其意，却得作史之法。马迁八（十）《书》笔《万言书》似觉中间文气略索处了。”

宋人文章学还通过班马比较来说明语言“疏爽”与“密塞”。陈模《怀古录》：

> 班固《赞》引《过秦论》，马迁亦引。但是班固内中略改了数字，皆不及马迁者。优劣只此可见。前辈言，马迁载孝文时，“廪廪改正服（朔服色）封禅矣，谦谦未成于今。呜呼，岂不仁哉！”此无限意味。而班固乃言：“断狱数百，几致（到）刑措。呜呼仁哉。”便都书了。马迁纪二千四百（年）事，止此五十余万言。班固只纪二百余（年）事，却八十余万言。要之却不可如此论。盖当马迁之时，前古圣贤多无可稽考处，又遭焚（文）书之后，只据金匮石室所藏，与耳目所及搜究者而为之，所以有详有略。而班固纪汉事，则汉事璨然在目可考，有不容略者。班固故有不及马迁者，却非以辞之多寡论。晦翁曰：“太史公（书）疏爽，班固书密塞。”使固书而能如迁之疏爽，则辞虽多亦奚害？

《史记》之为文修辞“多而少之”，亦可“少而多之”，不一定“但知当减字”。陈模《怀古录》：

> 今之言作古文者，但知当减字，其实非也。古人为文，有多而少之者，有少而多之者。刘元城曰：“马迁叙相如、卓文君事，费数百辞。若以别人为之，则不过曰：‘少尝私窃卓氏以逃。’殊不知作史之体当如此。”又论《新唐书进表》云：“其事则多于前，其文则减/灭于书。”以为不足于《新唐书》者，正坐此两句。盖有不容于不多者，亦有不容于不少者，但看用之如何耳。马迁传平原君使楚，毛遂愿行。君曰：“先生处胜门之下几年于此矣？”曰：“三年于此矣。”君曰：“先生处胜门之下三年于此矣，左右未有所称诵，胜未有所闻，是先生无所有也。先生不能，先生留。”又传鲁仲连，“新垣衍曰：‘吾闻鲁仲连先生，齐国之高士也。衍，人臣也，使事有职，吾不愿见鲁仲连先生。’及见衍，衍曰：‘吾视居此围城中者，皆有求于平原君者也。今吾观先生之玉貌，非有求于平原君者也’”。洪容斋批云：“是此等重沓熟复，如骏马下驻千丈坡，其文势正尔。风行于上而水波，天下之至文也。”若以今人减字法律之，则平原君当减云：“先生处胜门之下亦

久矣，而左右无所称，愿留。”鲁仲连当减云：“吾观处围城中者，皆有求于平原君，先生之玉貌独不然。”如此则不特文气尔然不足道，且不见得当时反复抵拒毛遂及谆谆然称先生而尊崇仲连等气象。此则不容于不多者也。孟子曰：“良人者所仰望而终身也，今若此！”一段，许多事只将“若此”两字括之，若更重叙过，则不胜费辞，且无意味。又如《尚书》“如岱礼”“如西礼”，文意亦足，不必重出。则此不容于不减者也。

宋人承认《史记》语言辩证有度。陈模《怀古录》：

《史记》，韩文疑辞从死处下，决辞从活处下，如《滕王阁记》“闻所谓滕王阁者”，乃仿（放）《檀弓》“鲁人有（颜阖）（周丰）也者”，下“者”字之类是矣。三代以前下疑辞，后世下决辞，如此自然与人不同。

另外，宋代文章序语、结语皆模仿《史记》。吴子良《荆溪林下偶谈》[文字序语结语］条有云：

《尚书》诸序初总为一篇，《毛诗序》亦然，《史记》有《自序》，《西汉书·扬雄传》通载《法言》诸序，仿此也。其曰：“作《五帝本纪》第一”“作《夏本纪》第二”“撰《学行》”“撰《吾子》”之类，与“作《尧典》”“作《舜典》”之义同，盖序语也。韩退之《原鬼》篇末亦云：“作《原鬼》。”晦庵《考异》谓：“古书篇题多在后，荀子诸赋是也。但此篇前既有题不应复出。”以愚观之，此乃结语，非篇题也。其文意以为适丁民有物怪之时。故作《原鬼》以明之。如《史记·河渠书》末云：“余从负薪塞宣房，悲《瓠子》之诗而作《河渠书》。”退之正祖此。又《送窦平序》末亦云：“昌黎韩愈嘉赵南海之能得人，壮从事之答于知己，不惮行于远也。又乐贻周之爱其族叔父，能合文辞以宠荣之，作《送窦从事少府平序》。”后人沿袭者甚多，如李习之《高愍女碑》云：“余既悲而嘉之，于是作《高愍女碑》。”杜牧《原十六卫》云："作《原十六卫》。"贾同《责荀》云："故作《责荀》以示来者。"孙复《儒辱》云："故作《儒辱》。"荆公《闵习》云："作《闵习》。"岂皆篇题之谓哉？

司马迁《史记》诸赞"语简而含蓄""咀嚼有味"之法得到赏识。吴子良《荆溪林下偶谈》[《贾谊传赞》]条云："曩见曹器远侍郎称止斋最爱《史记》诸传赞，如《贾谊传赞》，尤喜为人诵之。盖语简而意含蓄，咀嚼尽有味也。"

总之，宋代对司马迁《史记》在文风、文法、学文等文章学要素方面都得以接受。

三、宋代《史记》文章学接受特征

总观宋代文章学对司马迁《史记》的接受，有一定的特征。

（一）评点论说的具体性

由于宋代文话的出现和兴起，大多评论者对作品的评价不再如前代那样从总体上评论作品的整体风格，其评点论说更为具体。《史记》文章学接受的具体性，文章学著作评论《史记》多涉及具体篇目。如陈模《怀古录》：

尝观迁叙高帝封功臣，逐一云某人几千户，某人几百户，此可不详而详之者，以见高帝之豁达不吝处。《樊哙传》云，某却敌，斩首十五级，赐爵国大夫；某登，斩首二十三级，赐爵列大夫；某战却敌，斩首十六级，捕虏十一人，赐爵五大夫，此等琐细，不必具载而载之，以见樊哙初焉所能战胜之功止于此……此等详其不必详者，又不止于要作文法，又且皆有深意。若论作文，而但欲以减字为工，是知其一而不知其二者也。

从具体篇目《樊哙传》中选取文例，论及为文字数当"减"或当"增"，字数"多而少"，或者"少而多"。再如黄震《黄氏日抄》：

（田）生乃如长安，不见泽，而以计谒高后之所幸张子卿，使王诸吕以张本，而王刘泽于燕。然则田生所干刘泽之画，即明年所施于张子卿之计，曰“弗与”云者，弗与我施行所画，促之之辞尔。泽，刘氏也，而王诸吕，乃出其计，其罪大矣，故太史公之赞曰：“刘泽之王，权激吕氏”。而释之者弗察，谓画为“计画”，谓“与”为“党与”。夫于干刘泽，不言其所画，而于干张子卿言之，文法之相为先后如此，而释之者弗能察，故夫史迁之文深远矣。①

黄震评《史记·荆燕世家》叙策士田生之事，认为其为文“深远”。

《史记》接受的具体性还表现为对字句评点。如刘辰翁《班马异同评》中对《史记》和《汉书》中《淮阴侯列传》用字对比：

“携其手”“辟左右”“与之步于庭”“仰天叹”，字字已是，不可增损。增“数匝”已拙，增“而叹”少缓，“欲与子有言也!”却去“也”字，大非。其凄凉不快，正在此一“也”字。若增“吾”字，去“也”字，语势径直，其反形成矣，非徘徊犹豫甚不得已之意。从一“也”字有成与不成之异。若此处看得言有可悲，则过在高祖，文字之妙如此。②

通过具体字词运用的对比，结合历史事件的场景，刘氏认为《史记》更有“文字之妙”。再如陈骙《文则》：

《论语》曰：“南宫三复白圭”，司马迁则曰：“三复白圭之玷”，辞虽备而其意竭矣。“在邦必达，在家必达”，司马迁则曰：“在邦及家必达”，辞虽约而其意疏矣。

---

① 黄震：《黄氏日抄》卷四六，《影印文渊阁四库全书》第708册，台湾商务印书馆1986年版，第267页。

② 倪思《班马异同》，刘辰翁评，《四库全书存目丛书》第1册，齐鲁书社1996年版，第131页。

陈骙援引《论语》中的具体例句来说明语言简洁却造成“意竭”和“意疏”之弊。

总之，宋代文章学方面论著、文话等对《史记》的评论具体到篇目、句子、词汇，“这样的研究相当细致，也很有说服力，较之印象式的批评更具有实际的价值”①。

（二）为文借鉴的全面性

宋代文章学对《史记》的接受是全面的，除了前文所述文风、作文之法、作者修养等方面以外，还涉及“意味”。吴子良评《史记·贾谊传赞》云：“曩见曹器远侍郎称止斋最爱《史记》诸传赞，如《贾谊传赞》，尤喜为人诵之。盖语简而意含蓄，咀嚼尽有味也。”认为“简而有法”使《史记》文句有意味。楼昉评曾巩《〈战国策〉目录序》：“议论正，关键密，质而不俚，太史公之流亚也。咀嚼愈有味。”认为曾巩文章有“味”，是接受《史记》的结果。楼昉在评张耒《书五代郭崇韬卷后》：“说尽古今固位吝权者之情状，思深计工，反成浅拙。此论极有理，意味深长，尽可索玩。”正如学者所论，“这种从‘味’范畴角度对《史记》艺术技巧的探讨、从‘味’范畴角度接受《史记》的思维向度，为后代文章学视阈中的史、传接受打开了一个新的视角，具有重要的文章学史意义”②。

宋代文章学还论及司马迁《史记》对典籍文字的改造和因袭继承。程大昌《演繁露》卷五“有如皎日”条云，“《诗》曰：‘谓予不信，有如皎日。’言我志明白如日皎然也。至《左氏》晋文公与舅犯誓亦用此之意度耳，曰：‘所不与舅氏同心者，有如此河。’其立语亦放乎《诗》矣，而意度全异也。故《史记》发明其意，而改为之言曰：‘若反国，所不与子犯共者，河伯视之。乃投璧河中，以与子犯盟。’此之要质河伯使司其约者，语意却甚明白也。郄克使齐，齐人侮之，克怒，归，至河上，曰：‘不报齐者，河伯视之。’（出《史记·晋世家》）则亦史迁所记之语也”。语意则更为明确。正如宋李如虎《东园丛说》：“《左氏》之

① 杨昊鸥：《宋代〈史记〉3研究与文章修辞之学》，载《四川师范大学学报》（社会科学版）2014年第5期。

②刘春霞：《从“诗味”到“文味”——宋代文章学之“味”范畴论析》，《华南师范大学学报》（社会科学版）2012年第5期。

文非不奇，但嫌其气促耳。至《史记》季札观乐一段，全用《左传》语，但增点数字，而文字便觉舒徐。”道出了司马迁《史记》对先秦典籍的语言进行改造，文字更妙。宋孙奕《示儿编》卷一云，“后汉赵岐序《孟子》而谓：‘仲尼有云，我欲托之空言，不如载之行事之深切著明也。’盖取之于《太史公自序之语》，而太史公又取之于《春秋繁露》也”。论及司马迁《史记》用语的承续来源。

《史记》“用疑字”也在宋代文人的研究之中。洪迈《容斋随笔》：

东坡作《赵德麟字说》云：“汉武帝获白麟，司马、迁班固书曰：‘获一角兽，盖麟云。’盖之为言，疑之也。”予观《史》、《汉》所纪事，凡致疑者，或曰若，或曰云，或曰焉，或曰盖，其语舒缓，含深意，姑以《封禅书》、《郊祀志》考之，漫记于此：雍州好，自古诸神祠皆聚云；盖黄帝时尝用事，虽晚周亦郊焉；三神山盖尝有至者，诸仙人及不死之药皆在焉；未能至，望见之焉；新垣平望气，言有神气成五采，若人冠焉；权火举而祠，若光辉然属天焉；出长安门，若见五人于道北；盖夜致王夫人之貌云，天子自帷中望见焉；登中岳太室，从官在山下闻，若有言万岁者云；祭封禅祠，其夜若有光；封来大诏，天若遗肤士而大通焉；河东迎鼎，有黄云盖焉；见神人东莱山，若云欲见天子；方士言蓬莱诸神，若将可得；天子为塞河，兴通天台，若见有光云；获若石云，于陈仓。此外如所谓“及群臣有言老父，则大以为仙人也”“可为观，如维城”“神人宜可致”“天旱，意乾封乎”“然其效可睹矣”，词旨亦相似。

“用疑字”在文章中则隐含更深层次的意蕴，一是据实，二是讽刺。

宋代文章学也关注作文的“编题”。如王应麟《玉海·辞学指南》[编题] 云：

西山先生曰：“始须将累举程文熟读，要见如何命题用事，如何作文。既识梗概，然后理会编题。经史诸子悉用遍观，其间可以出题引用并随手抄写，未须分门，且从头看，凡可用者悉抄上册，如《尚书》则《舜典》望秩、禋宗、九官之类皆录。一书毕，复理会一书，以详且精为先，不可少有遗缺。经书中《周礼》题目最多，官名皆可作箴，制度名物皆可为铭为记。其次则《礼记》外三经皆有之。工夫多在三《礼》，有题目处须参注疏。次及《国语》、《战国策》、《史记》、两《汉书》、荀悦、袁宏《汉纪》、《三国志》、《晋书》、《隋书》、《唐书》、唐朝诸帝实录、《旧唐书》、《通典》、《唐六典》、《唐会要》、《贞观政要》、本朝诸帝实录。”

论及命题用事时提到《史记》。

（三）接受形式的多样性

宋代文章学对司马迁《史记》的接受形式是多样的。

一是文话中论《史记》，如陈骙的《文则》、朱熹《朱子类语·论文》、张镃《仕学规范·作文》、王正德《余师录》、孙奕《履斋示儿编·文说》、楼昉《过庭录》、陈模《怀古录》、吴子良《荆溪林下偶谈》、黄震《黄氏日抄·读文集》、王应麟《玉海·辞学指南》、谢枋得《文章轨范》、周密《浩然斋雅谈》、罗大经《鹤林玉露》等。

二是文章评点类著作论司马迁《史记》。如陈傅良著（方逢辰批点）《蛟峰批点止斋论祖》（四卷），吕祖谦《古文关键》（二卷），楼昉《崇古文诀评文》，方颐孙编《太学新编黼藻文章百段锦》，林子长注、魏天应编《论学绳尺》（十卷）等。

三是单篇论文关乎司马迁《史记》。如“论”类文章，有苏轼《留侯论》、苏洵《六国论》、王安石《读孟尝君传》等。据统计，宋代先后有70余人撰写381篇单篇论文论及司马迁《史记》。[①]苏轼一人就写了34篇关于《史记》的论说文，其中不乏有关于文章学的论述。

四是节录《史记》，作为文章修辞的典范。洪迈的《史记法语》摘录《史记》中“句法古隽者”，“以备修辞之用”。《四库全书总目》说《史记法语》“是编于《史记》百三十篇内，自二字以上，句法古隽者，依次标出，亦间录旧注，盖与

① 参见郑之洪：《史记文献研究》，巴蜀书社1997年版，第329—341页。

② 永瑢：《四库全书总目》，中华书局1965年版，第578页。

《经子法语》等编同，以备修辞之用”②。后来，“法语”“精语”成了后来文章学的一种形式，乃是宋代科考的产物。①与此相近的，还有钱端礼《诸史提要》。该书“取诸史之文可资词藻者，按部采摘，汇辑成编”②。

五是专论性著作也是《史记》接受的一种形式。南宋倪思《班马异同》就是把《史记》和《汉书》进行比较评价的专门性著作，后来刘辰翁进行点评，成《班马异同评》一书，评点中论及《史记》修辞等，也算作文章学的重要著作。

（王长顺，咸阳师范学院文学与传播学院教授、硕士生导师，文学博士。）

---

① 洪迈还有《南朝史精语》，《四库全书总目》云：“迈于诸书多有节本。其所纂辑，自经子至《前汉》皆曰‘法语’，自《后汉》至《唐书》皆曰‘精语’。盖南宋最重词科，士大夫多节录古书，以备遣用，其排比成编者，则有王应麟《玉海》、章俊卿《山堂考索》之流……”（永瑢：《四库全书总目》，中华书局1965年版，第578页。）

② “诸史”，指包括《史记》在内的九种史书。见永瑢：《四库全书总目》，中华书局1965年版，第579页。

论金圣叹评点《史记》的文学价值

刘彦青

明末清初的金圣叹将《庄子》《离骚》《史记》“杜诗”《水浒》《西厢》评为“六才子书”，并有计划对六部才子书进行系统的批判评点，其小说评点在文学史上有很高的地位。但是由于“哭庙案”，金圣叹并没有完成六才子书的评点，仅完成了其中的《水浒》与《西厢》两部。虽然金圣叹没有留下一部系统的《史记》评点著作，但在评点《水浒》《西厢》的过程中，时不时联系到《史记》。此外，金圣叹有《批才子古文》，对包含92篇《史记》论赞（或序言）的才子古文进行了深入细致的分析点评。通过这些与《史记》有关的论述，我们不难看出其对《史记》价值的肯定，特别是其文学价值。我们发现金圣叹对《史记》文学价值的认识，从宏观的叙事理论到细微的文章学、叙事学分析，几乎都有涉及，在明末清初的《史记》研究中独树一帜。

一、《史记》为重要的文学经典

金圣叹评点小说，是以《史记》作为重要的文学经典为前提条件的。《史记》作为文学经典最早可追溯到唐代，以韩愈、柳宗元为领袖的古文运动对《史记》文学成就进行推崇接受与学习，据此张新科先生提出是古文运动奠定了《史记》的文学经典地位。在此之前，《史记》更多是以史学经典而存在的。特别是《史记》所创立的人物纪传体编写体例成为后世史书效法的典范。唐代《史记》文学经典地位的奠定，使得《史记》的魅力从史学领域扩展到文学领域，极大地拓展了《史记》的影响力。但是唐代《史记》的这种文学经典地位更多是文章学角度上的认识，其反映的是散文与骈体文的对抗。宋代古文运动继承了韩愈等人对《史记》的推崇，并且出现了关于《史记》的评论性著作。至元代，《史记》的文学经典地位更加深入，《史记》中的历史人物、历史事件被元人搬上戏剧舞台，进行广泛的传播。《史记》不再局限于高雅的文士之中，普通大众可以通过戏曲认识《史记》。接受群体的进一步扩大，使得《史记》文学经典地位向新的维度拓宽。明代古文复古运动更加凸显了《史记》的文学经典地位。并且宋代形成的文本细读、评点风气，到明代达到兴盛阶段，出现了大量“评点”“评钞”性的著作。如杨慎的《史记题评》、唐顺之的《荆川先生精选批点史记》、何孟春的《史记评钞》、王慎中的《史记评钞》、董份的《史记评钞》、钟惺的《钟敬伯评史记》等，其中最有代表性的是茅坤的《史记钞》和归有光的《归震川评点史记》。[①]值得重视的是在前人对《史记》叙事手法推崇基础上和明代小说繁荣的大背景下，明人在评点中开始探讨《史记》与小说的关系。这是《史记》在戏剧维度拓展外又一个新的维度。金圣叹的《史记》评论在这一方面可谓成就突出。

整体而言，金圣叹在《史记》研究上的成果主要分为两个方向，一是在《史记》与小说的关系方面，有了系统的理论认识，并在此基础上提出了可供借鉴的小说写作方法。二是在前人对《史记》文章学肯定评价的基础上，提出了细致的、可操作的文章写作方法。

二、《史记》经典地位在小说领域的拓展

《史记》与小说关系问题是从宋代开始被探讨的，如倪思、刘辰翁《班马异同》就有涉及，“（司马相如）赋成而王卒，而困，是临邓令哀故人之困，岂无他料理，顾相与设画，次第出此言，是一段小说耳。子长以奇著之，如闻如见，乃并与其精神意气，隐微曲折尽就……”[②]，指出《司马相如列传》琴挑文君故事的小说色彩。明代在这一角度也有认识，如吴见思《史记论文》评《司马相如列传》时认为“史公写文君一段，浓纤宛转，为唐人传奇小说之祖”[③]，评

① 张新科：《史记文学经典的构建过程及其意义》，《文学遗产》2012 年第 5 期。

② 倪思、刘辰翁：《班马异同评》，明嘉靖十六年李元阳刻本，卷二六。

③ 吴见思、李景星：《史记论文史记评议》，上海古籍出版社 2008 年版，第 70 页。

《伍子胥列传》时“读此传过，再看吹箫吴市，投金濑女诸事，便近小说矣，不可不知也”①，已经注意到《史记》中的小说因素。至金圣叹在评点小说的过程中，将《史记》与小说进行比较，遂将《史记》的经典地位拓展到小说领域。

（一）作为“稗史”性质的小说

金圣叹将小说与《史记》联系起来，有着深厚的文化背景。其中很大的原因是基于小说这一题材的认识。“小说”的来源有不同的说法，主流的观点认为是神话传说、诸子散文、传记文学等诸多因素共同促成了小说的产生。但是在这诸多原因中传记文学对小说的影响可谓最为深远，甚至可能是小说的直接来源。班固就认为小说属于史乘的一个分支，《汉书·艺文志》说：“小说家者流，盖出于稗官，街谈巷语，道听途说者之所造也。”②所谓“稗官”是指与史官相对的野史、小史、外史之官。金圣叹在批点小说时，多次将小说称为“稗官”“外史”，可谓沿用了班固对小说的这一认识。

但是小说发展到明末清初，早已具有了区别与史书的独特道路，特别是在明代文言小说、白话小说发展繁荣的大背景下，小说具有的独特的文学艺术价值与艺术内涵已经是“稗官”“外史”所概括不了的。明代冯梦龙《古今小说·叙》中说：“史统散而小说兴，始乎周季，盛于唐，而浸淫于宋。韩非、列御寇诸人，小说之祖也。”③可以代表明人对小说的认识。从这里可以看出，明代人发现了先秦诸子散文中所带有的叙事因素。然而金圣叹仍然将小说称为“稗官”“外史”，并非是落后的。从中反映出的是金圣叹对小说这一题材来源的认识。既然小说与史书有相同或者相似的出生背景，那么在创作上自然可以借鉴史书的书写，特别是如《史记》般优秀的史书。

（二）小说与《史记》的关系

金圣叹认为《史记》中有诸多的小说因素，但是《史记》毕竟不是小说，对此他有系统的表述。

---

① 吴见思、李景星：《史记论文史记评议》，上海古籍出版社 2008 年版，第 41—42 页。

② 班固：《汉书》，中华书局 1962 年版，第 1745 页。

③ 冯梦龙编著：《古今小说》，恒鹤等标校，上海古籍出版社 1992 年版，第 1 页。

第一，“《史记》是以文运事，《水浒》是因文生事”①。

金圣叹指出“《史记》是以文运事，《水浒》是因文生事”。并认为两者的不同点是“以文运事，是先有事生成如此如此，却要算计出一篇文字来”，“因文生事即不然，只是顺着笔性去，削高补低都由我”②。由于具体而真实的历史事件为限制，《史记》的书写不能背离历史的真实，而《水浒》的书写却不用顾忌这么多，只需要顺着笔法进行写作，为了艺术的真实，可以无端生造出需要事件。所以金圣叹认为与《水浒》相比，要写出《史记》这种充满小说因素的史书显得更加困难。

第二，“修史者，国家之事也；下笔者，文人之事也”③。虽然《史记》在撰写过程中受到“事”的束缚，但是文人并不是“事”的奴隶，金圣叹也注意到文人在撰写史书时具有独立性。依靠这种独立性，也正是因为这种独立性使得史书在其记录历史事件的责任之外获得了新的生命。金圣叹说：“夫修史者，国家之事也；下笔者，文人之事也。”“国家之事”的目的在存一朝一代的人事，所以“止于叙事而止，文非其所务也”。而“文人之事”却不是这样的，他说：“若文人之事，固当不止叙事而已，必且心以为经，手以为纬，踌躇变化，务撰而成绝世奇文焉。”④强调了文人在撰写史书过程中的自主性。基于此，金圣叹以司马迁为例，认为司马迁在撰写《史记》中可谓体现了文人之事，“马迁之传伯夷也，其事伯夷也，其志不必伯夷也；其传游侠、货殖，其事游侠货殖，其志不必游侠货殖也；进而至于《汉武本纪》，事诚汉武之事，志不必汉武之志也”⑤。司马迁为伯夷、游侠、货殖、汉武立传，在记录这些人生平事迹之外，还寄托着自己的思想感情，所以说“马迁之书，是马迁之文也”。汉代“一代之大事，如朝会之严、礼乐之重、战陈之危、祭祀之慎、会计之繁、刑狱之恤”是《史记》成为“绝世奇文之料”⑥。“文”与“事”的区别在于：“事”是“君相之权

---

①《金圣叹全集》，曹方人、周锡山标点，江苏古籍出版社1985年版，卷一第18页。

②《金圣叹全集》，曹方人、周锡山标点，江苏古籍出版社1985年版，卷一第439页。

③《金圣叹全集》，曹方人、周锡山标点，江苏古籍出版社1985年版，卷一第439页。

④《金圣叹全集》，曹方人、周锡山标点，江苏古籍出版社1985年版，卷一第439页。

⑤《金圣叹全集》，曹方人、周锡山标点，江苏古籍出版社1985年版，卷一第439页。

⑥《金圣叹全集》，曹方人、周锡山标点，江苏古籍出版社1985年版，卷一第439页。

也，非儒生之所得议也”，而“文”是“文人之权”，“君相虽至尊，其又恶敢置一喙乎哉”。这就将史书撰写过程中文人的自主性提高到与“君相”之权同等重要的地位。

在此基础上，金圣叹进一步提出，在历史事件上，“文人之权”比“君相之权”产生更为深远的影响。

> 君相能为其事，而不能使其所为之事必寿于世。能使君相所为之事必寿于世，乃至百世千世以及万世，而犹歌咏不衰，起敬起爱者，是则绝世奇文之力，而君相之事反若附骥尾而显矣。①

在关于历史这一点上，君相固然可以凭借自己的权势干预一时，但在漫漫的时间长河中，文人依靠奇文所产生的影响则是千万世，其影响远在君相之上。

司马迁撰写《史记》的目的固然在存事，但是在撰写过程中并没有局限在事本人，而是充分发挥了文人的自主性创造，金圣叹谈道，“马迁之为文也，吾见其有事之巨者而隳栝焉，又见其有事之细者而张皇焉，或见其有事之阙者而附会焉，又见其有事之全者而轶去焉无非为文计，不为事计也”，《史记》“为文计，不为事计也”②的撰写方法，在“事”与“文”上并没有矛盾，“但使吾之文得成绝世奇文，斯吾之文传而事传矣”。即史书呈现出的奇特文采，造成了“事”赖“文”传，“事”因“文”显的效果。“事”与“文”在《史记》里做到了和谐统一。

如何做到二者的和谐统一，是史书撰写中的一个关键问题，因为史书要存“事”需要如实记录历史事件，而文人为“文”，则需要艺术化的处理。在此金圣叹认为“如必欲但传其事，又令纤悉不失，是吾之文先已拳曲不通，已不得为绝世奇文，将吾之文既已不传，而事又乌乎传耶”③，史书撰写如果要做到事件的纤悉不失，必然会损失其文学艺术色彩，最终反而不利于事件的流传。所以可以为了“文”而不必“纤悉不失”。

金圣叹认为既然“以文运事”的史家撰史都可以为了“文”的需要处理历史

---

①《金圣叹全集》，曹方人、周锡山标点，江苏古籍出版社 1985 年版，卷一第 439 页。

②《金圣叹全集》，曹方人、周锡山标点，江苏古籍出版社 1985 年版，卷一第 439 页。

③《金圣叹全集》，曹方人、周锡山标点，江苏古籍出版社 1985 年版，卷一第 439—440 页。

事件，那么“因文生事”的小说家更应该做到写作中的“纵横曲直”与“经营惨淡”。

三、《史记》阅读法

在辨析清楚《史记》与小说的区别与联系的基础上，金圣叹提出了一系列可资借鉴的《史记》阅读方法。这些阅读法旨在帮助读者理解司马迁《史记》背后的真实性情，把握《史记》的艺术魅力。

（一）作书之人是何心胸

金圣叹说：“大凡读书，先要晓得作书之人是何心胸。”[①]在金圣叹看来，司马迁作《史记》有着自己的情感寄托。

> 如《史记》须是太史公一肚皮宿怨发挥出来，所以他于《游侠》、《货殖传》特地着精神。乃至其余诸记传中，凡遇挥金杀人之事，他便啧啧赏叹不置。一部《史记》，只是“缓急人所时有”六个字，是他一生著书旨意。[②]

这里金圣叹将司马迁著书的心胸解释为“宿怨”，这与司马迁本人所谈到的“郁结”，在内容上是可以说相同的，本质还是“发愤著书”说的另一种表述。所以金圣叹以《史记》为比，在后文谈到《水浒传》的时候说“施耐庵本无一肚皮宿怨要发挥出来，只是饱暖无事，又值心闲，不免伸纸弄笔，寻个题目，写出自家许多锦心绣口，故其是非皆不谬于圣人。后来人不知，却是《水浒》上加‘忠义’字，遂并比于史迁发愤著书一例，正是使不得”[③]。

金圣叹认为《水浒传》不算作“发愤著书”一类，这明显是针对李贽的提法。李贽在《忠义水浒传序》里谈道：

---

①《金圣叹全集》，曹方人、周锡山标点，江苏古籍出版社1985年版，卷一第17页。

②《金圣叹全集》，曹方人、周锡山标点，江苏古籍出版社1985年版，卷一第17页。

③《金圣叹全集》，曹方人、周锡山标点，江苏古籍出版社1985年版，卷一第17页。

> 太史公曰："《说难》《孤愤》，贤圣发愤之所作也。"由此观之，古之贤圣，不愤则不作矣。不愤而作，譬如不寒而颤，不病而呻吟也，虽作何观乎？《水浒传》者，发愤之所作也。①

然而，就金圣叹整体的思想观念来看，他在这一问题上是矛盾的，因为在针对《水浒传》具体章回的评点上他又认为《水浒传》也是施耐庵发愤之作，如：

> 发愤作书之故，其号耐庵不虚也。②
>
> 其言愤激，殊伤稚道，然怨毒著书，史迁不免，于稗官又奚责焉？
>
> "石秀之骂梁中书曰：'你这与奴才做奴才的奴才。'诚乃耐庵托笔骂世，为快绝妙绝之文也。"③

实际来看，金圣叹还是认为《水浒传》是施耐庵发愤之著。读《水浒》应该像读《史记》一样"先要晓得作书之人是何心胸"。金圣叹在评点《天下才子必读书》中针对《史记》里司马迁的"心胸"多有涉及，如他评《伯夷列传》认为"每见从来论此文者。多将'怨''不怨'字，说天道无准，以为史公自抒其愤，此乃大谬"。而就整个《伯夷列传》更多的感叹，唯独这一段：

> 若至近世，操行不轨，专犯忌讳，而终身逸乐，富厚累世不绝。或择地而蹈之，时然后出言，行不由径，非公正不发愤，而遇祸灾者，不可胜数也。余甚惑焉，傥所谓天道，是邪？非邪？

金评：只此一段，带入自己怨愤，然只是说人生世上，有何天道？惟有富贵寿考，当尽力取之耳，如何乃有夷、渊一辈人？④

在他看来，《伯夷列传》中只有涉及针对时事的直接评价时才有司马迁自己的"怨愤"。基于此，金圣叹特别关注《史记》论赞部分，并从中窥探司马迁的

---

① 李贽：《焚书·续焚书校释》，陈仁仁校释，岳麓书社 2011 年版，第 188 页。

②《金圣叹全集》，曹方人、周锡山标点，江苏古籍出版社 1985 年版，卷一第 137 页。

③《金圣叹全集》，曹方人、周锡山标点，江苏古籍出版社 1985 年版，卷一第 420 页。

④《金圣叹批才子古文》，张国光标点，湖北人民出版社 1986 年版，第 560 页。

内心世界。

（二）褒贬固在笔墨之外

发愤著书侧重在体会司马迁内心的“怨愤”，这种情感态度与作家自己的命运及经历息息相关。与此不同的另一种情感态度，则属于价值判断与评价方面。这一情感态度在《史记》中不直接表明，金圣叹将其表述为“褒贬固在笔墨之外”。金圣叹在评价《水浒传》时，认为“一部书中写一百七人最易，写宋江最难；故读此一部书者，亦读一百七人传最易，读宋江传最难也”①，原因便是，施耐庵写宋江不用直笔，而用曲笔。他联系《史记》写人方法，指出《史记》“记汉武初未尝有一字累汉武也，然而后之读者莫不洞然明汉武之非，是则是褒贬固在笔墨之外也”②。

针对《史记》这一特点，宋代的王楙在《野客丛书》里即谈到过，他说：“或问《新唐书》与《史记》所以异。余告之曰：‘不辨可也。《唐书》如近世许道宁辈画山水，是真画也；太史公如郭忠恕画天外数峰，略有笔墨，然而使人见而心服者，在笔墨之外也。’”③指出了《史记》如山水画，有笔墨之外的远韵。

金圣叹以《水浒传》为例，认为直笔容易书写，也容易读懂。而最难懂的是像宋江这样褒贬在笔墨之外的人物，所以他说：

> 若写宋江则不然，骤读之而全好，再读之而好劣相半，又再读之而好不胜劣，又卒读之而全劣无好矣。夫读宋江一传，而至于再，而至于又再，而至于又卒，而诚有以知其全劣无好，可不谓之善读书人哉！然吾又谓由全好之宋江而读至于全劣也犹易，由全劣之宋江而写至于全好也实难。乃今读其传，迹其言行，抑何寸寸而求之，莫不宛然忠信笃敬君子也？篇则无累于篇耳，节则无累于节耳，句则无累于句耳，字则无累于字耳。虽然，诚如是者，岂将以宋江真遂为仁人孝子之徒哉？④

---

①《金圣叹全集》，曹方人、周锡山标点，江苏古籍出版社 1985 年版，卷二第 16 页。
②《金圣叹全集》，曹方人、周锡山标点，江苏古籍出版社 1985 年版，卷一第 16 页。
③ 王楙：《野客丛书》，上海古籍出版社 1991 年版，第 448 页。
④《金圣叹全集》，曹方人、周锡山标点，江苏古籍出版社 1985 年版，卷二第 16 页。

解读这样的人物，需要读者反复斟酌，“寸寸而求之”，而又要在笔墨之外去解读，切勿受字句所累。金圣叹指出《史记》的这一写法，虽着意在评点《水浒传》中宋江的写法与读法，因他将《史记》与《水浒》相联系，这也提示读者去品读司马迁笔墨之外的褒贬情感。

（三）不到西江而熟睹庐山

明清小说评点一个普遍的特点是对作品历史真实性的重视，而忽视艺术真实性。金圣叹在评点小说中表现出对虚构性的肯定。

金圣叹以庐山风景为例谈到自己的审美体验过程，由刚开始执着于寻求庐山景色的现实美到认识到其艺术美，即达到他所说的“吾此生亦已不必真至西江也。吾此生虽终亦不到西江，而吾之熟睹庐山亦既厌也，庐山真天下之奇也”的审美境界。金圣叹认为《西厢记》中［新水令］之第一句“梵王宫殿月轮高”就是这样的手法，并对此进行了高度评价，称赞它为“真大力也，真大悲也，真大游戏也，真大学问也”①。应该说金圣叹将其对艺术虚构性的肯定与重视贯穿在他所评点小说的系统中。《读第五才子书法》谈道：“《宣和遗事》具载三十六人性名，可见三十六人是实有。只是七十回中许多事迹，须知都是作书人凭空造谎出来。如今却因读此七十回，反把三十六个人物都认得了。任凭提起一个，都似旧时熟识。文字有气力如此。”②指出了艺术虚构在小说创作中的重要作用。

然而需要指出的是，金圣叹在这里肯定的艺术虚构性并不限于小说领域，而是拓展到包括《左传》《史记》《汉书》《孟子》等史书与子书系统。这一点很值得重视。他将《庄子》《离骚》《史记》、“杜诗”、《水浒》《西厢》这些子学、史学、文学系统的著作混而为一体，放到同等重要的地位进行批评，如他所言：

> 圣叹本有“才子书”六部，《西厢记》乃是其一。然其实六部书，圣叹只是用一副手眼读得。如读《西厢记》，实是用读《庄子》《史记》手眼读得；便读《庄子》《史记》，亦只用读《西厢记》手眼读得。如信仆此语时，便可将《西厢记》与子弟作《庄子》《史记》读。③

---

①《金圣叹全集》，曹方人、周锡山标点，江苏古籍出版社 1985 年版，卷一第 70 页。
②《金圣叹全集》，曹方人、周锡山标点，江苏古籍出版社 1985 年版，卷一第 19 页。
③《金圣叹全集》，曹方人、周锡山标点，江苏古籍出版社 1985 年版，卷三第 11 页。

这样的提法无疑有着极大的勇气，在当时的社会定然会招致不少的非议，如同时代人归庄就有《诛邪鬼》指责他“以小说、传奇跻之于经、史、子、集”①，流毒于天下，对金圣叹进行咒骂。但是其产生的影响也是深远的。它一方面极大地提高了小说的地位，另一方面也为后人提供了一条重新解读包括《史记》《庄子》在内的史学与子学著作的新眼界。

四、《史记》之文法

与阅读鉴赏紧密联系的是创作技法，金圣叹将其称为“文法”，他认为读书的首要目的便是通晓其中的文法，而不是去了解故事性的内容。他评点《水浒传》《西厢记》很大的贡献便是通过精细化的阅读，细致地指出了这些作品使用的文法。在评点《水浒传》《西厢记》中，金圣叹常将这些文法与《史记》联系起来，将《史记》视为一部可以汲取丰富的文法技巧的典范之作来看待。并且金圣叹在《才子古文》选本中，大量选择了《史记》中的论赞，进行了深入细致的点评。金圣叹对《史记》文法的认识有深刻的时代背景和深远的文学影响。

（一）金圣叹对《史记》文法的认识以实用为目的

金圣叹对《史记》文法的认识有深刻的时代背景，我们在前面谈到，唐宋时期古文运动奠定了《史记》文学的经典地位，出于推崇古文的目的，韩愈、柳宗元等人对《史记》的叙事技巧已经有了初步认识。宋代出现的古文评点著作，如吕祖谦《古文关键》、魏天应《论学绳尺》、谢枋得《文章轨范》、楼昉《崇古文诀》等，这些论著涉及《史记》内容已经深入到《史记》文法的认识上，并且这些论著主要从写作学出发，表现出明显的功利实用性。至明代，出于八股取仕的现实需要，学子们在阅读典籍的过程中更加有意识侧重在这些典籍表现出的文法之上。明清之际在复古主义思潮的影响下，出现了“以古文为时文”的风气，所谓的“时文”即八股文，而“古文”则指的是包括《史记》在内的先秦两汉散文。“以古文为时文”其实是倡导用写作古文的手法去写作八股文。在

①《金圣叹全集》，曹方人、周锡山标点，江苏古籍出版社1985年版，下卷第499页。

这种风气的倡导下，明清之际的文人学子们在阅读古文的过程中表现出一种特殊现象。一方面，由于他们熟练掌握八股文的写作技法，在阅读古文的过程中有意识无意识地带着八股文的有色眼镜去审视古文，侧重于去发现八股文可借鉴的古文文法，并将这种倾向表现在他们对古文的评点中；（其实不限于古文，在评点文章、小说、诗歌中都有这种现象）另一方面，这种侧重对古文文法评点的选本风行于市，反过来又推动了八股文创作向古文文法的学习。

金圣叹深受这种时代风气的影响，不仅表现在评点《才子古文》这样的古文选本中，而且评点《水浒传》《西厢记》等小说戏曲中也同样表现出明显的为八股文服务的实用目的。正如他自己所说“《水浒传》到底只是小说，子弟极要看，及至看了时，却凭空使他胸中添了若干文法”①。胡适说：“金圣叹用了当时‘选家’评文的眼光来逐句批评《水浒》”，他评价金批《水浒传》有“八股选家的流毒”②。鲁迅也说他“布局行文，也都被硬拖到八股的做法上”③。然而金圣叹评点的很大成就就表现在他对文法的具体化认识。依靠他的精细化评点，金圣叹侧重关注“字法”“句法”“章法”“部法”等方面，“字法”“句法”指的是语言运用的细节方面，“章法”和“部法”则关涉的是艺术结构的整体布局。金圣叹实际上由小到大提出了一套系统化的文章写作方法，具有很强的操作性。

（二）金圣叹指出了一些具体的《史记》文法

金圣叹在评点《水浒传》《西厢记》过程中，提出了一系列文法概念，如“草蛇灰线法”“移云接月”“倒插法”“獭尾法”“偷笔”“弄引法”“横云段山法”等。很多文法概念的提出，与《史记》有密切的联系。金圣叹在评点《水浒传》《西厢记》文法的时候，往往有意识地联系到《史记》。这背后的原因，我们可以理解为：一方面金圣叹认为客观上作为正史的《史记》有很多文法资源可资作为“稗史”的小说去学习模仿；另一方面，在金圣叹意识中《史记》本身就是一部包孕无数文法技巧的典范文学之作。而在对《才子古文》的评点中，金

---

①《金圣叹全集》，曹方人、周锡山标点，江苏古籍出版社 1985 年版，卷一第 24 页。

② 胡适：《中国章回小说考证》，上海书店出版社 1980 年版，第 2—3 页。

③ 鲁迅：《鲁迅全集》，人民文学出版社 2005 年版，卷四第 542 页。

圣叹更是选择了92篇《史记》论赞进行精细化的、字斟句酌式的评点。具体来看：

1. 金批《水浒传》

金圣叹说："《水浒传》方法，都从《史记》出来，却有许多胜似《史记》处。"①针对金圣叹的实际点评，可从两个层面理解这句话。其一，《水浒传》学习了《史记》文法，如在评点《水浒传》第一回［王教头私走延安府，九纹龙大闹史家村］"高俅投托得柳大郎家，一住三年"。金圣叹评点："一路以年计，以月计，以日计，皆史公章法。"②第十二回［青面兽北京斗武，急先锋东郭争功］中索超与杨志的擂台打斗，金圣叹眉批："一段写满教场眼睛都在两人身上，却不知作者眼睛乃在满教场人身上也。作者眼睛在满教场人身上，遂使读者眼睛不觉在两人身上。真是自有笔墨未有此文也。"并指出"此段须知在史公《项羽纪》'诸侯皆从壁上观'一句化出来"③。金圣叹认为《水浒传》很多地方取得了与《史记》同样的艺术成就，第三回［赵员外重修文殊院，鲁智深大闹五台山］总批道："写金老家写得小样，写五台山写得大样，真是史迁复生。"④其二，由于金圣叹对《水浒传》高度评价，他说："天下之文章，无有出《水浒》之右者。天下之格物君子，无有出施耐庵先生之右者。"⑤他不仅指出了文法上《水浒传》对《史记》的学习，还在不少地方谈到了《水浒传》对《史记》的超越。第四十回［宋江智取无为军，张顺活捉黄文炳］夹批："上文结叙山泊、江上两支人马，可称雄师。此单是李逵一个，亦不可不称雄师。笔墨之妙，史迁未及。"⑥甚至第六回［花和尚倒拔垂杨柳，豹子头误入白虎堂］总批中指出："如此奇文，吾谓虽起史迁示之，亦复安能出手哉！"⑦

2. 金批《西厢记》

与金批《水浒传》相比，金批《西厢记》涉及《史记》内容少一些，主要集

①《金圣叹全集》，曹方人、周锡山标点，江苏古籍出版社1985年版，卷一第17页。

②《金圣叹全集》，曹方人、周锡山标点，江苏古籍出版社1985年版，卷一第45页。

③《金圣叹全集》，曹方人、周锡山标点，江苏古籍出版社1985年版，卷一第209页。

④《金圣叹全集》，曹方人、周锡山标点，江苏古籍出版社1985年版，卷一第79页。

⑤《金圣叹全集》，曹方人、周锡山标点，江苏古籍出版社1985年版，卷一第9—10页。

⑥《金圣叹全集》，曹方人、周锡山标点，江苏古籍出版社1985年版，卷一第92页。

⑦《金圣叹全集》，曹方人、周锡山标点，江苏古籍出版社1985年版，卷一第131页。

中在《读第六才子书〈西厢记〉法》里。金圣叹指出了《史记》和《左传》具有的间接化叙事方法。他说："文章最妙，是目注此处，却不便写，却去远远处发来，迤逦写得将至时，便且住，却重去远远处更端再发来，再迤逦又写到将至时，便又且住。如是更端数番，皆去远远处发来，迤逦写到将至时，即便住，更不复写出目所注处，使人自于文外瞥然亲见。"①从远处着笔往近处叙述，这样反复波折，却不直接涉及核心内容。

与此接近的另一种办法是"先觑定阿堵一处，已却于阿堵一处之四面将笔来，左盘右旋，右盘左旋，再不放脱，却不擒住"，从四面着眼，不涉及核心，金圣叹比喻说："分明如狮子滚球相似：本只是一个球，却教狮子放出通身解数，一时满棚人看狮子，眼都看花了，狮子却是并没交涉。人眼自射狮子，狮子眼自射球，盖滚者是狮子，而狮子之所以如此滚，如彼滚，实都为球也。"②

金圣叹认为《史记》《左传》中多用这种方法，"《左传》《史记》便纯是此一方法"。而《西厢记》也是使用的这种方法。

3. 金批《才子古文·史记》

与金批《水浒传》《西厢记》只是间接涉及《史记》相比，金批《才子古文》是金圣叹直接针对《史记》的评点。金批《才子古文》（含补遗）总共 343 篇，其中《史记》92 篇，所占比重最大。这也显示出金圣叹对《史记》的重视。总体来看，在金批《才子古文·史记》有以下特点：

其一，关注议论文字。金批《才子古文·史记》主要关注的是《史记》论赞部分，在涉及《史记》的 92 篇中，除《太史公自序》《酷吏列传序》《报任安书》《伯夷列传》《三代世表》5 篇外，其余都是针对《史记》论赞的。《史记》各传记的论赞是司马迁自己关于传记人物的议论性评价，而 5 篇非论赞篇目选取的则是相关传记的序言（《报任安书》除外）内容，同样是司马迁的议论性评价。可以看出金圣叹关注的是《史记》中司马迁的议论文字。其背后的原因与他评点《才子古文》的目的有关，在《读第六才子书〈西厢记〉法》里，金圣叹明确说了他编结批点《才子古文》是"因儿子及甥侄辈，要他做得好文字"③。而这里

①《金圣叹全集》，曹方人、周锡山标点，江苏古籍出版社 1985 年版，卷四第 12—13 页。

②《金圣叹全集》，曹方人、周锡山标点，江苏古籍出版社 1985 年版，卷四第 13 页。

③《金圣叹全集》，曹方人、周锡山标点，江苏古籍出版社 1985 年版，卷四第 12 页。

的“好文字”当然应该是指的“时文”，即八股文，出于八股文偏议论的特点，当然《史记》议论性的文字便成为他心目中最好的范文。

其二，解读史公“心胸”。金圣叹在《读第五才子书读法》“大凡读书，先要晓得作书之人是何心胸”，他自己在评点《史记》中，用很大的心思来解读司马迁的“心胸”。如《越王勾践世家赞》中评：“极赞勾践，是史公专心喜此一辈人物”“可谓与之至，何与乎勾践？与其‘能隐忍以就功名’，为史公一生之心。”[①]《赵世家赞》评：“史公深恶迁之信谗杀李牧，故特地暴扬其母之丑，以当痛棒苦治也。又恐后人不信，故又特地牵引冯王孙作证。”[②]《平原君虞卿列传赞》评：“扬处，实是喜他二人；抑处，实是惜他二人。末‘穷愁著书’另宕一句，乃写自家思。”[③]这样的表述很多。金圣叹借助文字，联系司马迁的生平去解读其寄寓在文字中的思想与情感，对后世有很大的启发价值。

其三，重视练字方法。金圣叹在评点中常关注司马迁议论中的一些字眼，从这些字眼出发，分析全段思想或情感。此外议论过程中十分重视司马迁的用字方法，并对这些用字法造成的客观效果进行了评价。如《鲁国周公世家赞》首先指出本篇“只用两‘何其’字，参差成文”[④]，进而在细致分析中又分别指出两处“何其”。其他如《曹相国世家赞》中对“然”字、“故”字的分析，《梁孝王世家赞》中对“故能”二字作用的分析，《平原君虞卿列传赞》对“翩翩”二字的分析，等等。需要指出的是金圣叹很重视“何其”“然”“故”“及”“而”等虚词的使用，从结构上指出这些虚词的运用效果。

其四，分析句子结构。着眼于《史记》中的这些议论性文字，金圣叹不仅从字法角度进行细致点评，而且能够从句法结构上分析这些句子“抑扬”“曲折”“顿挫”的特点。如《绛侯周勃世家赞》评：“周勃，先抑后扬；亚夫，先扬后抑。”[⑤]并细致分析了哪句为抑，哪句为扬。在《项羽本纪赞》《萧相国世家赞》《孙子吴起列传赞》《樗里子甘茂列传赞》《平原君虞卿列传赞》《春申君列传赞》

①《金圣叹批才子古文》，张国光标点，湖北人民出版社 1986 年版，第 238 页。

②《金圣叹批才子古文》，张国光标点，湖北人民出版社 1986 年版，第 240 页。

③《金圣叹批才子古文》，张国光标点，湖北人民出版社 1986 年版，第 266 页。

④《金圣叹批才子古文》，张国光标点，湖北人民出版社 1986 年版，第 230 页。

⑤《金圣叹批才子古文》，张国光标点，湖北人民出版社 1986 年版，第 238 页。

《鲁仲连邹阳列传赞》《张耳陈馀列传赞》《魏豹彭越列传赞》《司马相如列传赞》等篇目中都有分析。此外，如《晋世家赞》《韩世家赞》《田敬仲完世家赞》《太史公自序》等篇目对曲笔的分析，《燕召公世家赞》《绛侯周勃世家赞》《张耳陈馀列传赞》《魏豹彭越列传赞》等篇章对“顿挫”笔法的分析。金圣叹对这些句子结构的分析是细致入微的，因而具有很强的操作性。

其五，赞誉笔法效果。着眼于《史记》文法，在对字法、句法细致分析的基础上，金圣叹十分赞赏《史记》的笔法，在他的评点中常常出现“古劲”“简质”“通身笔力”“结得气力”“真正妙笔”“慷慨”“有态”等这里的赞誉性话语。充分显示了他对《史记》文法的推崇。

五、结语

金圣叹对《史记》文学价值的认识是十分深刻的。通过他的评点，使得《史记》的经典地位拓展到了小说领域。他对历史与文学的深刻认识，是在为小说寻求独立地位，同时也为小说寻找到一条从史传文学那里汲取丰富写作技巧的道路。金圣叹虽然没有系统的专门化的《史记》评点著作传世，但通过他对《水浒传》《西厢记》《才子古文》的评点，我们基本可以归纳出他对《史记》文学价值的认识。从性质上，金圣叹肯定《史记》的史书性质，却同时也把它作为一部重要的文学经典来看的。出于他对小说“稗史”性质的认识，他认为小说与正史性质的《史记》有深刻的渊源，在基于前人对《史记》文法的认识基础上，金圣叹主张小说向《史记》学习。并从这一角度，提出了一些新颖的《史记》阅读方法。

在八股文盛行的时代背景，出于学习“时文”的实用主要目的，金圣叹对《史记》文法的认识趋向细致化，他通过细致化地阅读分析，指出了《史记》在字法、句法等方面的成就。由于其具体、精细的特点，极大地方便了文人学子们模拟学习。

（刘彦青，陕西师范大学中国古代文学在读博士。）

司马迁及汉代文化研究

古琴是圣贤君子修身治国之雅器，为后之名流儒士树立了可资借鉴和效仿的模范，与琴为伴成为与古代圣贤君子沟通精神的重要手段。

司马迁生卒年新证

张韩荣

2015 年 10 月 24 日，在渭南师范学院召开了“纪念司马迁诞辰 2160 周年学术会议”。对此，我是有异议的，因为这样的宣传不能说是科学的、严谨的。近来，北京人艺公演的话剧《司马迁》，已经从北京演到了陕西，引发社会热议。这里不说演员演出水平，只说剧情问题，总的说来纯属闭门造车的虚构，连基本的时间都是错误的。按说司马迁何时开始写《史记》，何时入狱受极刑是肯定无疑的，都被乱说一通，更甚的是不提太史公任中书令，却反复说司马迁回家乡韩城写《史记》“五年”，司马迁非要汉武帝用剑把自己刺死，非死不可，最终用剑自刎在皇帝脚下。这算什么剧情？这是太史公司马迁吗？这样一个假司马迁会给广大观众留下什么印象和记忆？会给社会造成什么正面影响？

经过这些年对司马迁生平的专门研究，2015 年 8 月我出了论文集《司马迁新证》，结论是司马迁生于公元前 135 年，卒于公元前 80 年前后，但可下延到前 70 年，说明司马迁卒年还有讨论的空间。国家出版 CIP 版权页审批为：司马迁（约前 145 年或前 135—？），这种态度就是科学的，司马迁的生卒年待定，需要进一步细致地研究。

针对司马迁生卒年、生平事迹，怎么样就是科学的态度和研究？首先要表明，像剧本《司马迁》的假太史公剧情是一定要否定的，司马迁作为最伟大的史学家其真实性被掩埋，搬上舞台的故事则是被完全虚构出来的，这不能不说是班门弄斧的笑话。过去，学术界常说一句话叫文史不分家，今天看来这话也对也不对。分工，是人类文明进步的标志，近代科学分门别类，越分越细，历史与文学是分开的，都有许多专业，专业的博士生和教授，越来越深入、越来越精细化，也就越来越科学。虽然至今，司马迁的形象还是模糊的，但是通过详细研究，可以给社会还原一个渐渐接近真实的太史公，毕竟太史公给后世留有厚重的书与信，这书这信就是根据，需要后人加深正确的认知解读。中国史记研究会在今年年会上宣布，后三年年会以讨论司马迁生卒年为中心议题，这就是好消息，就是可取的科学态度。

关于司马迁生卒年，我认为以后应该这么写：司马迁（前135—前80或前70）。

司马迁生于前135年的证据何在？有关论文发表在2011年陕西省司马迁研究会论文集，2013年中国传记文学会和中国史记研究会的论文集，现在汇集在《司马迁新证》里。以往，对司马迁生卒年都有多种说法，如司马迁祠碑记就提供了一种，生于前127年，卒于前55年，当然这是出自华山道士的妄言，不足为凭。有证据的说法就是出生在前145年或前135年，证据都出自《太史公自序》的注释，争论近一百年，如果再无新的证据还会争议不休，无法定论。新的证据在哪里？有还是没有？大家都在寻找，苦于无新的证据。其实，铁的证据就在《史记》里，就在《报任少卿书》里。首先要认识到，太史公是依"次"写作史书的，即"历述"的记述原则，按照时间顺序的先后来写，按照事件发生的过程来写。运用历述原则分析《史记》，就会产生新的成果，如《河渠书》的赞，写的就是司马迁自己20岁南游江淮，东见大海，25岁升任郎中出使西南地区，看到长江和都江堰，26岁回乡葬父后"北自龙门至于朔方"，看到山陕峡谷和河套地区，27岁身为太史丞随皇帝东巡和参加治黄工程；又比如《五帝本纪》的赞，太史公是说他随皇帝巡游四方，"西至空桐，北过涿鹿，东渐于海，南浮江淮"，这完全是按照实际发生的时间和方向写下的，查《汉书·武帝纪》就一清二楚。司马迁为郎正巧赶上中年的汉武帝祭后土，开始巡游天下，远望四方边疆，所以司马迁写的就是先到西部的空桐。在《太史公自序》里，司马迁就是依次记述从远祖重黎氏，到他自己，直到他写成巨著。那么，他具体是怎样写到父亲和他自己生年的呢？这就是出自他本人的本证，发自原文而非注释的铁证。

由于已多次论证，在此不再啰嗦。只想简略地说一下史公生年。《太史公自序》说"有子曰迁"是有时间前提的，那就是父亲司马谈的学业时间、入仕时间、《论六家要旨》的创作时间、升任太史令时间，然后才说"有子曰迁"，隔着一篇独尊道家的论文，才写出"太史公既掌天官，不治民，有子曰迁"这四个前置的时间正是对司马迁生年的时限，司马迁生于父亲升任太史令以后，按照历述原则，按照逻辑思维，不难肯定司马迁出生在前 135 年。只要肯定司马迁出生在父亲入仕以后这一先决条件，再结合注释做出选择，二选一，就不难定论司马迁生年。司马谈“仕于建元”，也就是说他入仕最早为建元元年（前 140），历任太史府待诏、太史丞、太史令，担任太史令直到去世（前 110 年 3 月）。司马谈生年不详，说他大约 20 岁入仕或 20 余岁，不会太差，假定他 20 岁成家立业，到前 135 年升任太史令，并得子司马迁，是顺利的，所以才称儿子叫“迁”，这也当是司马迁未写清父亲生年的原因，因为父亲正常结婚、正常踏入仕途，便不必写出，这恐怕是文中应有的喻义。司马迁说父母都早逝，那么父亲去世时只有 50 余岁，符合儿子心中的“早失父母”，同时父亲早亡也证明失去父亲时他还年轻，只有 26 岁，而不当是 36 岁。让司马迁生于前 145 年，则司马谈当在前 146 年结婚，而且一出生就得是唯一的儿子司马迁，其实前 145 年生的说法，等于也提前了司马谈的生年 10 年，享年便得变为 60 多岁，这能是真的吗？父亲享年 60 多岁，司马迁还会说“早失”父亲吗？如果按前 135 年说，父亲入仕在前 140 年，都是建元六年期间发生的事，如果提前 10 年，父亲又该何时入仕，何时成家立业、结婚生子？然而使司马谈相应地提前到前 150 年，却显然不合于事实。司马迁说，“无兄弟之亲”，相应的句子便是“有姐妹之爱”，可以正常地说他有姐妹，如果他生于前 145 年，父亲就不是结婚在当年或前 146 年，而应在前 150 年前后，显然根据分析，这也不是真的。

古文是不带标点符号，是不分段落的。宋代以来的古版《史记》足以为证。如今流行的中华书局三家注本《史记》，是带标点和分段的，但是恰恰在探讨司马迁生年问题时，今流行本却是标点分段都有错误，即“太史公既掌天官，不治民。有子曰迁”这句话中间是句号，而且独立成一段。句号将一句完整的话分成了两句，再加上分段，便使“有子曰迁”独立成句，方便前后挪移，甚至造成“有子曰迁”可能原不在这个位置的怀疑。司马迁生年不定，有些疑问便不足怪，而事实并非如此。古人原文不标点也不分段，“有子曰迁”夹在句子中间，并不能随意换位。“既”字确保了与“有子曰迁”是一句话，“有子曰迁”与“迁生龙门”构成顶针句式，确保了这是一段话。这处分段是一大误，这段话当是连续的：“太史公既掌天官，不治民，有子曰迁。迁生龙门，耕牧河山之阳。……”如果

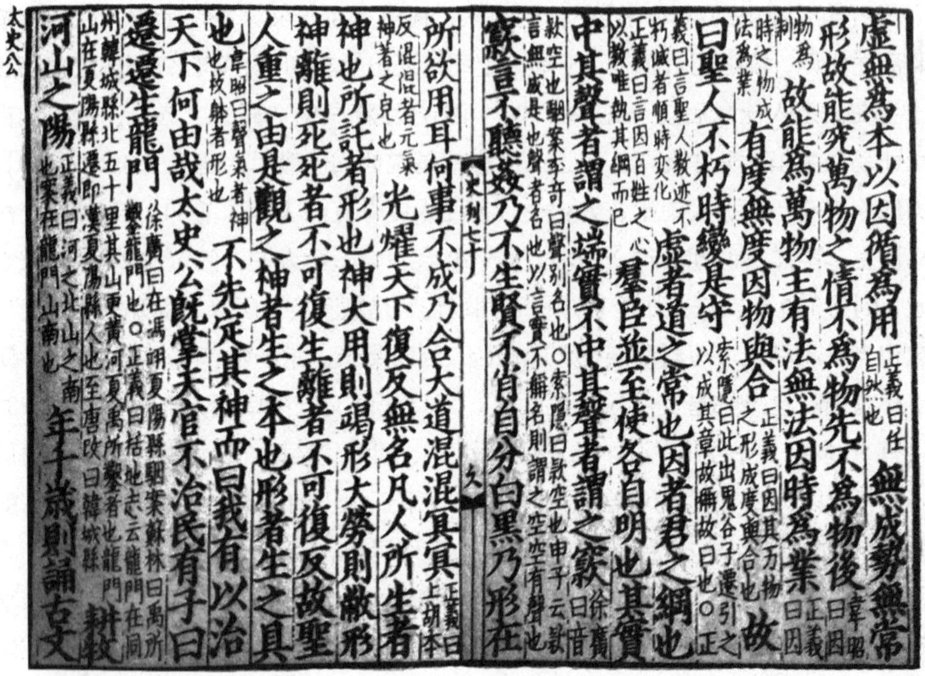

不信上述剖析，那么就按古文不分段不标点来读，“有子曰迁”一句怎样也不能跳到父亲司马谈的学习阶段。

关于司马迁生年就说这些，接下来就说司马迁卒年。敢说新证司马迁生卒年，新就新在从司马迁原作出发，不轻易怀疑，更不可疑古过勇，怀疑与批判的精神不可少，但是也有把握一个“度”的问题。

卫宏最早说到司马迁死，“有怨言，下狱死”，同一段话，他说史公“极言”景帝与武帝过失，又说史公“坐举”李陵，皆是不实之词。司马迁怎会在入狱前就尽说两帝的坏话？司马迁写皇帝本纪都是正史写法，哪里堆砌帝王过失？李陵为“骑都尉”，官位高过太史令，司马迁怎么会推举李陵？“有怨言，下狱死”，也当是把外孙杨恽的遭遇妄加在太史公身上。但他这句似乎司马迁有第二次入狱死的话，却影响到许多学者以为司马迁早死，加之《报任少卿书》以后再无司马迁的事迹可寻。《汉书》《后汉书》都未写明司马迁卒于何时何事，似乎司马迁去世较早。

《汉书·司马迁传》说："迁既死后，其书稍出。宣帝时，迁外孙平通侯杨恽祖述其书，遂宣布焉。至王莽时，求封迁后，为史通子。"据此，司马迁逝于武帝末年、昭帝或宣帝早期的可能性都有，可以推断司马迁无再次入狱死之事，司马迁逝世的详情在京城不知，似乎意味着司马迁晚年离开京城返回了故里。请注意引文中"既"字的用法。"其书稍出"是从哪里稍出？司马家，或杨家。不管《史记》写于竹简、木简或帛书，都是一大堆，他会偷偷放入"国家档案局"一类地方吗？显然不会，所以史公说"藏之名山"，要等杨恽对外公布。杨恽公布《史记》大约在前60年，前54年杨恽被处斩，家人被流放甘肃。这件事当也影响到司马家的命运。《西京杂记》载，宣帝下令，只"行太史公文书而已，不复用其子孙"，这么说，司马迁子孙离开京城，不再为官，不是不想而是朝廷不许，所以王莽时要寻"求"司马迁后人。无疑，司马迁及其后人回到了家乡，《水经注》载，夏阳故城东南有"司马子长墓"。

怎样证明司马迁活在汉昭帝时，或说怎样证明司马迁有晚年生活？其实，证据是有的，只是这些证据被误读误解了，或者重视不够，引用不全面。

证据一：《报任少卿书》最后一节（信中，司马迁说次年初会随武帝"上雍"）："仆以口语遇此祸，重为乡党所笑，以污辱先人，亦何面目复上父母丘墓乎？虽累百世，垢弥甚耳！……身直为闺阁之臣，宁得自引于深藏岩穴邪？故且从俗浮沉，与时俯仰，以通其狂惑。……要之死日，然后是非乃定。"可以说，《报任少卿书》是司马迁有意留给后世的一封信，最后一段表明了他对未来的心境，他想远离朝廷当隐士去，作为皇帝身边的中书令则不可能，只好随波逐流，苟且地活着，等到老死，尘埃落定，由后人后世评说，来盖棺定论。司马迁说他会活着，念着"父母丘墓"，他哪里说他自己会自杀？死一次不够还要再非正常地死一次？所以说，汉武帝死后，司马迁还活着。王国维认为："史公卒年，绝不可考。然视为与武帝相终始，当无大误也。"其实，王国维对史公生卒年的分析是大误，史公并不与武帝相始终。

证据二：正史《汉书》《后汉书》不言司马迁有非正常死亡，则司马迁寿终的可能性就是存在的。王鸣盛《十七史商榷》推断"迁实卒于昭帝初"，还说《汉书》本传有这样的话。

证据三：《史记》六七八表。《表》很重要，往往被人忽视。研究姓氏者说庞姓出处不详，表中明明写着前 461 年，“秦补庞城”。第六表《高祖功臣侯者年表第六》，分高祖、孝惠、高后、孝文、孝景、孝武。史公未作惠帝本纪，而见于表。孝武一栏，并无孝武二字，而实为：“建元至元封六年三十六，太初元年尽后元二年十八。”汉武帝在位五十四年，若分早中晚三期，每期正好十八年，《史记》始写于太初元年，若“尽后元二年”则《史记》最终写成于武帝去世，历时十八年。第七表《惠景间侯者年表第七》，将武帝时期分为两栏：“建元至元封六年三十六”“太初已后”。“太初”一栏写三侯，皆匈奴降将为侯，当有史公寓义。第八表《建元以来侯者年表第八》，栏分元光、元朔、元狩、元鼎、元封、太初已后，建元无事故表无建元一栏，表名“建元以来”与“太初已后”为同一笔法。可见，三表皆实有“太初已后”即武帝晚期的十八年。对此，褚少孙先写道：“右太史公本表”，肯定以上内容是司马迁原作，然后补上富民侯田千秋等四人，接着褚少孙又写道：“后进好事儒者褚先生曰：太史公记事尽于孝武之事，故复修记孝昭以来功臣侯者，编于右方”，计有四十二人，前后共计四十六人。褚先生说得很明白，“右太史公本表”，“太史公记事尽于孝武”，才作孝昭以后。第八表前注有：“《索隐》七十二国，太史公旧；余四十五国，褚先生补也。”这实在又是一条证据，虽然司马贞计数不准，不知何故，皆少计一国。可见，褚少孙与司马贞都认定涉“太初已后”一栏，是太史公“本表”“旧表”，并非后人所补，也就意味司马迁活在昭帝时。要说“太初已后”为后人所补，必先否定褚少孙和司马贞这三条证据，同时要证明司马迁原表留有空格让后人来补，难道司马迁制作表格排列不均吗？一百年前，崔适说十表后六表尽假，王国维又轻率地否定“太初已后”，对上述三条证据置之不理，又岂能得出正确的结论？张大可先生曾强调“太史公记事尽于孝武之事”为有力证据，一方面论证司马迁活在昭帝初，另一方面又信从王国维的结论，即所谓司马迁与武帝相始终之论。

证据四：《孔子世家》载：“安国为今皇帝博士，至临淮太守，早卒。安国生卬，卬生欢。”王国维曾证孔安国死于武帝初叶，便让孔安国早死了几十年，死于少年时，其实孔安国死于武帝末年，约前 90 年。能写到孔安国早死，写到其子其孙，这人不就是太史公吗？不是太史公又是谁对孔安国及其后人这么了解呢？

证据五：《屈原贾生列传》载："贾嘉最好学，世其家，与余通书。至孝昭时，列为九卿。"前一句完全是出自太史公的口气，后一句八字如果出自太史公，就可证明太史公活到了宣帝时，所以可说太史公大约活到前 70 年。后八字出自后人所补吗？又拿什么证明？贾嘉为九卿具体担任什么职务，是要继续探求的问题，当太史公卒年无法确定时，这一句还不能断然否定。宋人王若虚推论司马迁卒"在昭宣之间"，可以信从，置司马迁卒年问题有可供讨论的空间。

证据六：张大可先生总结说："《史记》中有 12 篇记太初以前史事有'武帝'字样，不似后人窜乱，可证司马迁在武帝死后仍在修订《史记》。"司马迁活着，肯定他身边有一套《史记》，随时翻阅修订。

以上所列证据是主要的，但还不能说全面，《史记》中涉嫌后人所补的部分还要重新梳理，重新研读。总之，司马迁活到汉宣帝初期的可能性还是存在的。

司马迁生于前 135 年，这是肯定的，司马迁卒于哪一年虽不能确定，但可推他活到宣帝初期，他当教育过外孙杨恽，正如太史公所说"通邑大都，传之其人"，"其人"当包括杨恽在内。

（张韩荣，韩城市司马迁学会会长。）

历代咏司马迁祠墓诗胜论

李世忠　段琼慧

陕西关中地区古代帝王陵寝及名人墓葬数量众多，踏访游览、吟咏者代不乏人。其中，留存至今吟咏关中名人墓葬的诗篇中，数量最多、成就最高者无过咏司马迁祠墓诗。但是，对这部分作品，关注、研究的人却很少。笔者不揣浅陋，拟就其内容、作者群体特点及史学价值等试予论析，以就正于方家。

一、诗歌内容

司马迁祠墓位于今陕西省韩城市芝川镇梁山。梁山，为韩城西部横贯南北之山，因山顶平直似栋梁得名。朱熹《诗集传》谓："梁山，韩之镇也，今在同州韩城县。"①《韩城县志》云："梁山在县西北九十里。"②司马迁葬此地后，何时立祠祭祀，已不可知。其祠墓有记载的历史，始于西晋永嘉四年（310）。《水经注》卷四载："（子长）墓前有庙，庙前有碑。永嘉四年，汉阳太守殷济瞻仰遗文，大其功德，遂建石室、立碑树桓。"③（汉阳太守应是"夏阳太守"之误，西晋时韩城名夏阳）今据祠墓所存碑刻，及历代文人诗文总集、别集、方志等资料，可检阅到的最早吟咏这座祠墓的诗篇始于唐代。

唐以来历代咏司马迁祠墓诗可考者约百篇，涉及七律、五律，三、四、五、七言古体及五、七言绝句等各种体式，亦不乏现代诗。其中以五、七言律体最多，各有 33 首，这些诗篇内容十分丰富。

---

①《诗集传》，朱熹集注，中华书局 1958 年版，第 216 页。

②《韩城县志》，傅应奎修，清乾隆四十九年刊，第 58 页。

③《水经注校证》，郦道元著，陈桥驿校证，中华书局 2007 年版，第 105 页。

第一，这些作品表达了对司马迁才华、史学贡献的赞美，及于其人的敬仰之情。从最早创作咏司马迁祠墓诗的唐代诗人牟融，到北宋李奎、尹阳、金代高有邻，明清文人，以及当代诗人、学者，鲜有不在其拜谒之作中表达上述情意者。如北宋末尹阳《芝川新修太史公庙诗》：

公辞有如黄河流，黄河吐流昆仑丘，上贯星躔经斗牛，下连地轴横九州。崩崖搏石转伏流，腾烟趾雾飞蛟虬。迩来横放三千秋，班讼范袭非公俦。公凿混沌开双眸，乃敌造化穷冥搜。①

作者用“黄河吐流”喻司马迁才力之雄；用“经斗牛”“横九州”形容司马迁文辞上薄云天星汉，下贯九州大地，与天地不老、与日月同在的不朽；再以“横放三千秋”这样的词句，写司马迁才华之卓绝，及其记录中华民族近三千年历史的功勋；然后又用“敌造化”“穷冥搜”比附《史记》成就的伟大。这样的礼赞之语，代表了大多数拜谒其祠墓者的共同心声。又如清人康如琏《司马太史墓》：

天地不终秘，云物自无穷。秦火余残简，灵钟太史公。沉酣通载籍，周览拓群蒙。不沿董贾迹，卓荦立宗风。货殖言利薮，游侠振瞽聋。是非良有意，蜚然推匠工。巍峨西山古，浩瀚大河雄。于今冢上柏，郁郁复葱葱。摄衣瞻拜处，斯文在此中。②

作者说自秦火损毁史籍后，撰写中国通史的重任就自然而然地降临于司马迁肩上。他果然出手不凡，不仅开宗立派、自创著史体制，且首创货值、游侠二传，其史学思想可谓卓异无比。其才华浩瀚如祠墓之东奔腾的黄河，其成就功德巍峨高耸，如祠墓所在地的古老梁山；其精神不死如松柏，其文章永存于人心。表达类似情怀者，还有清代翟世琪《题子长墓》：

五百年来道欲亨，大哉司马应期生。自从鲁狩韬尼笔，适有秦书

①《历代咏关中陵墓诗笺注》，李世忠著，陕西人民出版社 2013 年版，第 220 页。

②《韩城县志》，傅应奎修，清乾隆四十九年刊，第 735 页。

著汉京。日月两中权义利，祁姚百代逊章明。功高守待传何远，正史于今缵大成。……古今啼笑真无尽，谁似龙门媲左丘。①

作者赞司马迁是承孔子后应时而生的天才，他所撰写的《史记》，如日月高挂天上，把义与利的关系讲得清清楚楚，在尧、舜以来百世著史者中，还无人如司马迁如此高明。自西汉武帝至清代，撰写史书的人都继承了司马迁《史记》之体例，古今世事令人啼笑无尽，但谁能像司马迁那样与左丘明匹敌媲美，将历史的纷繁事象写得如此脉络清晰呢？

清代张天培《题太史公祠墓》组诗第二首这样写道：

太史词源孰问律，河流万里浩无垠。激昂每挟风雷起，混沌初悬日月新。细剖是非宗往圣，坚留血性付其人。试看苍帝文成后，幽感真能泣鬼神。②

作者说，到哪里去问寻太史公的文辞渊源呢？他渊深的学养犹如黄河流淌万里浩无涯际，他所著《史记》，厘清了中国历史发展的很多重要问题，就像在混沌的世界里升起了日月。他剖析是非宗法以往圣贤，他把自己的一片赤诚血性存留《史记》之中，交付于能够继承它的人。仓颉造字成功后，使“天雨粟、鬼夜哭”，而司马迁所作《史记》，其感应鬼神之幽妙，正如仓颉造字之功。

其他赞美司马迁才华与文笔者，如明人于藩称其“文藻不随秋色老”③；明人伍福称其是“天马行空间世才”④；明人李炯然也说“天马行空羡隽才”⑤；明人鱼台庞诗云：“书法严谨文切直，是非明辨又精研”⑥；清人张琛称其“史例开三代，词义重六经”⑦；清人赵于京称其“天才君独浩，史学世能工”⑧；清

①《历代咏关中陵墓诗笺注》，李世忠著，陕西人民出版社 2013 年版，第 244 页。
②《历代咏关中陵墓诗笺注》，李世忠著，陕西人民出版社 2013 年版，第 240 页。
③《历代咏关中陵墓诗笺注》，李世忠著，陕西人民出版社 2013 年版，第 229 页。
④《历代咏关中陵墓诗笺注》，李世忠著，陕西人民出版社 2013 年版，第 230 页。
⑤《历代咏关中陵墓诗笺注》，李世忠著，陕西人民出版社 2013 年版，第 232 页。
⑥《历代咏关中陵墓诗笺注》，李世忠著，陕西人民出版社 2013 年版，第 231 页。
⑦《历代咏关中陵墓诗笺注》，李世忠著，陕西人民出版社 2013 年版，第 260 页。
⑧《历代咏关中陵墓诗笺注》，李世忠著，陕西人民出版社 2013 年版，第 237 页。

人周渭称其“文史千年空华岳”[①]；清人解引樾说：“想见大文天地守，不随宿莽化寒烟”[②]；清人王增祺诗云：“两汉而还谁作者？六经以后此名家。”[③]至清人康乃心则以多达十二首的《太史公司马子长墓》组诗，表达其于司马迁的礼赞之意。如组诗其五：

> 道丧王风绝，斯文坠两周。纪言从誓诰，起例变春秋。草创乾坤后，纵横海岳求。兰台高典册，雅健逊前修。[④]

诗言自两周以来，斯文道丧，而司马迁所作《史记》上继《尚书》，体例一变《春秋》之编年为纪传，它虽问世于鸿蒙开启后，其完成却是作者纵横历史长河、足踏山川大地，究天人之际、通古今之变的结晶。作者认为，班固后来担任兰台令史，虽说也写出了著名的《汉书》，但他比之司马迁，在典雅与刚健上还是要稍逊一筹的。

第二，表达对墓主不幸遭遇的同情。因景仰其人而同情其事，是很多咏司马迁祠墓诗共同的撰写思路。司马迁因替李陵辩护而遭奇耻大辱，令很多读其文、拜其墓而怀其事者内心难平。

北宋李垦诗云：“濿水愁声远，梁山惨色多。一言遭显戮，将耐汉君何”[⑤]；明人伍福《过太史公墓》云：“故里龙门犹在望，余年蚕室重堪哀”[⑥]；明人鱼台庞《题汉太史司马迁诗》云：“李陵力屈因降虏，武帝剖施不惜贤。此恨绵绵无释虔，至今清夜有啼鹃”[⑦]；清初人和宁云：“蚕室至今遗恨在，龙门终古大名余。”[⑧]这些诗或写司马迁生前蒙冤的不幸，或咏叹其逝后因沉冤未雪而留下的无穷憾恨，在感叹、同情司马迁遭遇的同时，对不爱才惜才的无情皇帝

---

①《历代咏关中陵墓诗笺注》，李世忠著，陕西人民出版社 2013 年版，第 255 页。

②《历代咏关中陵墓诗笺注》，李世忠著，陕西人民出版社 2013 年版，第 260 页。

③《历代咏关中陵墓诗笺注》，李世忠著，陕西人民出版社 2013 年版，第 280 页。

④《韩城县志》，傅应奎修，清乾隆四十九年刊，第 751 页。

⑤《历代咏关中陵墓诗笺注》，李世忠著，陕西人民出版社 2013 年版，第 218 页。

⑥《历代咏关中陵墓诗笺注》，李世忠著，陕西人民出版社 2013 年版，第 230 页。

⑦《历代咏关中陵墓诗笺注》，李世忠著，陕西人民出版社 2013 年版，第 231 页。

⑧《历代咏关中陵墓诗笺注》，李世忠著，陕西人民出版社 2013 年版，第 246 页。

也做了批评。整体看，其抒情都十分动人。如清代张琛《谒太史司马公墓》其二：

蚕室非其罪，龙门寄此魂。黄河匝地转，青史比天尊。死后文章重，生前寺宦论。大人都见屈，洒涕石留痕。①

作者论司马迁受宫刑事，认为武帝刑非其罪，司马迁是冤枉的。并将司马迁生前之受侮辱、损害而死，身后却为人们所尊重的情况，进行对比，以此来数落汉帝之恶。最后，又以洒泪留痕作结，表达对古今治人者妄施刑戮而使高才蒙屈的沉痛之情。这样的抒情，在众多咏司马迁不幸遭遇的诗篇中，颇具代表性。

还有的诗人在同情司马迁不幸的同时，也表达了自己人生坎坷、情同此心的感受。如近代人张骥《癸亥孟冬于役经太史公墓而吊之》：

芝水桥边万木疏，史公祠墓近何如？为怜国士偏遭忌，阅尽名山始著书。蚕室冤沉盃酒外，龙门波撼夜台初。奠椒一洒斯文泪，又上征途薄笨车。②

诗写拜谒司马迁祠墓心情之迫切，亦表达对司马迁生前遭遇不幸的深切同情，以及对其阅尽名山撰写“信史”的景仰，同时也寄寓了自己奔走命途的牢落之感。

第三，关于司马迁著史思想的议论。班固认为《史记》“是非颇缪于圣人，论大道先黄老而后六经，序游侠则退处士而进奸雄，述货殖则崇势利而羞贱贫，此其所蔽也”③。东汉时，王允又批评《史记》为谤书。围绕班固、王允对司马迁的批评，历代司马迁祠墓诗作者们也纷纷发表了自己的看法。

如北宋李奎，他对司马迁的史学贡献是肯定的，但对其论道“后六经”还是存有保留态度，其《司马太史庙诗》云：“著书虽已先三史，论道如何后六经？”④而金代高有邻则承汉代刘向、扬雄观点，认为司马迁为“良史”，其所撰《史记》将

---

①《历代咏关中陵墓诗笺注》，李世忠著，陕西人民出版社 2013 年版，第 260 页。

②《历代咏关中陵墓诗笺注》，李世忠著，陕西人民出版社 2013 年版，第 267 页。

③《汉书》，班固著，中华书局 1962 年版，第 2738 页。

④《历代咏关中陵墓诗笺注》，李世忠著，陕西人民出版社 2013 年版，第 218 页。

三千年历史之终始记述得很完备，且是非分明。他认为王允等对《史记》的批评，完全是罔顾事实的无稽之论。如其诗云："汉庭文物萃君门，良史独称司马尊。七十卷书终始备，三千年事是非存。"①明人严宪却指出了司马迁著史思想与其平生行事的矛盾，他说司马迁"胸中博古通今学，笔底尊王贱伯功。辅汉制番心有在，援陵累己恨无穷"②。意思是说，司马迁著史坚持尊崇中央王权、"辅汉制番"的思想原则，但在现实中却替投降匈奴的李陵说情，二者之间本身是有矛盾的。这样的议论，也是道人所未道。

其他，如清人康如琏《司马太史墓》云："货殖言利薮，游侠振瞽聋。是非良有意，蜚然推匠工。"③他认为司马迁记述历史而关注社会经济方面，撰写《货殖列传》反映其经济思想和物质观，大有深意；《游侠列传》为游侠群体立传，盖为创举。这都反映了司马迁著史而褒贬是非，是有自己追求与标准的，其史学思想卓异无比。郭沫若《题司马迁墓》云"功业追尼父，千秋太史公"，这也是对其著史思想与功绩的肯定。清人尹龙光《题司马太史子长祠》亦云：

> 美哉太史翁，述史麟经同。百有三十篇，绍明先圣功。竖儒尚一说，安知是非公？石室藏编古，奇气一代雄。世爱千秋名，何论委质穷。班氏所讥言，适彰信心胸。春秋任笔削，曷尝按前踪？独恨遭陵祸，明哲非为工。④

他说司马迁撰《史记》与孔子作《春秋》的追求是一致的，百三十篇，彰明了先圣之功，而鄙陋的儒生又哪里懂得什么公正的是非。《史记》藏于石室传之后代，其所展示的作者之雄奇之气千秋万代不泯，班固所批评的话，正好彰显了司马迁的心志不同于他人。只是司马迁遭受了李陵之祸，由此可见他在理智保身方面还不算考虑精密。这样的议论，在肯定司马迁著史思想方面颇具代表性。

第四，对司马迁一生行事的述评。这部分内容，主要涉及对司马迁早年生活

---

①《历代咏关中陵墓诗笺注》，李世忠著，陕西人民出版社2013年版，第225页。

②《历代咏关中陵墓诗笺注》，李世忠著，陕西人民出版社2013年版，第233页。

③《韩城县志》，傅应奎修，清乾隆四十九年刊，第735页。

④《历代咏关中陵墓诗笺注》，李世忠著，陕西人民出版社2013年版，第268页。

经历的追述，以及对他冒险替李陵说情的议论；与此相关，有的诗人也对汉武帝与司马迁的关系做了一番评价。

涉及对司马迁早年生活经历记述的诗，内容上多是对司马迁《史记》中《太史公自序》相关内容的复述。如清韩城诸生王涌勋的《怀太史公耕牧河山之阳》，又如康乃心《太史公司马子长墓》十二首其四：“太史重黎后，唐虞自世家。韩原存故里，河浒接天涯。血泪周南碧，壮游禹穴赊。不知耕牧地，何处隐平沙。”①全诗追溯司马迁远祖世系，概述其故里地理形势，追怀其早年激情澎湃的壮游经历，并对司马迁青少年时期耕牧之地如今难觅其踪而感慨。

议论司马迁替李陵说情一事的作品较多，观点也不尽相同。较有代表性的，如明人李炯然诗云：“龙颜冒犯徒为尔，蚕室行刑亦惨哉。千古是非终莫辨，一时孤愤亦堪哀。”②意思是说，司马迁冒犯龙颜为李陵辩解，并不值得，究竟司马迁与汉武帝谁对谁错，是非尚难定论。又如梁元诗云：“欲符麟趾开金匮，故批龙鳞见玉瑕。”③意思是，司马迁之所以要在他的史书中批判皇帝，是欲继孔子撰《春秋》“绝笔于获麟”之旧事，行褒贬切实之法，故不怕忤逆皇帝龙威，这却是对司马迁的肯定。同样肯定司马迁替李陵说情的还有明人叶藩，他的诗说：

> 李陵乃国士，杀身胡独难？吁嗟良友心，不蒙主恩宽。发愤著书皆为此，传之名山犹不死。淮阴用兵公行文，后来班范非其拟。我闻苏山尚有子卿墓，柏枝南向霜雪惊。当年归朝许全节，五字河梁亦有情。古来君臣朋友际，使我尚论多酸辛。④

他批评李陵战败却不自杀以谢国，致司马迁虽怀于友人拳拳之心、殷殷之望，于皇帝款款之诚、耿耿之忠，而惨遭迫害，故其发愤著书。司马迁著史如韩信用兵一般，班固、范晔自然不能模拟仿效。而像苏武那样全节而归之人，李

---

①《韩城县志》，傅应奎修，清乾隆四十九年刊，第750页。

②《历代咏关中陵墓诗笺注》，李世忠著，陕西人民出版社2013年版，第232页。

③《历代咏关中陵墓诗笺注》，李世忠著，陕西人民出版社2013年版，第283页。

④《韩城县志》，傅应奎修，清乾隆四十九年刊，第738页。

陵与其尚有朋友间的离别之诗相赠，说明司马迁并未错看李陵。自古以来人们就把亲密的君臣关系比作风云际会，说到司马迁和汉武之关系，只会令人辛酸！又如清人康乃心诗云：

士奇多遘祸，名盛岂堪居？计赂家贫断，论交在难疏。愤深游侠传，泪尽少卿书。一自河梁去，飘零老石渠。①

作者康乃心认为自古以来奇士多难、盛名难居，司马迁遭遇不幸，财乏难赎，左右莫救，于是著史以传心曲，而其沉冤莫雪、晚岁飘零的境遇，也与李陵投降匈奴一去不返有关。这样的诗篇推究司马迁人生不幸的根源，虽无甚新见，却也蕴有对当事人深切的同情之意。

除以上方面外，历代咏司马迁诗还多有对祠墓景观的描写及对历代修葺、祭祀祠墓之事的记述，甚至也有对传说中的司马迁侍妾随清娱，陪伴太史公不离不弃品性之吟咏。部分内容下文有述，此处不赘。

二、作者群体

咏司马迁祠墓诗的作者群体之构成，广泛而复杂。广泛，主要是指这个群体人员籍贯之分布地域，十分宽广，遍及大江南北；复杂，是指他们源自不同社会阶层，身份各异。近百首诗作者，有官员、诗人、学者，更不乏地地道道的农民。有的人传名甚广，如清代张廷枢、魏源，当代人郭沫若、田汉；有的则完全名不见经传，如清代韩城本地诸生王涌勋及生于1930年的韩城芝川镇农民柴幼学。

其中，历代任职陕西或韩城的地方官是创作主体。百首吟咏司马迁祠墓诗的作者中，有历代任职韩城的县令11位。另有任职韩城县的县丞、教谕、典史各1位。也有一些职务级别较高的官员，如金代遂成（今河北徐水县）人、以工部尚书之位致仕的高有邻，明成化年间陕西按察使、提督学政伍福，万历年间担任陕西巡抚的叶梦熊，明代曾担任过陕西按察使的张维新，以及清代刑部尚书

①《韩城县志》，傅应奎修，清乾隆四十九年刊，第751页。

张廷枢等，都曾官高位显、名重一时。

在这个作者群体中，除部分人为韩城本地人或曾任职韩城外，大多数人之踏访司马迁祠墓，应该都是慕名而来或路过韩城时顺道拜谒。不管他们何种身份，阅读、研究《史记》，了解司马迁思想与经历，并对其充满崇敬之情，基本上是他们的共同特点。

值得注意的是，这个作者群体中，缺少了一些本应出场却实际上缺位的作者。如“初唐四杰”之一的王勃，是一位喜写游览诗的作者，他的诗集中今存《寻道观》《游梵宇三觉寺》《观佛迹寺》等游览之作，他也曾到过韩城，却没有留下咏司马迁祠墓的诗，甚至他关于韩城的两篇散文《夏日登韩城门楼序》《夏日登龙门楼序》中，也只字未提司马迁；盛唐大诗人岑参，曾不止一次到过韩城，他在《送崔主簿赴夏阳》一诗中曾说：“常爱夏阳县，往年曾再过。县中饶白鸟，郭外是黄河。”[①]虽然深爱夏阳县，却似乎并没有寻访过这里的司马迁祠墓，更没有一篇有关司马迁祠墓的作品流传下来；白居易，渭南下邽（今渭南临渭区）人，对司马迁的遭遇十分同情，他的《杂感》一诗中甚至有“都尉身降虏，宫刑加子长。……使我千载后，涕泗满衣裳”[②]这样的诗句，但是他的传世作品中，也没有留下任何涉及踏访司马迁祠墓的文字；中唐著名诗人元稹，写过《夏阳亭临望寄河阳侍御尧》[③]这样的诗，说明他也曾到过韩城，但是他的诗文集中，也没有只言片语提到过司马迁；北宋著名宰相寇准，也是今渭南下邽人，但他也没有任何关于司马迁的诗作留下。

甚至出生于韩城本地的历代名人，有不少人也对司马迁不感兴趣。如金代韩城人郝鼎臣，性敏识博，金泰和八年（1208）中状元，文重当时，门下受业者名士层出，却未见他有任何吟咏司马迁祠墓的作品传世；明代韩城人、万历四十七年（1619）进士薛国观，乃崇祯时期首辅，政治地位曾高居一人之下万人之上，也未有任何有关司马迁祠墓的文字留下；清康熙十五年进士、韩城人刘荫枢，曾官至广东、云南布政使，为官有政声，晚年赐金归里，也未有吟咏司马迁祠墓诗作留下；清代陕西唯一状元、韩城人王杰，居官立朝四十余年，位同

---

①《全唐诗》，彭定求等修，中华书局 1960 年版，第 2078 页。

②《全唐诗》，彭定求等修，中华书局 1960 年版，第 4688 页。

③《全唐诗》，彭定求等修，中华书局 1960 年版，第 4551 页。

首辅，离京返归韩城之日，嘉庆帝甚至赐给他一把乾隆御用的手杖和两首御制诗，称他“道直一身立庙朝，清风两袖返韩城”，以示器重。他本人能诗能文，也是著名书法家，更喜好题联赋诗，曾为沈阳故宫保和殿书写楹联云：“夜雨闲吟左司句，时晴快仿右军书”，说明他也是以吟诗题字为荣的，然检阅其《葆淳阁集》[①]，却未见他有任何关于司马迁及其祠墓的诗文留下。也就是说，这些人对自己家乡这位乡贤，完全无视甚至有意回避。

原因当然是多方面的。比如，初盛唐文人完全没有传世的吟咏司马迁祠墓之诗，甚至也极少有吟咏司马迁事迹的作品，这大概与其时人们对司马迁的认识有关。如，盛唐文人萧颖士《赠韦司业书》曾这样评价汉代史著：“有汉之兴，旧章顿革，司马迁唱其始，班固扬其风。纪传平分，表志区别，其文复而杂，其体漫而疏，事同举措，言殊卷帙。首末不足以振纲维，支条适足以助繁乱，于是圣明之笔削、褒贬之文废矣。后进因循，学犹不及，竞增泛博，弥敦简要，其迷固久，非可一二言也。”[②]这样评价《史记》自然是不公正的，但它反映了当时一部分人对待太史公的态度。“安史之乱”后，时移世变，唐人对司马迁的评价开始有了变化。如裴度《寄李翱书》说：“司马迁之文，财成之文也，驰骋数千载，若有余力。”[③]韩愈在《唐故尚书礼部员外郎柳君文集序》中称司马迁文“深雄雅健”，其《送孟东野序》又将司马迁、司马相如和扬雄并称为汉代“最其善鸣者也”。柳宗元《柳宗直西汉文类序》称西汉公孙弘、董仲舒、司马迁、司马相如等人之文“风雅益盛，敷施天下，自天子至公卿大夫士庶人咸通焉”[④]。这个时候，贞元、元和间诗人牟融创作吟咏司马迁祠墓的诗，也正是随人们对司马迁评价态度的变化才有的。

上世纪 80 年代初（1982），《陕西师范大学学报》刊发了韩城县文化馆工作人员撰写的《汉太史司马迁祠墓沿革》一文。该文说，在司马迁祠的碑石中，有北宋元祐初年间的一块石碑碑阴，刻有金章宗完颜璟的一首诗，名《汉太史庙诗》。但是，检清乾隆四十九年刊《韩城县志》及民国十四年刊《韩城县续志》

---

①《清代诗文汇编》编纂委员会编，清代诗文汇编（第 357 册），上海古籍出版社 2010 年版。

②《全唐文》，董诰编，中华书局 1983 年版，第 3278 页。

③《全唐文》，董诰编，中华书局 1983 年版，第 5461 页。

④《全唐文》，董诰编，中华书局 1983 年版，第 5831 页。

等方志资料，其中所录吟咏司马迁祠墓诗不少，独未见此作。如果真是帝王之作，那进入县志理所当然，但县志中不予收录，则显见明清学者，并不认为这首诗是完颜璟所作。三秦出版社 1990 年出版的张天恩、冯光波选注《历代咏司马迁诗选》中，此诗作者题为金代高有邻。今所见《全金诗》中，录有高有邻吟咏关中地区马嵬、骊山、温泉的诗篇。由此知，这首诗的真正作者应该就是高有邻。为什么要辨析此事？因为如果有封建帝王为司马迁祠墓题诗，那该是何等的石破天惊！然而事实上，这样的事并不会发生。

关中帝王陵寝及名人墓葬，历代都有朝廷下诏依时祭祀的传统，但司马迁祠墓，从未有此殊荣。汉代以来的帝王们，对司马迁的态度还是有保留的。司马迁祠墓诗大多创作于宋代以后，然而宋代以来历代官员文人中，凡政治地位高的人，除改革家王安石曾写诗咏颂过司马迁外，其他人即使有机会踏访司马迁祠墓，恐怕也并不愿留下自己的文字。这自然与司马迁在《史记》中对皇权的批判有关。如历代韩城籍官员中，接近皇权而地位最高的，恐怕莫过王杰了。但从王杰传世的《葆淳阁集》中，可以看到大量的序跋文字及题记之文，更有连篇累牍的唱和皇帝御制诗的应制之作，但却没有一丁点涉及司马迁的文字。就这样一位朝夕陪伴皇帝身边、为皇权高唱赞歌的人，他怎么可能去拜谒司马迁祠墓并留下自己的文字？哪怕他生在韩城，曾经接受过太史公文章的滋养。

由此就可以得出这样的结论：历代崇敬司马迁、创作司马迁祠墓诗的人，多是中下层官员或文人；司马迁被后世目为异端史学家，那些真正接近皇权的高官，包括韩城籍高官，很多人其实并不喜欢司马迁；多数人了解司马迁，关注其祠墓，都是从阅读《史记》开始的。而自唐以来，大概治世时期，人们创作的拜谒司马迁祠墓的诗较少，而末世甚或乱世时期，拜谒司马迁祠墓的人就比较多，作品数量也较多。这与世道荒乱之时，人们对司马迁及其《史记》价值产生新认识有关。今存清末以前的所有司马迁祠墓诗，绝大多数创作在各代王朝的中后期，似乎能说明这一问题。

三、史学价值

历代咏司马迁祠墓诗的史学价值，主要体现在这些作品记载了祠墓文物在历史上不同时期的存在状况，历代整修祠墓信息及人们拜谒、祭祀祠墓的情况。

第一，是关于祠墓景观变化情况的记载。

自西晋永嘉四年（310）殷济修葺司马迁祠墓之后，历经整个北朝及隋唐易代的漫长历史时期，这座祠墓状况如何，史书并无记载。直到中唐时期，有关这座祠墓的信息，才在中唐诗人牟融的《司马迁墓》一诗中有所透露。牟融诗云：

> 落落长才负不羁，中原回首益堪悲。英雄此日谁能荐，声价当时众所推。一代高风留异国，百年遗迹剩残碑。经过词客空惆怅，落日寒烟赋黍离。①

此诗赞司马迁才华绝代，也为他替李陵辩解而遭遇腐刑的不幸际遇深抱遗憾与同情。值得注意的是，诗中又有“百年遗迹剩残碑”“落日寒烟赋黍离”这样的句子，由此知，中唐时期的司马迁墓十分残破，没有祠庙，更无后人所见的高大树木，整个墓地似乎只有残碑可观。

到了北宋英宗治平元年（1064），在韩城知县李奎所写的诗中，有“荒祠临后土，孤冢压黄河”之句，又有“丛生荆棘迷坟冢，旧画龙蛇照庙庭”这样的描写，可知此时的司马迁葬地，不知道何时修建了祠庙，庙庭墙壁上还有古旧的龙蛇壁画，但墓地四周仍然杂草丛生，整个祠墓无人收拾打理，十分荒凉。

李奎踏访约半个多世纪后，到北宋宣和时期，司马迁祠墓曾有过一次较大规模的整修，主持这次修缮活动的，是在韩城担任县令的东鲁（今山东）人尹阳。尹阳所作《修太史公祠记》云：

> 宣和七年秋，予始官韩城，寻遗访古，乃在少梁之南、芝川之西，得太史之遗像焉。予咨嗟而致式之，因低徊周览，则栋宇甚倾颓，阶陀甚卑坏，埏隧甚荒茀。惟是，享尝缺然不至。予乃愀然发喟，属诸耆老而告之曰：“司马公文为百世之英，而所居不能蔽风雨；学为继述之渊，而所藏不能去荆榛。今洪河汨流，漾乎前也；中条崛起，峙乎东也。河岳深崇，气象雄浑，公文实似之。而冢庙卑庳如此而不称公

---

①《历代咏关中陵墓诗笺注》，李世忠著，陕西人民出版社2013年版，第216页。

之辞与学也，甚矣！独不为邦人之耻欤？”予乃率芝川之民，择其淑慝而好事者凡一楹桷，至于瓦甓门疏之用，悉以资之。即公之墓为五架四楹之室，又为复屋以崇之。①

在尹阳所写的《芝川新修太史公庙诗》中，首句即称颂太史公文辞才力“有如黄河流”，并对其开创著史体例及穷高极远、搜寻胜境的著史之旨大加颂扬，同时对祠墓“惨淡连古丘”“甍摧瓦落风萧飕”之状做了描绘。这种描写，与他在记文中所写的“栋宇甚倾颓，阶戺甚卑坏，埏隧甚荒茀”的情况是一致的。从记文与诗的记述来看，这次整修活动，大致奠定了今天所能看到的司马迁祠墓建筑的基本规模。

到了南宋时期，司马迁祠墓的祭祀又变得冷清，庙貌虽存，但墓地四周荒凉无比。这种情况在金大定三年（1163）进士、宋宁宗嘉泰三年（1203）十月曾出使过南宋的金户部郎中高有邻所写《司马太史庙》一诗中有反映。高诗云：“古庙风霜香火冷，白云衰草满平原。”韩城此时属金人统治区域，对这个由北方游牧民族所建立的政权来说，汉化正在进行之中，故其祠墓不被祭祀，祠荒墓古，自在必然。

宋以后的元明清各代，司马迁祠墓曾不断修葺。其庙貌变化、祭祀情况，也都可从文人所作祠墓诗文可见。如元代乡贡进士、延祐间（1314—1320）曾任延安路儒学正的韩城人段彝，在他为延祐年间韩城知县鲁花赤罗里的一次修缮活动所作题记中，述当时祠墓状貌云：“治城之南里，仅一舍，有镇号芝川。镇之阳道之右，有茔曰汉太史司马迁也。内树贞珉，历更劫火，年纪绵远，辞翰剥落，弗可考也。后存巨冢，互嵌山石，刻诸新诗雄文，乃宋金巨人魁士之作也。”其诗云：

我公奉命来帝乡，下车睹此心弗遑。构祠洁尔修蒸尝，荐新黍稷唯馨香。它山伐石勒铭章，告于厥后俾勿忘。②

从段彝诗文可知，当时的司马迁墓坟冢是与山石“互嵌”一起的，石头上还

①《韩城县志》，傅应奎修，清乾隆四十九年刊，第574页。

②《历代咏关中陵墓诗笺注》，李世忠著，陕西人民出版社2013年版，第228页。

刻有宋金时代“巨人魁士”们的“新诗雄文”。这次祠墓修葺结束以后，曾刻石立碑，举行了祭献仪式。

司马迁祠墓下面的台阶何时所建已难确知，但至少在清康熙十年（1671），这些台阶就已经存在。在康熙十年时任韩城县丞的上海人张天培所作《题太史公祠墓》诗中，有“层台千级耸霄宫”之句，由此知，今所见 99 级台阶，在当时就已存在。这有可能是始于康熙七年（1668）的由韩城县知事翟世琪主持修整的结果。翟世琪主持的这次修缮活动，前后持续了六七年，张天培写下这首诗的时候，修缮活动还没有最后告结，但是显然祠墓下面的道路已经整修完毕。所以，“层台千级”这样的词句，实不乏对修缮祠墓者的美颂。

司马迁祠墓前有一条坡道，县志谓“今芝川南原大路坡也，纯以石砌，因太史公墓得名”[①]。这条坡道何时被称作司马坡？至少从明嘉靖十五年（1536）就已开始。明人郭宗傳所作《重修司马公祠记》称：“在韩城县芝川镇南陆北际半岩之间，为公墓所在，因号司马坡，而建祠焉。”[②]至清顺治十二年进士、韩城人程必昇《太史公墓》诗亦云：“三里芝阳镇，一丘司马坡。”这都是“司马坡”一词较早的文字记载。

清代的司马迁祠墓一度十分破败，后虽屡次修葺，保护情况却很差，这种情况在清人所作咏司马迁祠墓的诗歌中也多有反映。

如，康熙元年（1662）担任韩城知县的尹龙光诗《题司马太史子长祠》云：“荒冢天地老，孤祠暮云封。龙门伊在望，残碣伴青松。”[③]这种情况和清初“关中三李”之一李因笃当时所见略同。李诗《寄题子长墓》云：“尚余古柏风霜苦，空对长河日夜深。”[④]言下之意，祠庙建筑已零落殆尽，只有古柏尚好。因此墓毁坏严重，故康熙七年，韩城知县翟世琪主持修葺。但在康熙三十八年（1699）任职韩城县令的康行僴笔下，似乎又恢复了从前的破败之象。康诗云：“低回春草外，断碣异吾闻。”不言祠庙，只说残断的石碑倒卧春草之外。于是，这位县令又主持了修整之事。与之同时的关中著名学者、合阳人康乃心有诗赞之：

---

①《韩城县志》，傅应奎修，清乾隆四十九年刊，第 117 页。

②《韩城县志》，傅应奎修，清乾隆四十九年刊，第 608 页。

③《历代咏关中陵墓诗笺注》，李世忠著，陕西人民出版社 2013 年版，第 268 页。

④《历代咏关中陵墓诗笺注》，李世忠著，陕西人民出版社 2013 年版，第 280 页。

司李高岩吏，卓然董贾才。此邦为令尹，断岸起层台。柳色烟汀见，鸿飞绝塞来。夕阳云水外，絮酒得徘徊。[①]

该诗对重新修葺后的司马迁祠墓高峻之势，写得十分逼真。另外，康行僴自己所作《重修子长祠》也说："檐瓦孳黄雀，□垣宿白云。绸缪旧祠宇，伏腊喜馨闻。"[②]都说明这次维修十分成功。但是时过八年后，在韩城知县周渭笔下，这座古老的祠墓又残破不堪。周诗云："长飙吹袂陟嵯峨，司马残碑卧薜萝"，"平川秋草烟沉晚，翠柏夕阳鸦噪多"。[③]而在乾隆年间张开东的笔下，祠墓前坡道、道旁树木、司马迁塑像、祠庙后的坟墓形态、近旁的殷济与左懋第墓，以及整个祠墓中的碑石等，都有十分细致周到的记述、描写。这首《司马坡行》是这样写当时庙貌的：

夹道柏林怪且秃，但闻风吹声凄然。促拜公殿盼颜色，神腾光溃转渥丹。宫衣褒弁仍端坐，似有愁怨摧肺肝。左右侍者齐拱列，一持书册一捧冠。匠人不言容惨寂，徒令观者心悲酸。庙后屹然立高冢，冢头柏曲双龙蟠。不知何年墓石裂，只今封域花砖团。前有汉阳殷太守，后有韩城左郎官。翟君更作世家谱，长碑累书竟日看。[④]

从张开东的描写看，当时的司马迁祠墓保护得还算不错。柏林、神像、侍者都在，墓石虽然开裂，但是坟陇有花团砖镶裹。翟世琪刻留的石碑字迹清晰，文字很长，作者居然看了一天。

但是时过半个多世纪后，到了晚清鸦片战争前后的魏源笔下，司马迁祠墓则又完全变成了荒野之地。魏源《太史公墓》诗云："萧瑟嵯峨地，牛羊樵牧登。"[⑤]

第二，是关于民间祭祀与祠墓植被状况的记载。

前已有述，司马迁祠墓的民间祭祀，从现有文献记载看，应当是从北宋开始

①《韩城县志》，傅应奎修，清乾隆四十九年刊，第753页。

②《韩城县志》，傅应奎修，清乾隆四十九年刊，第748页。

③《历代咏关中陵墓诗笺注》，李世忠著，陕西人民出版社2013年版，第255页。

④《历代咏关中陵墓诗笺注》，李世忠著，陕西人民出版社2013年版，第271页。

⑤《历代咏关中陵墓诗笺注》，李世忠著，陕西人民出版社2013年版，第274页。

的。北宋宣和时期在韩城担任县令的尹阳，从他所作《修太史公祠记》及诗可知，这位县令，当时不仅创作了祭祀司马迁祠墓时娱神的歌诗，教当地百姓传唱，还在韩城当地百姓中，对司马迁的历史贡献进行了不遗余力地宣传、启蒙，这也大概是历史上，民间广泛了解司马迁其人其事的第一次。从此后，韩城民间才真正开始形成了对司马迁祠墓进行民间祭扫的风气。所以，北宋末期的尹阳，在司马迁的接受史上，应是一位不可忽略的人物，韩城百姓对司马迁及其祠墓的真正认知，从现有史料看，是从尹阳开始的。

入南宋后，韩城成为金人统治区域，由尹阳时代开始的韩城民间祭祀司马迁祠墓的传统，似乎还持续过一段时间。如，金大定年间（1161—1189）进士、韩城人赵振在其所作《重修汉太史公墓碣记》中，这样写道："及其卒也，葬于梁山之岗，至今韩人享祀不绝。惜乎，时代历久，旧冢倾颓。"①这说明当时虽有祭祀，可能已不是很频繁，因为祠墓之破败已相当厉害。这个情形，在同时代诗人高有邻笔下，有很清楚的描写。他说："古庙风霜香火冷，白云衰草满平原。"②

宋金以后的元代，韩城民间对司马迁祠墓的祭祀活动，很大程度上已经中断。元代延祐间韩城人段彝，在他所撰《重修汉太史祠记》后所附诗歌中，这样写道："它山伐石勒铭章，告于厥后俾勿忘。"说明这座祠墓很有被人们遗忘的危险，所以他才如此强调。这也等于说，司马迁祠墓，其实当时已经不再被当地人按时祭祀了。

祠墓的再度被当地人祭祀，是在明代。明代英宗正统三年（1438），司马迁祠墓又经历过一次整修，主持其事者乃时任韩城县令李简。李简所作《重修太史司马庙诗》前之记文云：

> 庙年久日以坏，而神像伊然若有生气。昔维九月，陕西大参凤阳年公富大有案临是邑，访求古今贤哲，道经祠旁，登而礼焉，见其庙颓坏。顾芝川山水秀丽，厥土沃壤，厥民繁伙，厥俗事神，呼耆老而谕之曰：斯庙祀汉太史司马迁也。迁作史述陶唐以来迄于麟止，上下

① 《韩城县志》，傅应奎修，清乾隆四十九年刊，第576页。

② 《历代咏关中陵墓诗笺注》，李世忠著，陕西人民出版社2013年版，第225页。

数千年，功光史籍，故其生而聪明，殁而神灵必有阴骘尔民也。①

其诗又云："翼翼斯庙有门有廊，荐以溪毛奠以酒浆"，"春而有祈秋而有报，猗千万年君子是效。"由此可知，明正统三年时的司马迁祠庙虽已颓坏，但庙中神像尚好，经重新修整后，祠庙有门有廊，庙貌焕然一新。而当地百姓，哪怕最年长的人，似乎都已不知道祠庙所祭祀之人有何功德，故任职当地的官员，不得不召集他们予以申说，并立下了春秋祭祀的规矩。这次整修及宣传，效果应该不错。因为时隔32年后，在陕西任职的布政司左参政于璠及当时担任陕西按察副使、提督学政的伍福，都曾参拜过此地。在他们眼中，司马迁祠堂十分完好，庙中的神像也栩栩如生，整个祠墓松柏成荫、气象葱郁。于璠《题太史司马迁墓》诗言庙中神像"数茎白发欺霜雪"②；伍福《过汉太史司马迁墓》诗称这座祠墓"云霞五色凝生气，松柏千秋锁墓台"③，都应该是写实之笔。

大概也正是在明英宗正统三年，由县令李简主持的这次整修活动中，司马迁墓及其祠庙四周，栽种了松柏作为植被。因为此次整修30多年后，明人伍福的诗里，第一次出现了描写司马迁祠墓松柏的句子："松柏千秋锁墓台"，这在此前其他人诗中是没有出现过的。如，北宋李奎作于英宗治平元年（1064）的咏司马迁墓的诗中，他所看到的司马迁墓还是"丛生荆棘迷坟冢"之象，没有见到柏树；另由元代韩城人段彝的诗文可知，他当时看到的司马迁墓坟冢，还是与山石"互嵌"一起的。由此可知，宋元时期的司马迁祠墓四周，包括他的坟陇，是没有栽种松柏的。松柏的栽种，应该是在距今570余年的明正统年间。

因为在上距英宗正统三年（1438）99年之久的嘉靖十五年（1536），一位叫郭宗傅的学者写了一篇《重修司马公祠记》，在这篇记文中，对祠墓祭祀及墓头柏树有十分清楚的记述，这些文字完全可以印证上述判断。郭文是这样写的：

在韩城县芝川镇南麓北际半岩之间，为公墓所在，因号司马坡，而建祠焉，盖古迹也。岁时，则镇之父老率子弟而祠飨焉，盖旧俗

---

①《历代咏关中陵墓诗笺注》，李世忠著，陕西人民出版社2013年版，第227页。

②《历代咏关中陵墓诗笺注》，李世忠著，陕西人民出版社2013年版，第229页。

③《历代咏关中陵墓诗笺注》，李世忠著，陕西人民出版社2013年版，第230页。

也。……墓端一柏，直上参天，晴则翠色凌风，雨则叆叆莹浴，雪则白贲堆琼，而碧颜尤澈。以至夜之苍龙，月之辉映，霜露之濡，历斗牛之相连，雷霆之相震荡鼓舞，随时所遇，变态出神，不可枚举。若有以昭公之文章者，盖奇观也。①

由此可知，到了明代嘉靖年间，司马迁祠墓的民间祭祀已蔚然成风，而墓头的柏树则长势奇特且旺盛无比。

入清后，康熙年间，山西安邑一门出了两位进士，就是康如琏和康行僩父子，康氏父子曾先后在陕西关中担任过鄠县、韩城县令，而且他们都踏访过司马迁祠墓，且都有诗歌留下。在他们的诗中，都写到了今所见司马迁墓上的屈曲盘旋的古柏。如，康熙二十一年（1682）在任鄠县县令的康如琏，其《司马太史墓》诗云："于今冢上柏，郁郁复葱葱。"②康熙三十八年（1699）任韩城县知县的康行僩，其《司马子长墓》诗亦云："古柏生新翠，龙蟠太史坟。"③两诗作时相差大概在20年，但是他们所见司马迁坟头柏树的长势之旺盛，都是一样的，且他们都称其为古柏，可见这棵长相奇特的柏树，在清代以前就有了。从明正统三年（1438）县令李简修整司马迁祠墓栽种这株柏树，到康氏父子拜谒祠墓，又过了240多年，所以他们称其为古柏，是恰当的。

第三，关于守墓人设置及太史公故事的传播。

历史上，第一个给司马迁祠墓设置守墓人的，是明代惠州著名的"三尚书"之一叶梦熊。叶梦熊为嘉靖四十四年（1565）进士，《大清一统志》谓其于明穆宗隆庆六年（1572）"以谏受把汗那吉降贬合阳丞"。贬谪合阳期间，他曾到韩城拜谒司马迁祠墓，并作有《谒太史公墓》一诗。诗前小序云：

予以言得罪，谪郃阳。有事去韩城，谒先生墓，低回不能去。为之置守者，给地三亩，以供扫除。书此记年月云。④

---

①《韩城县志》，傅应奎修，清乾隆四十九年刊，第609页。

②《韩城县志》，傅应奎修，清乾隆四十九年刊，第735页。

③《历代咏关中陵墓诗笺注》，李世忠著，陕西人民出版社2013年版，第252页。

④《韩城县志》，傅应奎修，清乾隆四十九年刊，第755页。

为什么要为司马迁祠墓花钱买地、设置守墓人？叶梦熊的诗说："国士漂风同感慨，一杯和泪滴重泉。"犯颜直谏而遭贬，正是这种流落异乡的国士同悲、惺惺相惜之情，使他对司马迁深怀敬意与同情，从而为其墓"置守者"，"以供扫除"。这大概是1973年成立司马迁祠文管所以前，司马迁祠墓第一次设专人管护的记载。但是设置守墓人管护祠墓，维持的时间也不长。因为到了明代万历三十二年（1604），即叶梦熊设置守墓人30多年后，韩城县另一位县令苏进踏访这里时，这座祠墓又是一副"翁仲支离""白动遗墟蒿冷月，秋生老树鸟凄风"的荒凉残破景象。也就是说，明代这次由私人发起，设置守墓人管护司马迁祠墓的行动，历时最多不过30年即告结束。

关于太史公事迹在韩城民间的流传情况，也可透过祠墓诗见其端倪。最早透露信息的是北宋英宗治平元年（1064）韩城知县李奎所写的诗。李诗云："为览遗文来一奠，不知何在子长灵。"①意思是说，因为读了《史记》来祭奠这位史学家，但是又不知道他的魂魄英灵在哪里。由此可知，当时的司马迁墓地，是极少有人来祭扫的，这自然与当地老百姓缺乏对司马迁了解有关。因为史学家的作品及其生前经历，毕竟与普通百姓的日常生活没有多少关联。所以从李奎诗来看，至少在北宋英宗时期的韩城当地，司马迁影响并不大，有关他的故事并未广泛传播。

太史公故事在韩城民间的流传，与当地官员的宣传及其祠墓不断被主政官员修葺、祭祀有关。

前已有述，北宋宣和时期韩城县令尹阳，曾组织过一次祠墓修葺活动。也正是这位县令，对司马迁进行了不遗余力地宣传，这大概是韩城民间广泛了解司马迁其人其事的开端。此后，韩城老百姓也开始了对司马迁祠墓的民间祭扫。然而，尹阳对司马迁的宣传所能产生的影响有限。随着北宋灭亡、金人统治关中后，司马迁祠墓又被冷落，人们对他故事的传播也变得十分有限。

太史公故事真正在韩城民间广泛流传，也应是明代中期以后。明万历二十五年（1597）担任韩城教谕的孙廷秀之诗，可证实这一点。孙所作《吊司马祠诗》

① 《历代咏关中陵墓诗笺注》，李世忠著，陕西人民出版社2013年版，第218页。

云："遗事渔樵话，荒山草木愀。"[①]可见当时太史公事已经成为人们日常谈资，而祠墓此时又复荒凉。另，明天启七年（1627）进士、韩城人解引樾所作诗《高门》亦云："汉家宫阙草芊芊，下里犹闻记史迁。"[②]下里，即乡野，可见当时普通百姓对司马迁已是十分熟悉了。当然，司马迁故事的流传，与人们对其祠墓的祭祀是分不开的。前述嘉靖十五年（1536）郭宗傅所写《重修司马公祠记》中，就有"岁时，则镇之父老率子弟而祠飨焉，盖旧俗也"的记载，说明当时人们祭祀司马迁祠墓已成风气。那么，时过 90 余年后，孙廷秀诗说"下里犹闻记史迁"，就不难理解了。

综上，由历代咏司马迁祠墓诗可知，自从西晋永嘉四年以来，这座祠墓保护最好的时代是明代，而清代修葺规模最大，破败也速。也是从明代开始，韩城民间对司马迁其人其事才真正有了广泛流传。至于整个祠墓的祭祀情况，据祠墓诗可知，没有当地县令受上峰或朝廷之命而祭祀的记载，所有祭祀活动，都出自当地官员或民间自发行为，而且这种祭祀也是断断续续、时有时无。对祠墓的拜谒、祭祀、修缮，也完全是当事人出于对司马迁同情、敬爱的自发行动。从祠墓诗传递的信息看，在司马迁的故乡韩城，至少在北宋中后期至南宋初期，人们对这位乡贤还是有一定认知的。但是，从金代中期至明中期这段历史时期内，韩城百姓不知道司马迁祠墓墓主为何人，也是较普遍的现象。从今传韩城旧志及祠墓碑石等资料所录诗歌看，历代韩城籍高官，对司马迁祠墓并不太感兴趣，反倒是外地在韩城任职的县令或其他官员，对司马迁祠墓充满感情。所有的修缮活动，几乎都是外地人主持举办的。

（李世忠，咸阳师范学院教授；段琼慧，咸阳师范学院图书馆馆员。）

---

①《历代咏关中陵墓诗笺注》，李世忠著，陕西人民出版社 2013 年版，第 238 页。

②《历代咏关中陵墓诗笺注》，李世忠著，陕西人民出版社 2013 年版，第 250 页。

汉代古琴音乐特征浅议

亓娟莉

琴曲歌辞是乐府诗歌的重要组成部分，古琴则是琴曲歌辞赖以产生的主要乐器。正如钢琴之于西方音乐，古琴以其深厚的历史内涵在中国古代文化中占有极为特殊的地位。《尚书·益稷》："搏拊琴瑟以咏。"嵇康云"众器之中，琴德最优"①，顾况亦云"众乐，琴之臣妾也"②。直至清代李渔在《闲情偶寄》中仍说："丝竹之音，推琴为首。古乐相传至今，其已变而未尽变者，独此一种，余皆末世之音……"③考察古琴音乐对我们理解琴曲歌辞及古代传统文化皆有裨益。

王易《乐府通论》云："乐府流变之迹……声随器变，辞以声迁，后人但知寻绎其辞，而忽于其声器之沿革，故虽累牍言之，终莫得其条贯之所在。"④乐府诗歌既是入乐歌唱的歌诗，我们就不能不注意它在音乐方面的一些特点，不仅"寻绎其辞"，而且注意"其声器之沿革"，从这一角度审视和考察琴曲歌辞的发生流变或亦不失为一种途径。本论文以《史记》《汉书》《后汉书》等所载古琴音乐为主要研究对象，对两汉时期古琴音乐的发展做一简单梳理。

一、修身、治国之器

古琴在先秦时期已大量用于各种场合。《礼记·乐记》"发以声音，而文以琴瑟"。《诗》云"窈窕淑女，琴瑟友之""我有嘉宾，鼓瑟鼓琴"。琴本身是一种

① 戴明扬校注：《嵇康集校注》，人民文学出版社 1962 版，第 84 页。

② 顾况：《王氏广陵散记》，《全唐文》册六卷五二九，中华书局 1983 年版，第 5373 页。

③ 李渔撰，江巨荣、卢寿荣校注：《闲情偶寄》，上海古籍出版社 2000 年版，第 171 页。

④ 王易：《乐府通论》，中国文化服务社出版（民国丛书）1946 年版，第 19 页。

乐器，但较之其他乐器，古琴的意义远不止于单纯的音乐层面，它不仅是庙堂祭祀、宫廷宴享等重要场合的必备乐器，也是士人君子正心修身之器。《礼记·曲礼》:“士无故不彻琴瑟”①,《左传·昭公元年》:“君子之近琴瑟以仪节也，非以慆心也。”②古琴还是先哲贤君理物化民的治国之器，所谓“琴音调而天下治”。修身、治国是先秦时期即赋予古琴音乐的特质，除继承这一特质外，汉代古琴音乐在琴论及琴艺等方面又有所发展。

汉儒对古琴音乐修身理性的论述进一步清晰，提出了“琴道”“琴德”“琴者，禁也”等观点。刘向《说苑·修文》:“乐之可密者，琴最宜焉。君子以其可修德，故近之……卿大夫听琴瑟未尝离于前，所以养正心而灭淫气也。”③类似观点在《风俗通义》中有更为全面的论述:

> 雅琴者，乐之统也，与八音并行。然君子所常御者，琴最亲密，不离于身，非必陈设于宗庙乡党，非若钟鼓罗列于虡悬也。虽在穷阎陋巷，深山幽谷，犹不失琴。以为琴之大小得中而声音和，大声不喧哗而流漫，小声不湮灭而不闻，适足以和人意气，感人善心。故琴之为言禁也，雅之为言正也，言君子守正以自禁也。夫以正雅之声，动感正意，故善心胜，邪恶禁。是以古之圣人君子，慎所以自感，因邪禁之适，故近之。闲居则为从容以致思焉，如有所穷困，其道闭塞，不得施行，及有所通达而用事，则著之于琴，以抒其意，以示后人。④

这段文字论及古琴音乐本身的审美特点，即“大小得中而声音和”能够“和人意气”，简而言之，古琴音乐之美正在“和”字，而“和”是儒家审美的核心主张，古琴音乐的特质与儒家审美标准一致，此正其为圣贤雅士所推崇的重要原因。但上述文献所论，要在阐述“雅琴”是“古之圣人君子”常御之器，而“禁”是琴乐的重要功用。所谓“禁”就是守正自禁，即琴乐有禁邪正心的功用，

---

① 阮元校刻《十三经注疏》，中华书局1980年版，第1259页。

② 阮元校刻《十三经注疏》，中华书局1980年版，第4396页。

③ 刘向:《说苑》,《中国古代乐论选辑》，人民音乐出版社1981年版，第88页。

④ 应劭撰，吴树平校释:《风俗通义校释》，天津人民出版社1980年版，第235页。

虽在穷蹇之中，犹不失琴，以正雅之声，感正义善心，涵养君子道德生命。以上论述已超越了普通乐器和音乐的审美范畴，上升到了道德修养层面，从哲学角度论述了古琴的历史文化内涵，从而使其成为与贤达君子品格相关联的象征符号。

除修身功能外，两汉古琴音乐同样不可避免地被赋予了理物化民治国安邦的色彩。《史记·五帝本纪》："尧乃赐舜絺衣，与琴，为筑仓廪，予牛羊。"①尧赐舜衣粮牛羊，均是有关衣食等生活必需品，唯有"与琴"一项甚是特殊。《史记·乐书》又云："故舜弹五弦之琴，歌《南风》之诗而天下治。"②《史记·田敬仲完世家》也再次论及"琴音调而天下治"的观点。③后两则可以看作对"与琴"的注解，诠释了尧赐舜琴的原因。在先秦两汉文化背景中，古琴并非愉悦心目的俗世娱乐之器，它被赋予更高层次的琴音调家国治的期待，是用以治国安邦的神器。以上记载虽出《史记》，实则在先秦典籍中即已出现。《礼记·乐记》："昔者舜作五弦之琴，以歌《南风》。"④反映了古琴一以贯之的文化特质。汉陆贾亦论及舜弹五弦之琴，《新语·无为》："昔虞舜治天下，弹五弦之琴，歌《南风》之诗，寂若无治国之意，漠若无忧民之心，然天下治。"⑤在汉初崇尚黄老思想的时期，陆贾的"寂若无治国之意"是先秦时期琴乐治国理论的发展，带有明显的时代特征。

另一则古琴音乐与国家兴亡相关的典型史例是有关殷纣及其乐师师延所谓"亡国之声""靡靡之乐"的记载。《史记·乐书》

> 卫灵公之时，将之晋，至于濮水之上舍。夜半时闻鼓琴声，问左右，皆对曰"不闻"。乃召师涓曰："吾闻鼓琴音，问左右，皆不闻。其状似鬼神，为我听而写之。"师涓曰："诺。"因端坐援琴，听而写之……酒酣，灵公曰："今者来，闻新声，请奏之。"平公曰："可。"

---

① 司马迁：《史记》，中华书局 1959 年版，第 34 页。

② 司马迁：《史记》，中华书局 1959 年版，第 1235 页。

③ 司马迁：《史记》，中华书局 1959 年版，第 1889 页。

④ 阮元校刻《十三经注疏》，中华书局 1980 年版，第 3325 页。

⑤ 王利器撰：《新语校注》，见《新编诸子集成》，中华书局 1986 年版，第 59 页。

> 即令师涓坐师旷旁，援琴鼓之。未终，师旷抚而止之曰："此亡国之声也，不可遂。"平公曰："何道出？"师旷曰："师延所作也，与纣为靡靡之乐，武王伐纣，师延东走，自投濮水之中，故闻此声必于濮水之上。先闻此声者国削。"①

这一记载将琴乐与家国兴亡紧密联系在一起，可看作"琴音调而天下治"的反面例证。虞舜调和五音而天下得以治理，殷纣好听靡靡之音而身死国亡，即使像晋平公这样的人要听琴乐也因"德义薄"被认为"不足以听之"，闻之有"国削""国败"之虞。故古琴音乐之主要功能不是愉心悦耳满足感官享乐，其意义远远超越一般音乐范畴，乃是与自然造化相参合的载德之器，是教化天下的治国之器。

二、俗世娱乐之器

古琴音乐在两汉经历了一个逐渐兴盛的过程，古所谓"四大名琴"：齐桓"号钟"、楚庄"绕梁"、相如"绿绮"及蔡邕的"焦尾"，汉代就有"绿绮""焦尾"两个，从一定程度上反映了琴乐在汉代的兴盛。两汉琴家则主要有司马相如、刘向、扬雄、桓谭、马融、梁鸿以及蔡邕、蔡文姬父女等大批文士，其中不乏琴艺、理论兼善者。刘向《琴说》将琴乐的特点归为七点："凡鼓琴，有七例：一曰明道德；二曰感鬼神；三曰美风俗；四曰妙心察；五曰制声调；六曰流文雅；七曰善传授"②。归纳起来主要仍然是移风化俗的治国之器和明德修身之器，仅"制声调"一项与古琴作为乐器的音乐审美直接相关，可见古琴作为乐器本身的娱乐性一直处于不被重视的次要位置。除继承先秦时期的修身、治国特点外，汉代古琴作为乐器本身的娱乐性逐渐突出，在古琴音乐发展历程中带有一定的过渡特征。能代表这一倾向的典型的事例莫过于司马相如与卓文君的故事。《史记·司马相如列传》：

---

① 司马迁：《史记》，中华书局 1959 年版，第 1235 页。

② 刘向：《琴说》，《中国古代乐论选辑》，人民音乐出版社 1981 年版。第 88 页。

酒酣，临邛令前奏琴曰："窃闻长卿好之，愿以自娱。"相如辞谢，为鼓一再行。是时卓王孙有女文君新寡，好音，故相如缪与令相重，而以琴心挑之。相如之临邛，从车骑，雍容闲雅甚都；及饮卓氏，弄琴，文君窃从户窥之，心悦而好之，恐不得当也。既罢，相如乃使人重赐文君侍者通殷勤。文君夜亡奔相如，相如乃与驰归成都。①

《史记·司马相如列传》主要依据司马相如"自叙为传"②，应该是真实可信的。这一记载的文化内涵值得仔细推敲。其中司马相如以琴乐"自娱"，带有一定的俗乐娱乐特征，司马氏"以琴心挑之"之举，向被学界以"琴挑"文君概之，后世更传其辞为《凤求凰》。以琴取悦友人以及异性的记载在先秦时期即已出现。如《诗》中"窈窕淑女，琴瑟友之""我有嘉宾，鼓瑟鼓琴"，但"友之"与"挑之"之间应是有相当大的区别的。前者发乎情、止乎礼，尚属儒家中和敦厚的音乐审美范畴，后者似私情更为浓烈一些。我们无从倾听司马相如所奏美妙琴声，但其《长门赋》中对琴乐的传神描写或可以给我们以启发。《长门赋》："援雅琴以变调兮，奏愁思之不可长。案流徵以却转兮，声幼妙而复扬，贯历览其中操兮，意慷慨而自卬。左右悲而垂泪兮，涕流离而纵横。"从司马相如的描述可以看出，古琴音乐具有极为丰富的表现力，可以"变调""流徵以却转"，声音杳渺悠扬，甚至使听者为之动容流涕。以此推之，琴艺高超的司马相如欲以琴声打动美人芳心，在宴饮之所、酒酣之时所奏乐曲必然充满了感情色彩，极为美妙动听，故其在这一场合氛围所奏恐非传统意义上守正而"禁"的中和之音，最终使才女卓文君"心悦而好之"。这一记载中古琴作为乐器本身的自娱娱人的特征非常明显。

修身治国的中和之音与俗世娱乐之音之间还是有一定差别的，古有雅乐、俗乐（郑卫）之争，甚至就中国古代音乐史而言，二者存在一定的矛盾。肃穆庄重的庙堂雅乐可能会使魏文侯这样的音乐爱好者昏昏欲睡，而听所谓的"郑卫

---

① 司马迁：《史记》，中华书局 1959 年版，第 3000 页。

② 房锐：《关于〈史记·司马相如列传〉与司马相如〈自叙〉关系之探讨》，《中华文化论坛》2007 年第 3 期。

之音则不知倦”，“靡靡之音”使晋平公也欲罢不能。最能体现古琴音乐雅俗矛盾的是桓谭为汉光武帝弹奏古琴一事。桓谭《新论·琴道》篇：“琴之言禁也，君子守以自禁也……八音广博，琴德最优，古者圣贤玩琴以养心。”①以此论而言，桓谭对古琴音乐的传统功用有非常深刻的认识，但事实是桓谭本人“性嗜倡乐”，且为汉光武帝所奏琴曲亦非辅家治国之守正“禁”曲。《后汉书·宋弘传》：

> 帝每宴，辄令（桓谭）鼓琴，好其繁声。弘闻之不说，悔于荐举，伺谭内出，正朝服坐府上，遣吏召之。谭至，不与席而让之曰：“吾所以荐子者，欲令辅国家以道德也，而今数进郑声以乱雅颂，非忠正者也。能自改邪？将令相举以法乎？”谭顿首辞谢，良久乃遣之。②

所谓“繁声”“郑声”正是被传统乐论反复苛责的俗乐，与“辅国家以道德”的治国修身之“雅颂”相反，但这种充满娱乐色彩的世俗音乐才是世人所好者，受道德捆绑的古琴音乐已不能满足弹奏者和欣赏者的需求，音乐本身的美逐渐突破了道德的藩篱显示了本真的魅力，这一矛盾透露出古琴音乐娱乐性逐渐增强的特点。虽然就汉代琴论而言，主要集中于对古琴音乐修身理性、治国安邦的表述，但结合桓谭古琴理论与实践的矛盾，笔者猜测，大批喜好琴乐的士人，其所好或亦如桓谭、汉光武帝，并非传统理论所谓“雅颂”之乐。

三、乐道忘忧的遁世之器

古琴是圣贤君子修身治国之雅器，这一特点为后之名流儒士树立了可资借鉴和效仿的模范，与琴为伴成为与古代圣贤君子沟通精神的重要手段。《史记》及《汉书》载及西汉士大夫与琴为伴的尚不多见，就笔者检索资料来看，除司马相如外，另一例为淮南王刘安。《史记·淮南衡山列传》：“淮南王安为人好读书鼓琴，不喜弋猎狗马驰骋，亦欲以行阴德拊循百姓，流誉天下。”③就《史记》及

---

① 桓谭：《新论·琴道》，《中国古代乐论选辑》，人民音乐出版社1981年版，第94页。
② 范晔：《后汉书》，中华书局1965年版，第904页。
③ 司马迁：《史记》，中华书局1959年版，第3082页。

《汉书》记载而言，西汉时期琴与名流儒士的关系似乎并不紧密。相对而言，《后汉书》有关名士与琴相伴的记载明显增多，尤其是汉末时期。《后汉书·马融列传》："融才高博洽，为世通儒……善鼓琴，好吹笛，达生任性，不拘儒者之节。"[①]《后汉书·蔡邕传》"邕善鼓琴"，《后汉书·儒林列传》刘昆"能弹雅琴"。这一时期文人与古琴的关系有几点堪殊注意，一是载及士人时琴、书相伴现象逐渐增多。《后汉书·钟皓传》诸儒赞钟繇祖父钟皓"悦此诗书，弦琴乐古"，《后汉书·逸民列传》载梁鸿"乃共人霸陵山中，以耕织为业，咏《诗》《书》，弹琴以自娱"[②]。文士诵经知书乃自然之理，与琴相伴则是精神高雅的象征，此或后世以"琴棋书画"为文人四友的文化渊源之一。二是汉末时期，琴逐渐成为放达、隐逸之士的重要器物。早在先秦时期，就有箕子披发佯狂，鼓琴而歌，伯牙子期高山流水忘情林泉。在这些名人高士超然尘外的形象中，古琴已是不可或缺之物，一定程度上已成为高士隐逸遁世的象征。这一特点在汉代特别是东汉时期再次凸显出来，古琴成为士人高情雅致超然尘外的随身之器。东方朔《非有先生论》中描述隐逸之士："遂居深山之间，积土为室，编蓬为户，弹琴其中，以咏先王之风。亦可以乐而忘死矣。"无论是淮南王刘安的"好读书鼓琴"，还是马融善鼓琴，"达生任性，不拘儒者之节"，梁鸿耕织山中，"弹琴以自娱"，都带有超然尘外之想、隐逸遁世之意。以上记载反映了古琴音乐在东汉尤其是汉末时期的兴盛，古琴音乐以清和淡远的特质与士人超然世外的风骨相契合，士人以琴乐导养神气，调和情志，乐古思贤，摅发幽愤，古琴逐渐成为名流儒士诗书相伴、乐道忘忧之器，甚或成为其志行高迈、隐逸遁世的象征。

及至自魏晋时期，古琴进一步得到了魏晋名士的青睐，从"建安七子"到"竹林七贤"，再到两晋的大批名士，或琴书自娱，或琴酒消忧，又或鸣琴山林，以琴交友，甚至还以琴吊丧[③]，士林好琴爱琴，蔚然成风，抚琴听琴已成为他

---

① 范晔：《后汉书》，中华书局 1965 年版，第 1972 页。

② 范晔：《后汉书》，中华书局 1965 年版，第 2766 页。

③《世说新语》载及王徽之王献之兄弟故事："王子猷、子敬俱病笃，而子敬先亡。子猷问左右：'何以都不闻消息？此已丧矣！'语时了不悲。便索舆来奔丧，都不哭。子敬素好琴，便径入坐灵床上，取子敬琴弹，弦既不调，掷地云：'子敬！子敬！人琴俱亡。'因恸绝良久，月余亦卒。"

们精神气度和人格风流的象征，甚至成为名士风流的重要特征。至南北朝时期，古琴与文人的关系愈加密切，已到了颜之推所谓“不知琴者，号有所阙”的惊人地步。

大量的证据表明，琴和琴乐在汉末名士生活中占有十分重要而特殊的地位，影响和体现着他们的精神世界和人格风度，并最终成为“魏晋风度”“名士风流”的先声。

（亓娟莉，咸阳师范学院文学与传播学院教授、硕士生导师，文学博士。）

后　记

2015年2月8日上午，陕西省司马迁研究会在陕西师范大学召开2015年年会，与会专家一致推举陕西师范大学文学院张新科教授担任会长。在张会长带领下，省司马迁研究会的工作获得了长足的发展，从2016年起每年召开一次年会。

2016年5月6日至8日，2016年陕西省司马迁研究会学术年会在咸阳师范学院召开，会议由陕西省司马迁研究会、陕西师范大学文学院和咸阳师范学院文学与传播学院主办，咸阳市文物旅游局协办，主题是"《史记》与汉代学术文化"。来自国内多所高校和研究机构的100多位学者围绕《史记》与汉代文学文化的研究进行交流和研讨。

5月7日上午，大会主题发言。陕西省司马迁研究会顾问、渭南师范学院校长丁德科教授，陕西省司马迁研究会副会长、西藏民族大学副校长池万兴教授，陕西省司马迁研究会理事、关中陵寝文化研究中心主任、咸阳师范学院梁安和教授分别做了主题报告。丁德科教授认为《史记》的主要精神是：铁肩担道义，妙手著文章；理性加辩证，尚古更崇今。他建议《史记》研究今后应该走普及化、大众化和现代化的道路。池万兴教授报告的题目是《〈史记〉与民族精神》，他先界定民族精神的基本内涵与三大特征，主要阐释《史记》所透发的六大民族精神，还就《史记》民族精神对后世的影响做了点拨和拓展。梁安和教授报告题目是《五陵原在汉文化史上的地位》，他从五陵原是汉代今古文经学的策源地等三个维度阐释了五陵原在汉文化史上的重要地位。陕西省司马迁研究会副会长、西北大学刘卫平教授认为司马迁的文化人格对中国现当代作家道德文章的影响是值得研究的课题。下午，分组讨论。讨论结束后，陕西省司马迁研究会会长、教育部长江学者、陕西师范大学文学院张新科教授做了总结发言。他对本次会议的成功召开、司马迁与《史记》的研究现状以及呈现出的研究态势予以肯定。认为司马迁与《史记》研究应该继续朝着多层面、多领域展开。他进一步指出，司马迁及《史记》研究应该向着世界化方向迈进，同时不断提升陕西司马迁及《史记》研究的地位与话语权。

与会学者参观了咸阳师范学院艺术楼展厅举办的“《史记》与汉代文学文化”主题书画展，还乘车前往茂陵博物馆进行了文化考察，在咸阳原上亲身感受了“大汉气象”的深沉雄强。

这本《司马迁与〈史记〉论集（第十辑）》就是陕西省司马迁研究会2016年年会论文集的选编，收入论文27篇，大致分为五个部分，依次是《史记》文学艺术研究、《史记》思想文化研究、《史记》文献研究、《史记》接受研究、司马迁及汉代文化研究。

这本陕西省司马迁研究会2016年年会论文集，由陕西省司马迁研究会选编，主编是张新科教授、王长顺教授和张鹏教授，姚军副教授做了编辑和校对工作。

编者

2022年3月12日